마음을 밝혀주는 등불처럼

유재정 고희기념 산문집

국립중앙도서관 출판시도서목록(CIP)

마음을 밝혀주는 등불처럼 : 유재정 산문집 / 지은이: 유재정.
-- 대전 : 오늘의문학사, 2017
p. ; cm. -- (문학사랑 수필선 ; 129)

ISBN 978-89-5669-843-4 03810 : ₩15000

한국 현대 수필[韓國現代隨筆]
산문집[散文集]

814.7-KDC6
895.745-DDC23 CIP2017020916

마음을 밝혀주는 등불처럼

■ 머리말

지금은 100세를 논하는 시대입니다. 한때 유행했던 '백세인생'이란 노래에 '칠십 세에 저세상에서 날 데리러 오거든 할 일이 아직 남아 못 간다고 전해라' 라는 대목이 있듯이 100세 시대에 70은 아직 할 일이 많은 젊은 나이입니다.

그러나 옛날에는 '인생 칠십 고래희'라 했고 지금도 인생의 큰 전환점임에는 틀림없는 사실입니다.

금년이 칠순 되는 해로 '칠순 기념 해외여행'이란 타이틀을 붙여 호주와 뉴질랜드를 다녀왔지만 무언가 마음 한 구석이 비어있는 것 같아 좀 더 보람된 일로 산문집을 간행하게 되었습니다.

그동안 일간지를 비롯하여 여러 잡지들에 투고하여 게재되었던 것들을 필두로 해서 한 권으로 엮어냈습니다.

제1부는, 늘 마음속에 품고 있었던 것들을 매스미디어를 통하여 발표하였고 그것들을 총망라하여 엮었습니다.

제2부는, 기행문으로 구성되었습니다. 천상병의 시 '귀천'에 이런 구절이 있습니다.

…… 아름다운 이 세상 소풍 끝내는 날
가서, 아름다웠더라고 말하리라.

천상병 시인 말대로 우리가 이 세상에 소풍 온 것이라면 가능하면 많은 곳을 돌아봐야 되겠죠?

우리 부부도 국내외여행을 원하는 만큼은 다니지 못했지만 그나마 다닌 곳도 시간이 지나면 다 잊어버리기에 틈틈이 기록으로 남겼고 그것을 한데 모았습니다.

제3부는, 자식들이 군에 입대한 후 가족 간에 주고받은 편지들로 이루어졌습니다. 군대에 쉽사리 적응하지 못해 방황하는 모습에 가슴이 미어지는 듯했었습니다. 그렇게 어렵게 국방의 의무를 짊어지는 것인데 군과 군인들을 비하하는 세력들이 있어 안타깝기 이를 데 없습니다.

현재 군 복무를 하고 있는 군인이나 군필자들이 당당하게 자부심을 가질 수 있는 사회 풍토가 하루빨리 이루어졌으면 하는 바람입니다.

‖ 차례 ‖

‖ 차례 ‖

‖ 차례 ‖

2부 구름 따라 바람 따라

3부 마음 배달

제1부
산새 소리 냇물 소리
벗 삼아

| 웅변원고 |

어느 할머니의 눈물

보았습니다. 이 두 눈으로 똑똑히 보았습니다. 지난 현충일, 나라를 지키다 산화하신 충령 앞에 고개 숙여 묵념을 할 때, 반백의 할머니가 눈물을 흘리시는 것을 나는 보았습니다. 소리 없이 흘러내리는 그 눈물은 30 년이 넘도록 흘렀건만 아직도 마르지 않은 채, 이맘때가 되면 더욱 하염없이 흘러내리는 것입니다.

전쟁터에서 사랑하는 남편을 잃고, 홀로 살아온 인생이 너무나 서러워서, 다시는 돌아오지 않을 청춘이 너무나 아쉬워서, 다시는 이러한 비극이 절대로 일어나서는 안된다는 염원에서 흘리는 눈물입니다.

지금 이 조그만 가슴이 이토록 북받치는 것은 소리 없이 우시던 할머니가 측은해서 만은 아닙니다. 남과 북으로 갈라져, 헤어진 부모형제가 서로 만나 볼 수 없다는 설움 때문만도 아닙니다. 저 북녘 하늘을 보십시오. 빈곤과 억압 속에서 인간성마저 상실되어 버린 우리 동포가 살고 있습니다. 북한 공산 집단은 사람이 태어날 때부터 '공산주의형 인간'을 만들기 위해 갖은 세뇌훈련을 반복하고 있습니다. 그들은 북한 주민들을, 김일성과 당이 의도하는 대로 생각하며, 말하고, 행동하는 사람, 김일성의 교시를 관철하기 전에는 죽을 권리조차 없는, 개성이라고는 전혀 찾아볼 수 없는 기계적인 인간으로 만들고 있습니다.

어느날 김일성이 원산지구 탁아소에 시찰을 갔습니다. 당원들은 아이들이 잠을 잘 잔다는 것을 김일성에게 보이기 위해 잠자는 주사를 놓았습니다. 그로 인해 20여명이 죽어 갔는데도 김일성은 애들이 숨소리 하나 없이 잘 잔다고 좋아했으니 김일성의 웃음 속에 이렇게 시달려 죽고 타살되어가는 비참한 상황은 결코 과장이 아니오, 북한 동포들의 실생활 그대로인 것입니다. 뿐만 아니라 김일성의 증조부가 1866년 대동강으로 침입한 미국의 '셔먼호'를 격침시켰다는 등, 웃지 못 할 역사 날조까지 서슴지 않는 만고의 죄인들을, 이 어찌 통탄하지 않을 수 있겠습니까?

여러분!

하염없이 우시던 할머니의 그 눈물방울… 떨어지는 한 방울을 밑거름으로 경제발전이 이룩되어 남의 나라가 부러워하는 잘 사는 나라가 돼야 되겠고, 또 한 방울이 밑거름이 되어 현재의 혼란에서 벗어나 사회가 안정돼야 되겠고, 이어서 계속 떨어지는 방울방울이 질곡 속에서 암울한 생활을 하고 있는, 새빨간 유일사상으로 뭉쳐 있는, 차라리 울음마저 메말라 버린 우리 북한 동포들의 얼어붙은 가슴을 녹이는 촉매제가 될 수 있도록 하기 위하여 우리 함께 노력하자고 이 연사 여러분의 가슴 가슴을 향해 호소합니다.

'여우가 가죽은 변해도 습관만은 변치 않는다.'라는 말이 있듯이, 삼천리금수강산에 칼을 꽂고 조국의 피를 빨던 조국의 원수 김일성의 가죽은 세월이 흘렀기에 변했을지는 모르나 동족 가슴에 칼을 꽂고 삼천리강토를 피로 물들이려는 붉은 마음은 예나 지금이나 변함이 없을진데 구국이 있다면 멸공이겠고, 멸공이 지상 최대의 구국입니다. 우리가 먹지 않고 입지 않으면 살아갈 수 없듯이 하루 한 시라도 떼어놓고는 살아갈 수 없는, 생활화된 멸공으로 총력안보의 성벽을 4천만이 단결로 높고 굳건하게 쌓아올려야 되겠습니다.

북한 사회는 내일도 붉은 장막을 드리우고 그들의 추한 모습을 외부 세계에 감추려고 애 쓸 것입니다. 그러나 마지막 한 사람의 인간성마저 말살된 비정한 북한 공산주의 사회는 결국 스스로의 모순으로 종언을 고할 것이 분명합니다. 그렇게 되는 날 김일성 도당에 의해 억울하게 청춘을 불살라 버린 그 할머니는 눈물을 그칠 수 있을 것이며, 북한 동포들의 얼어붙은 마음이 봄볕에 눈 녹듯이 녹아 버릴 것이라고 이 연사 이 자리에서 강력하게 주장합니다.

*** 1986년 6월에 당진여자고등학교 2학년 윤신자를 지도하여 충청남도 웅변대회에서 고등부 우수상(2등)을 수상케 함.**

공직자 치부 노출 전화위복 계기로

부동산 투기가 망국병이라면서 국가의 앞날을 걱정하던 그 시절에 지도층에 있던 그들은 바로 부동산으로 자신들의 사리사욕을 채웠다. 산업발전의 밑거름이 되는 금융기관의 저축을 장려하면서 오히려 그들은 저축을 외면하고 득의만만하게 부동산 투기에 열을 올린 것이다. 성실히 살아가고 있는 시민들은 상대적인 박탈감과 배신감을 지워버릴 수가 없다. 왠지 모르게 나 자신이 더 작아 보이고 초라해 보인다. 이제 그들은 어떠한 비난을 받아도 할 말이 없게 되었다.

그러나 우리 모두 냉정을 되찾고 이 시점에서 짚고 넘어가야 할 것이 있다. 그들을 비난하고 있는 우리는 과연 반성할 점이 없는가. 사소한 법규를 어겼을 때 우리는 자괴하기는커녕 작다는 이유로 잘못을 변명하곤 한다. 가벼운 법과 질서의 파괴에 무감각해진 우리들이 그들과 같은 지위와 권력을 가졌다면 어떠했을까.

이번 재산공개를 계기로 우리 모두는 자기 자신을 다시 한 번 반성하고 그것을 교훈으로 삼아 협력해서 건전한 사회가 되도록 힘써야 할 것이다. 또한 빨리 이 사건을 매듭지어 이제부터는 미래지향적으로 청사진을 그리면서 21세기를 준비하는 참한국인이 되도록 노력하자. 전화위복이 될 수 있는 이 기회를 놓친다면 너무나 큰 손실이 될 것이다.

〈조선일보 1993년 9월 13일〉

교수의 대학 비판 진정한 용기

9월 19일자에 실린 「요즘의 대학 이 지경까지」를 읽고 심한 충격을 받았다. 아마 많은 사람들이 허탈감에 빠져 있을 것이다. 교정 잔디밭에서 술을 마시고 두 시간 이상 고성방가를 하다 타이르는 교수에게 '교수면 다냐.'면서 주먹을 휘두른 대학생, 단 한 번의 강의로 한 학기를 마친 교수 등은 물론 모든 대학, 모든 대학생에 해당되는 것은 아니겠지만, 예외로 돌리기엔 너무나 흔한 현상들이다.

한편 그 글을 써서 경각심을 일깨워 준 강원대 박창고 교수께 뜨거운 박수를 보낸다. 그는 대학이 살아남으려면 개혁 정도가 아닌 혁명을 하지 않으면 안 되고, 실종된 양심과 윤리와 인간성을 시급히 회복해야 한다고 역설했다.

우리는 남의 잘못을 들추어내서 비난하기는 좋아하지만 자기 자신과 자기가 속해 있는 집단의 잘못은 드러내놓기를 싫어한다. 오히려 드러날까 두려워 전전긍긍하고 숨기려고 애를 쓰는 것이 보통인데, 자기 스스로 치부를 밝힌다는 것은 참용기이다. 그 용기야말로 대학을 대학답게 만들고 건전한 사회가 되도록 하는 데에 든든한 주춧돌 역할을 할 것이다.

〈조선일보 1993년 9월 23일〉

성철 스님이 남긴 「깊은 뜻」 되새기자

조계종 종정 성철 큰스님이 열반에 드셨다. 우리나라 불교계의 거목인 스님의 열반은 불자가 아닌 우리들에게도 커다란 상실이 아닐 수 없다. 더 많은 깨우침을 갈망하는 우리를 남겨놓고 떠나가셨기 때문이다. 세속의 아귀다툼에 동참하고 있는 우리로선 심오한 뜻이 담긴 그분의 열반송을 읽어본들 참의미를 알기가 어렵지만 그분의 언행은 감동을 주는 것이 많다.

부모처자와 생이별하고 불가로 들어선 자체가 범상한 일이 아니다. 8년간 한 번도 드러눕지 않고 잠도 앉은 채로 잔 것 하며 20년간 문밖 출입을 하지 않는 고행을 견뎌낸 것 자체가 득도인이 아니면 불가능한 일이었을 것이다.

박정희 대통령이 해인사에 들렀을 때 『피차 길이 다른데 군이 만나서 무얼 하겠느냐』며 만나지 않고 암자로 올라간 것이며 부처님 오신 날 교황의 방한을 환대하는 등 국가와 더 큰 일체를 위해서 조그마한 이기심을 버린, 불교의 참사상을 지닌 분임을 여실히 증명하고 있는 것이다.

영어 불어 등 5개 국어에 능통했다는데 얼핏 이해가 안 간다. 병원 출입 외엔 거의 산을 내려오지 않은 분이 무엇 때문에 5개 국어에 능통해야만 했을까. 사용할 일도 없었을 텐데…. 현실적이고 실용적이며 자기에게 이익되는 것만 추구하는 현대인들로서는 풀기 어려운 수수께끼다. 실용적이며 물질적으로 이익이 되는 것만이 가치 있는 게 아니라는 사실을 행동으로 보여준 것일까.

이제 큰 스님이 이승을 떠났지만 누더기 가사를 걸친 생전의 모습 그대로 우리의 뇌리 속에서 사라지지 않고 우리를 바른 길로 인도하리라 믿으며 큰 스님의 명복을 빈다.

〈동아일보 1993년 11월 11일〉

10萬원대 농구화 "불티" 검소한 소비생활 아쉬워

10만원대에 육박하는 값 비싼 농구화가 서울 중고생들 사이에서 폭발적인 인기를 끌고 있다고 한다. 또한 수십만원 짜리 옷을 입은 어린이, 한 달 용돈으로 수백만원을 쓴다는 대학생….

경기침체 속에 과소비의 심각성을 깨닫고 자성의 목소리를 높이고는 있지만 별로 개선되고 있는 것 같지는 않다. 특히 청소년들의 과소비는 성인들과는 다른 각도에서 더욱 우려되는 바가 크다.

일상생활에서 자전거만 있다가도 없어지면 생활리듬이 깨어지고 마음까지 불안함을 느낀다.

집 밖으로 나돌던 사람이 하루만이라도 집안에 틀어박혀 있어 보면 갑갑하고 무언가 잃어버린 느낌을 갖게 된다.

이렇게 습관이란 무서운 것인데 어려서부터 과소비에 물든 사람이 성인이 된 뒤 검소한 생활을 할 수 있을까.

성인이 된 뒤 경제적인 여유가 없어도 소비습관은 변하지 않는 법이다. 빚을 내서라도 쓰게 된다.

자식이 해 달라는 대로 다 해주는 것이 훌륭한 부모인 줄 착각하고 있는 사람들이 많다. 그 바람에 자라나는 청소년들은 물건 귀한 줄 모르고 자기 물건을 잃어버려도 찾을 생각을 안 하는 것이다.

진정으로 자식을 사랑하고 훗날 자식의 파산을 원치 않는다면 어려서부터 땀의 대가로 얻어지는 돈의 가치를 알게 해주고 물건을 소중하게 아끼고 검소한 생활습관이 되도록 지도하는 것이 부모가 할 일이다.

〈동아일보 1993년 11월 27일〉

애완견과 유니세프

신문지에 끼어오는 광고물이 상당히 많아 제목만 보고 밀쳐버리는 것이 예사인데, 얼마 전 눈길을 끄는 광고가 두 가지 있었다. 하나는 '애견 미용자격증 획득, 사우나 시설 구비, 차량대기'라는 문구가 들어 있는 애견 전문미용실에 관한 광고였고, 다른 하나는 유니세프 소식지였다.

유니세프란 어린이 복지를 위해 1946년에 설립된 유엔기구이다. 이 두 가지를 접하고 나는 착잡한 심정이 되었다.

개와 같은 애완동물을 기르는 것은 비난할 일도 못마땅해 할 일도 아니다. 그러나 곰곰이 생각해볼 점이 있다. 사람이 쓰는 치약보다 더 비싼 개 전용치약으로 개 이빨을 닦아주고, 매일 목욕을 시켜주는 등 개에 대한 정성이 이만저만이 아니다. 정성뿐만 아니라 개에 들어가는 돈이 한 달에 수십만 원이라니 놀라지 않을 수 없다. 찾는 이가 많기에 애견 미용자격증이란 것도 생기고 심지어 개 전용 사우나 시설까지 갖춰졌다니.

이디오피아 등 아프리카의 많은 나라들에서는 굶주림과 더러운 물 때문에 다섯 살도 되기 전에 죽는 어린이가 천명당 2백 명이 넘는다고 한다. 그 나라의 미래일 뿐 아니라 인류의 미래인 그 어린이들이 끊임없이 죽어가고 있는 것이다. 먹지 못해 뼈만 남아 움직일 힘조차 없어 죽음만 기다리고 있는 어린이의 모습을 텔레비전 화면을 통해 보면서 우리 모두는 가슴 아파했고 안타까워했다. 5천 원이면 55명의 어린이에게 홍역 예방접종을 할 수 있고 5만원이면 비타민A 결핍에 시달리는 천명의 어린이에게 비타민A를 공급할 수 있다는데….

귀공자 못지않은 대접과 보살핌을 받고 있는 애견이 있는가 하면, 굶어죽는 어린이가 이 지구상에 엄연히 같이 존재하는 현실을 어떻게 받아들여야 할까? 우리가 그 아이들에게 조금이라도 관심을 갖고 아픔을 같이 한다면 이 세상은 좀 더 밝아지고 살맛나는 터전이 될 것이다. '세계는 하나로'라는 말이 한낱 구호가 아닌 진정한 의미의 실천으로 이루어져야 할 것이다.

〈샘터 1994년 3월호〉

학생언어습관 사회책임

남학생들이 쉬는 시간에 교실이나 운동장에서 그들끼리 어울리며 하는 대화 속에는 수많은 욕이 들어있다. 그것이 가벼운 욕이라면 서로에게 친밀감을 주는 매개체 역할을 한다는 생각을 해 보지만, 듣기 거북한 욕이 너무나 많고 등장하는 횟수가 너무 잦다. 상대방이 미워서 하는 욕이 아니기 때문에 듣는 학생도 그리 나쁘게 생각하거나 별로 문제 삼지를 않고 으레 그러려니 생각한다. 그러한 언어습관이 보편화 되어가고 있음을 보여준다.

악의 없는 욕이라 해도 들어서 기분 좋을 리 없고 습관적으로 욕을 함으로써 그것이 내면화되어 인격형성에 바람직스럽지 못한 영향을 끼친다. 「크는 애들이 그렇지 뭐」하는 식으로 방관하거나 대수롭지 않게 여겨서는 안된다. 교육적인 입장에서 어른들이 문제의식을 갖고 접근해야한다.

「악화가 양화를 구축한다」는 말이 있듯, 성장기에 있는 학생들이 쌍스런 욕을 자꾸 사용함으로써 우리의 올바르고 고운 말이 점점 사라지지 않을까 우려된다.

학생들의 언어생활에 많은 영향을 끼치는 것은 매스컴이다. 그 중에서도 TV의 영향이 제일 크다. 학생들은 TV에서 방영된 이상한 말과 몸짓을 그대로 흉내 내곤 한다. 이렇게 영향이 큰 만큼 방송매체에서는 우리의 순화된 언어, 고운 말을 쓰도록 부단히 노력해야 한다.

더욱 중요한 것은 기성세대의 언어습관이다. 「風」자를 놓고 어른들은 「바담풍」이라 발음하면서 그대로 따라하는 학생들의 「바담풍」을 잘못됐다고 할 수 있겠는가. 악순환의 고리가 연결되어 이어져 내릴 뿐이다. 이에 어른들이 솔선수범이 선행되어야 한다. 이렇듯 학교와 매스컴이 중심이 되고 어른들이 문제의식을 갖고 열성적으로 접근한다면 학생들 사이에서 쌍스런 말과 험한 욕이 점점 사라지리라 본다.

〈한국교육신문 1995년 2월 1일〉

대형 참사 다발국 세계 1위, 법규 · 규칙준수 사회풍토 조성되야

그 비참함에 「하늘도 울고 땅도 울고」라고 표현해야 되려나 보다.

삼풍백화점 붕괴사고를 접하고 우리 모두는 할 말을 잊었다. 시리즈로 엮어지는 육 · 해 · 공 참사에 이어 성수대교 붕괴와 대형 백화점 붕괴로 참상은 절정에 이르게 되었다. 한결같이 인재로 인한 참변이다. 「어찌 이런 일이」라고 장탄식으로 끝날 일이 아니다.

규정을 어기고 부실시공을 했고, 준공검사 전에 영업을 시작했으며, 붕괴 조짐이 있어 경영진에서 비상회의를 했음에도 불구하고 이익에 눈이 어두워 안전 조치를 취하지 않은 것 등 총체적 부실로 인한 사고였다.

사고가 일어날 때마다 정부에서는 사고 원인을 분석해서 다시는 일어나지 않도록 조치하겠다고 했지만 그 말을 믿을 사람이 이제 몇이나 될까?

교통사고는 우리나라가 세계에서 3위 라는데 대형참사 다발국가로는 첫째가 될 듯싶다. 「사고공화국」이란 불명예스러운 별명을 들어 마땅하다. 그렇다면 이러한 사고들이 연달아 일어나는 원인은 무엇일까? 복합적이고 사안에 따라 다르겠지만, 모든 사고의 공통적이고 근본적인 원인은 규정과 규칙을 무시하고 따르지 않는데 있다고 본다.

법규를 위반한 경우 대통령이라도 예외 없이 법대로 처리하는 풍토가 조성되어 있는 선진국에 비해 우리 사회에서는 규정과 규칙을 준수

하는 사람은 융통성이 없다고 비웃음과 불이익을 당하게 되어 있는 것이 현실이다. 규정을 위반해도 좋으니 빨리빨리, 대충대충만 강요하는 사회, 규정상 안 되는 것도 될 수 있는 사회, 이런 풍토에서는 사고가 연달아 일어날 수밖에 없고, 사고가 일어나지 않는다면 그것이 도리어 이상한 일이다.

이 사건을 계기로 우리 모두는 자성을 하고 규정대로 일을 처리하며 법규나 규칙을 준수하는 사회풍토가 조성되도록 노력할 때다. 그리되어야만, 다른 나라의 웃음거리가 되는 이러한 참변을 다시는 당하지 않을 것이다.

〈교차로 대전저널 1995년 7월 12일〉

인재 재발 막기 위해
언론, 경각심 일깨워야

한낮엔 아직도 햇빛이 따갑지만 아침저녁으론 선선하고 밤에는 창문을 열고 잠을 자기엔 한기를 느낄 정도다. 부실과 부주의로 인한 사고가 연달아 일어나더니 급기야 홍수와 태풍으로 인해 막대한 인적·물적 손실을 가져와 이제는 수해복구에 여념이 없을 때다.

피땀 흘려 애써 지은 농작물이 물에 잠겨 망쳐버린 농민, 태풍에 어선이 파손된 어민, 살 집마저 잃어버린 이웃들이 아직도 우리 주변에 많이 남아있다. 머지않아 추위도 닥쳐올 텐데….

어쩔 수 없다고 해도 부실과 부주의로 인해 연달아 일어나는 대형참사는 없어야겠다.

유형을 달리하면서 일어난 대형 참사를 점검해 보고 앞으로의 사고를 대비하려 하니 이제는 불을 가까이 하는 계절이라 대형화재가 일어날 수 있다는 생각이 든다. 특히 신문을 비롯한 언론매체에서 미리미리 국민들에게 화재예방에 관한 홍보를 해 사고가 일어나지 않도록 미리 예방하는 것이 하나의 사명이 아닐까 생각한다.

사후의 원인 규명도 중요하지만 사고가 일어나기 전에 취약점을 지적해 경각심을 일깨워주는 역할을 언론이 담당해야 되므로 불을 가까이하게 되는 이 계절에는, 바로 회재 예방에 대한 집중적인 홍보가 필요하다.

〈교차로 대전저널 1995년 9월 20일〉

새로 맞이하는 상전

요즘은 전기대학 입시철이다. 입시철만 되면 더욱 추워지니 이상도 하다. 수험생과 그 부모들의 노심초사하는 모습이 방송을 통해 자주 나오고 있다. 대학입시 제도의 개선도 부르짖고 더 나아가 교육전반에 관한 개혁을 추진하고 있는 시점이긴 하지만 바뀐다 해도 별 뾰족한 수가 나올 것 같지는 않다.

대학이란 어차피 시험이란 관문을 통해서 (수학능력 시험이건 면접이건 간에) 대학생을 선발할진대 우열과 당락은 반드시 갈라지게 마련이다. 지금까지는 그들이 노심초사하는 모습을 강 건너 불구경하듯 해 왔는데 이제 내 발등에 불이 떨어졌다. 곧바로 고3, 중3이 될 아들놈들이 떡 버티고 있으니 말이다.

고3을 갖고 있는 집은 집안 식구 모두가 고3이 된 기분이라는 것이 경험자들의 한결같은 말이다. 그러기에 「밭에는 귀한 인삼이오, 산에는 산삼, 바다에는 해삼, 집에는 고삼(고3)」이란 말이 나올 만큼, 자기 집에 고3이 있다는 것은 귀하고 귀한 상전을 하나 모시고 있는 셈이 되는 것이다.

사람이 살아가는데 공부가 전부가 아니라는 것도 알고 있고, 부모님들이 자식들에게 가장 많이 하는 말이 「공부 하라.」는 말임과 동시에 자식들은 그 소리가 가장 듣기 싫어한다는 것도 알고 있고, 따라서 그런 말은 가능하면 하지 말아야지 하고 가끔 다짐해 보지만 그게 그리 뜻대로 되질 않는다.

집에서는 TV에 매달리고 컴퓨터 게임에 푹 빠지는 등 아까운 시간을 그냥 허비하는 것 같아 눈을 흘기며 '그럴 시간이 어디 있냐, 내가 고등학교 다닐 때도 그러진 않았다. 오히려 어머니 아버지로부터 「쉬었다가 공부하라」고 들을 정도였다.'고 핀잔을 주곤 한다. 그러고 나면 마지못해서 자기 방으로 가 공부하는 척(본인들이야 공부하는 것이지만, 내 눈엔 영 미덥지가 않다.) 하다가 1시간도 못되어 또 나온다.

별로 공부하지 않으면서도 「공부 좀 해라.」하면 「어떻게 계속 공부만 하느냐」고 반문한다. 예를 들어 10시간 중에 실제로 5시간을 공부하고 나머지 5시간을 공부를 하지 않았다면 부모의 입장에서는 2시간 정도 공부하고 8시간이나 노는 듯한 느낌이 들고 공부하는 당사자들은 8시간을 공부하고 2시간 정도 쉬는 거 같은 기분이 드는 모양이다. 이렇게 물리적인 시간과 느낌으로써의 시간의 차이가 다르다. 고통스럽거나 하기 싫은 일을 할 때와 즐겁거나 원하는 일을 할 때의 시간 감각이 다르듯이 말이다.

얼마 전에 아내가 작은 놈에게 '놀지 말고 공부 좀 해라.'고 했더니 그 놈이 하는 말이 걸작이었다.

"엄마는 참 좋겠다. 공부를 안 해도 되니까."

"뭐야! 나는 다른 거 다 그만두고 앉아서 공부만 하라면 좋겠다."

"……."

"……."

한참 동안 입씨름이 계속되었다.

그러다가 서로 역할을 바꾸어서 한 가지씩 하기로 합의를 한 뒤, 아들놈은 저녁 먹은 설거지를 하고 그동안 아내는 영어단어 20개를 외우게 되었다. 얼마동안 설거지를 하느라 덜거덕거리는 소리와 영어단어 외우느라 중얼거리는 소리가 어울려 묘한 분위기가 창출되었다. 작은 놈이 설거지를 하는 둥 마는 둥 후딱 해치우더니 제 엄마가 영어단어를 얼마나 외웠나 시험을 본다고 종이와 연필을 들고 나와 한참 소란을 피던 일이 생각난다.

이러한 것들이 시간이 흘러 원하는 대학과 학과에 붙고 그 뒤 직장을 잡고 안정된 가정이 이룩된 후에는 하나의 즐거운 추억거리가 되겠지만 현실로 닥친 이러한 갈등들은 쉽게 해결될 것 같지 않다.

"왜 더 열심히 공부하지 않니, 1분 1초를 아껴야 하는데 그 아까운 시간을 허비하냐?"

"제가 알아서 해요. 어떻게 쉬지도 않고 공부만 할 수 있어요."

이렇듯 결말이 나지 않는 「장군 멍군」식이 되어 오늘 하루도 흘러가고 있다. 평행선을 달리는 한 토막의 철길이 되어 「세월」이라고 하는 열차를 기다리고 있는 것이다.

「고3이라는 새로 맞이한 상전」을 위해 오늘도 같이 밤을 새운다.

연하장

크리스마스트리가 등장하고 여느 때보다도 손님들로 붐비는 상점들, 안팎으로 수많은 꼬마전구들이 갖가지 모양으로 장식되어 반짝반짝 밤을 밝힐 때쯤이면, 아! 연말이 다가오고 있구나 하는 것을 실감할 수 있다.

그때쯤이면 여러 가지로 부산하다.

「망년회」다 「송년회」다 해서 갖가지 모임이 있는가 하면, 각 방송국에서는 여러 유형의 특집 방송을 편성해서 바쁜 사람들을 TV 앞에 끌어 모으려 애를 쓰기도 한다. 특히나 한 해에 있었던 국내의 10대 뉴스, 국외의 10대 뉴스에서 지나온 일 년을 되짚어 본다. 개개인의 삶도 각자 나름대로 반성해 보고 새해의 각오를 서서히 준비하는 계절인 것이다.

가뜩이나 대형사건 사고가 많았던 그야말로 다사다난했던 한 해이다. 정신없이 돌아간 한 해, 아찔했던 한해를 접으면서 용케도 한 해가 지나가는구나 하는 생각을 해본다.

그러기에 연말이 되면 친지들의 안부가 궁금해지게 되고, 계절적인 분위기에 젖어 너나 할 것 없이 크리스마스카드나 연하장을 돌리는 풍습이 생긴 모양이다. 나 역시 몇 년 전까지만 해도 30~40통 정도의 연하장을 보내곤 하다가 지금은 한 통도 보내지 않고 있다. 비록 많은 숫자는 아니었지만, 연하장을 미리 마련하랴, 받아볼 사람을 신경 써서 선정하고 주소를 찾고 내용을 쓰고 그리고 연하장을 우체통에 넣기까지 그리 간단한 문제가 아니다. 귀찮기 이를 데 없다.

또 받아볼 사람이 꼭 반가워하리란 법도 없을 것이란 생각에 이르자 과감하게 연하장 보내는 것을 중단해 버리고 내게로 오는 연하장에 대한 답장만 하는 식으로 수년을 지내다 보니 이제는 전부 끊어졌다.

그 덕택에 조금은 홀가분한 마음으로 연말을 즐기곤 했는데 작년부터 난데없는 연하장 하나가 날아왔다. 금년도 예외가 아니다. 반가운 마음이 전혀 없는 것은 아니지만 우선 귀찮다는 생각이 앞선다. 그렇다고 나 몰라라 하고 답장을 안 할 수도 없는 처지다. 전에 근무하던 학교에서 교장선생님으로 모셨던, 지금은 정년퇴임을 하신 분으로부터의 연하장이다. 공주에서 그리 크지 않은 과수원을 마련한 뒤, 과거에 학생들을 가르치고 바른 길로 이끌던 손길로 과수나무 하나하나에 정성을 쏟고 계시다는 풍문을 들었다.

초겨울이 되어 교무실이 추워서 선생님들이 난로를 피워 달라고 하면, 학생들이 생활하는 교실에도 난로를 안 피우는데 어찌 교무실에 먼저 난로를 피우느냐고 하시던 선생님, 출장비를 타서 출장을 가게 되면 최대한 아껴 쓰고 남겨서는 돌아온 뒤 「공금」이라고 하시면서 그것을 서무과에 반납해서 직원들을 당황하게 만드신다는 선생님, 그 때문에 「악종」이란 별칭까지 붙었던 선생님이셨다.

일찌감치 연하장을 보내드려야 도리인데 오히려 먼저 받고 보니 송구스러운 마음뿐이었다.

얼마 전에 전직 대통령의 수천억이란 엄청난 비자금 문제가 터져, 나라 전체가 술렁이고 있다. 국내뿐만 아니라 외국에서도 큰 뉴스거리가 되었다. 하기야 전직 대통령이 비자금 문제로 구속됐다는 뉴스가 보통 뉴스이겠는가. 평범한 사람으로서는 상상도 못할 엄청난 비자금, 그로 인해 보통사람들의 생활의욕을 상실케 만들고 허탈감에 빠지게 만든 사건. 이제 1억원, 2억원 정도는 하찮게 보이는 세상이 되었다. 오죽했으면 길옆에서 붕어빵을 만들어 파는 아저씨가 「붕어빵 한 봉지에 1,000억원」 이란 문구를 써놓고 장사를 할까, 웃지 못할 세상이 된 것이다.

때가 때인지라 청렴하기 이를 데 없었던 그 선생님이 더욱 존경스럽다. 여러 모로 투철한 교육철학을 지니셨던 그분을 거울삼아 나 자신을 돌아보는 계기로 삼아야겠다. 더 늦기 전에 답장을 해드려야겠다. 밖에는 추위를 녹이는 눈이 내리고 있다. 이래저래 포근한 아침이다.

당선소감

4년 전 어느 봄날이었다. 교실 창문으로 내다본 보문산이 마치 한 폭의 수채화 같았다. 곳곳에 화사한 벚꽃, 연한 초록색으로 갈아입은 나무들, 하늘에 떠 있는 몇 조각의 흰 구름하며 거기다 따스한 봄기운이 어우러져 표현하기 어려운 감흥에 젖게 되었다. 그 감정을 글로 적어보니 오히려 우스꽝스럽게 되어 버렸던 기억이 새롭다.

편지를 한 통 받았다. 예사 편지가 아니다. 겉봉에 「유재정 수필가님」이라는 글귀가 눈에 들어오자 가슴이 뛰었다. 당선되기를 몹시 바라긴 했지만 이렇게 현실로 나타날 줄은 몰랐다. 아침에 까치라도 반갑게 울어주었더라면 눈치라도 챘으련만, 전연 뜻밖의 일이다.

지천명(知天命)을 바라보는 나이에 〈신인상〉이라니 부끄럽기도 하지만 한편 그래서 더욱 자랑스럽다. 쉰세대(?)에 접어들기 전이라 그나마 다행이다. 더구나 문학의 해에 당선된 것이 두 배의 기쁨이다.

보잘 것 없는 글을 뽑아주신 심사위원님께 감사드린다.

〈오늘의문학 1996년 봄호〉

나라꽃 무궁화

서대전사거리 공원에서 '96 나라꽃 무궁화 및 한국의 꽃 전시회가 열리고 있다. 더운 날씨에 일부러 갈 만큼 끌리는 전시회란 생각은 들지 않아 차일피일 하다가 볼 일이 있어 시내에 나갔다 돌아오는 길에 잠시 들러봤다.

대전광역시에서 주관하는 행사다. 시청에서 이런 전시회까지 관심을 갖고 있는 줄은 몰랐다. 유익하고 뜻깊은 전시회인데 너무 더운 탓인지 관람자가 별로 없어 유감이었다.

앞쪽으로 무궁화를 쭉 늘어놓고 뒤편으론 우리 주위에서 흔히 볼 수 있는 우리의 꽃을 전시해 놓았다. 무궁화를 보는 사람은 거의 없고 우리의 꽃을 감상하는 사람들이 더러 있을 뿐이었다.

채송화, 분꽃, 봉선화, 맨드라미, 옥잠화, 백일홍, 과꽃 등 여러 종류가 나름대로의 특유한 자태를 뽐내고 있다. 그 꽃들을 보고 있자니 동요가 생각난다. 오래전부터 불려지고 있는 「아빠하고 나하고 만든 꽃밭에 채송화도 봉숭아도 한창입니다…」고 하는 꽃밭에서 라는 노래라든지 「올해도 과꽃이 피었습니다. 꽃밭 가득 예쁘게 피었습니다…」라 불리는 과꽃이란 노래 등이 떠오른다. 그런 동요를 가만히 불러보면 동심으로 돌아가는 기분이 든다.

주변에 피어 있는 우리꽃에 대해 평소에 별로 관심을 두지 않아서인지 이름을 아는 것이 열손가락에 꼽을 정도다. 동요에도 나오는 과꽃을 전시회를 둘러보고서야 알게 되었다. 그러니까 전에는 꽃 따로 이름 따로 알고 있었던 것이다. 사전을 찾아보니 「초롱꽃목 국화과의 쌍떡잎식물로 높이는 30~100cm, 한해살이풀로서 줄기는 곧게 서고 잎과 함께 거친 털이 흩어져 있다. 잎은 어긋나며 모두 거친 톱니가 있다. 꽃은 남자색으로서 7~9월에 핀다. 중국이 원산지로 관상용으로 재배된다.」고 되어 있다.

무궁화, 우리나라 꽃이면서도 우리들에게서 버림받고 있는 꽃이다. 바로 이 전시회만 보아도 부인할 수 없다. 물론 더운 날씨 탓도 있겠지만 장미 전시회라든지 튤립 전시회였다면 이토록 외면당하지 않았을 것이다.

뭇 사람들의 시선을 끌지 못하는 것은 아마도 꽃이 아름답지 못하기 때문이리라. '왜 하필이면 무궁화를 우리나라 꽃으로 정했을까. 벚꽃, 장미, 튤립, 백합 등 아름다운 꽃이 얼마든지 많은데…'라고 불만을 토로하는 이들도 있다. 아름다움만이 기준이라면 그들의 불만도 이해는 간다. 그러나 어찌 화사함과 아름다움만을 기준으로 삼을 수 있겠는가. 우리가 배우자를 맞이할 때도 외모만 아름다우면 다른 것은 아무래도 좋다는 말인가. 꽃은 피어 있을 때만 사람들의 눈길을 끌뿐 시들고 나면 그만인 것을, 화무십일홍(花無十日紅)이라 하지 않던가.

무궁화가 눈에 번쩍 뜨이는 아름다움은 없지만 그렇다고 밉상은 아니다. 가까이 다가가 꽃만을 바라보면 나름대로의 매력을 찾을 수 있다. 목련 같이 잎이 나오기 전에 꽃이 핀다면 지금보다 훨씬 아름다워 보일텐데 하는 생각을 해 본다.

무궁화 하면 우선 끈기를 들 수 있다. 7월에서 10월까지 100여 일 간을 끊임없이 피는 꽃이다. 거기에서 강인한 생명력을 본다. 바로 그 점 때문에 나라꽃으로 제격이다. 반만년의 역사를 이어오면서 수백회의 침입을 받았지만 쓰러지지 않고 오늘날까지 지탱해 왔다. 꽃잎 하나가 피었다 지고 나면 다른 꽃잎이 다시 피고 지고. 계속 이어지는 그 끈기가 우리 역사와 너무나 닮았다. 따라서 대한민국은 무궁화요, 무궁화는 대한민국이다.

오래 전부터 우리나라가 무궁화의 나라로 알려져 왔다. 중국의 고서인 〈원중기(元重記)〉에 보면 군자의 나라는 지역이 천리인데 무궁화가 많다(君子之國 地方 千里 多木槿花)고 쓰여 있다. 국내에서도 신라시대 최치원이 지어 당나라에 보냈다는 국서에 우리나라를 근화지향(槿花之鄕)이라고 한 것만 보아도 우리와 무궁화의 관계를 알 수 있다. 그리고 조선시대에 와선 과거시험에서 장원 급제한 사람에게 임금님이 내려주는 어사화를 바로 무궁화꽃으로 장식했다는 점을 볼 때 무궁화를 예사 꽃과는 다르게 대접했음을 알 수 있다.

일제는 1910년 강제로 한일합방 조약을 맺어 우리 국권을 강탈한 뒤 무단통치를 단행했다. 그들은 우리의 국혼을 말살하면서 더불어 우리의 혼이 담겨있는 나라꽃 무궁화도 말살하려고 혈안이 되었었다. 「무궁화를 쳐다보면 눈병이 옮는다」는 유언비어를 퍼뜨리는 등 온갖 수단을 동원하지만 끈질기게 살아남은 나라꽃이다. 혹독한 무단통치하에서도 우리는 희망을 잃지 않고 곳곳에서 독립군을 조직하여 일제와 투쟁했다. 싸우다 쓰러지면 다른 사람이 뒤를 이었고 싸우고 싸워서 마침내 해방을 맞이한다. 무궁화도 마음껏 기지개를 펼 수 있게 된 것이다. 공교롭게도 광복절인 8월 15일 경이 무궁화꽃이 피는 절정기라니 슬픔과 기쁨을 우리와 같이 하는 꽃이 아니냐. 무궁화씨가 태극모형으로 생겼다는 데에는 너무나 신기하고 신비스러워 할 말을 잊게 된다. 둘은 찰떡궁합이다. 오직 대한민국을 위해서 창조된 꽃은 아닐까….

중국이나 유럽에서는 무궁화의 어린잎을 따서 녹차의 원료로 사용한단다. 여기선 아직 그러한 사례를 들어보지 못했다. 나라꽃 무궁화인지라 너무 소중해서 감히 잎조차 훼손해서는 안되기 때문인지는 몰라도 이제 우리도 그것을 녹차의 원료로 사용해 봄직 하다. 그렇게 됨으로써 우리와 무궁화 사이가 가까워지게 되고 가까워지면 정이 들게 마련이다. 정이 들면 지금 보다는 무궁화꽃이 훨씬 아름답게 보이리라.

무궁화에는 진딧물이 많이 꼬이는 것이 단점이다. 그 때문에 가까이 하기엔 너무 먼 꽃이란 생각도 들겠지만, 녹차의 원료로 사용될 수 있을 정도로 잎의 성분이 특수하고 청결하기 때문에 진딧물이 많이 생기는 것이다. 불두화나 장미 등에도 벌레는 꼬인다. 무궁화의 진딧물만 탓할 일이 아니다.

전시장에 게시되어 있는 무궁화에 대한 설명문을 읽어 보았다.

꽃 모형으로 보아 〈홑꽃〉, 〈반겹꽃〉, 〈겹꽃〉이 있다. 우리나라에 본래부터 자생해 오고 있는 무궁화는 20~30 종류이며 계통별로 크게 나누면 〈단심계〉, 〈배달계〉, 〈아사달계〉로 분류된다.

단심계는 꽃 중앙 부분에 붉은 색(丹心)을 가진 무궁화로 바탕색에 따라 백단심, 홍단심, 자단심으로 나누어지며 새빛, 화랑, 설단심 등의 품종이 있다.

배달계는 단심이 없이 꽃 전체가 흰 색으로 새한, 옥토, 백란 등의 품종이 있다.

아사달계는 꽃 중앙 부분에 붉은 색 띠가 있으며 위치에 따라 우아사달, 좌아사달, 상아사달로 분류된다.

배달겨레의 얼이 담긴 무궁화가 오직 우리나라만의 국화(國花)인 줄만 알았는데 말레이시아도 무궁화를 나라꽃으로 삼고 있다는 것을 얼마 전 방송을 듣고 알았다. 같은 꽃을 나라꽃으로 하고 있다는 반가움보다는 아쉬움이 앞선다. 혼자 갖고 싶은 귀중한 물건을 둘이 나누어 갖는 기분이랄까…. 아무튼 두 나라가 함께 무궁화에 대한 공동 연구라도 해서 더 아름다운 꽃으로, 더 향기로운 꽃으로 개량한다면 뭇 사람들의 사랑을 받을 수 있을 것이다.

해가 뜸과 동시에 피었다가 해와 더불어 지는 항상 새로운 꽃이다. 피어난 자태를 아무에게나 쉽사리 보여주지 않는 그래서 밤에만 피었다 지는 달맞이꽃과는 달리 강렬한 태양빛을 거부하지 않는 정열의 꽃이다. 따뜻한 봄날에 피어나는 꽃이 아니요. 여름철 비바람을 맞아가며 온갖 시련을 이겨내는 의지의 꽃이다. 일시에 꽃망울을 터트리는 낭비의 꽃이 아니고 연달아 연달아 피어나는 생명의 꽃이요. 끈기의 꽃인 것이다.

언제까지나 겨레와 운명을 같이 할 무궁화, 애국가의 후렴 속에서 항상 피어나고 조국 통일과 번영을 염원하는 우리의 꽃이다.

〈대전예술 1996년 9 · 10월호〉

뒤늦게 깨달은 어머니의 손사랫짓
이청준의 〈축제〉

〈서편제〉의 작가로 잘 알려진 이청준이 쓴 〈축제〉. 화자인 이준섭. 그가 어머니 상을 당해 큰일을 치러나가는 과정과 군데군데 그와 어머니의 과거사에 대한 회상을 내용으로 하고 있다. 가난하고 비참했던 생활, 말년에는 소위 노망(치매)까지 들어 주위 사람들에게 큰 짐이 됐다가 허망하게 생을 마감한 어머니에 얽힌 가족사는 바로 내 얘기가 될 수 있는 소재라는 점에서 뭇사람들에게 공감을 불러일으키는 것 같다.

준섭은 집 떠나올 때, 어머니의 손사래짓을 당시에는 그 의미를 잘 몰랐는데, '너만이라도 잘살라'고 하는 깊은 뜻이었다는 것을 뒤늦게 깨닫게 된다. 어머니는 피붙이들에게 나이와 함께 지혜와 사랑을 나눠주고 끝내 더 나눠줄 나이나 작아진 몸집이 다하게 되어 눈에 보이는 육신의 옷을 벗고 보이지 않는 영혼만 저세상으로 떠나게 되는 것이다.

가족들의 갈등도 첨예하게 표출된다. 옷 보따리를 고이 간직한 채 그리도 기다렸건만 끝내 보지 못하고 주검이 된 뒤에야 겨우 나타난 용순….

새말 아제를 비롯해서 이웃들의 훈훈한 정을 느낄 수 있고 누구나 겪어야 할 장례 절차에 대해서도 손에 잡힐 듯 묘사되어 있다. 이 책은 죽음을 통해 생을 다시 한 번 생각해보게 하는 책이다. 〈축제〉라고 하는 제목 자체도 도전적이고 많은 의미를 내포하고 있다.

〈북클럽 1996년 11월호〉

헌신하는 선생님

박종천 교사의 교단생활 25년간을 더듬어 볼 수 있는 「고뇌하라 그리고 헌신하라」(도서출판 분지)라는 산문집을 읽었다.

그 오랜 세월 대부분을 가족과 떨어져 자취 하숙으로, 때로는 통근을 하는 어려움 속에서도 남달리 학생들에게 헌신적인 지도를 했고, 졸업생 12명과 지금까지 편지를 주고받으며 사제간의 정을 이어온 선생님의 발자취가 담겨져 있는 책이다.

이제는 40대 초반으로 조금은 늙은(?) 제자들과도 아직까지 서신 교환을 하고 있다는 것은 제자에 대한 깊은 사랑과 희생정신이 없다면 생각하기 어려운 일이다.

어려움에 처한 제자에게 용기를 북돋아 주고 그들의 고민을 들어주며 함께 고뇌하는 참스승의 면모를 곳곳에서 느낄 수 있다.

이혼 위기에 처한 어느 여 제자가 『친구들에게는 자존심에 관한 문제로 입도 벙긋 할 수 없고요, 그렇다고 부모님에게도 시시콜콜 모두 다 말씀 드릴 수 없는 노릇이고요, 벙어리 냉가슴 앓듯이 끙끙거리며 가슴으로 삭이다 인내의 한계를 넘게 되면 술로 풀곤합니다. 선생님! 저의 이 슬픈 넋두리를 쏟아 놓아도 좋을 대상으로 선생님을 선택했으니까요.』라는 대목에서 보여주듯이 친구나 부모님에게조차 말할 수 없는 고민을 풀어놓을 수 있는 선생님이 바로 참 스승이 아니겠는가.

집안 형편이 어려워 검정고시를 거쳐 들어온 여고생에게 따뜻한 사랑을 베풀고 험난한 앞길을 헤쳐 주어 마침내 초등학교 교사가 되게끔 이끌어 주었으며 그녀가 시골 벽지로 발령받자 그곳까지 찾아가 격려해 주고 교사의 사명감을 심어 주는 열성적인 선생님이시다.

이런 일화도 있다. 결혼을 앞둔 제자가 박 선생님께 주례를 부탁했다. 그때 선생님은 30대 초반의 나이로 주례를 서기엔 너무 젊어 거절하자 석 달 간을 쫓아다니며 간청하는 바람에 승낙을 했단다.

이 한 가지 사실만 보더라도 박 선생님은 제자들로부터 얼마나 신뢰와 존경을 받는 스승인가 하는 것을 짐작하기 어렵지 않다.

이 한 권의 책을 통해서 장차 교단에 서고자 하는 예비 교사들에게는 한 강좌의 교직 과목을 이수하는 것보다 더 많은 것을 배울 수 있고 현직에 있는 교사들에게는 어떻게 하는 것이 참스승의 길인가를 깨우쳐 주고 자신의 교단생활을 뒤돌아볼 수 있는 계기를 마련해주리라 확신한다.

〈대전일보 1997년 6월 10일〉

사라져가는 민속놀이

내가 어린 시절을 보낼 때만해도 여러 가지 전통적인 민속놀이를 하면서 자랐다. 자치기, 팽이치기, 제기차기, 거북놀이 등에 심취했었다. 설이 지난 뒤 마당에 멍석을 깔아놓고 동네 어른들이 모여 윷놀이나 농악놀이를 할 때, 그것을 구경하는 우리들의 마음도 덩달아 흥겨워지곤 했었다.

지금은 농촌마을을 가 봐도 거의 그런 모습을 볼 수가 없다. 산업사회로 전이하면서 이해 못할 바는 아니지만, 너무 급격히, 총체적으로 사라지고 있어 마음 한 구석이 텅비어가는 듯한 느낌을 떨쳐버릴 수 없다. 우리보다 앞서서 산업사회를 이룩한 일본만 해도 그렇지 않다. 「마쯔리」라 해서 대대적인 전통 민속축제가 오늘날에도 전국 곳곳에서 행해지고 있다. 「마쯔리」의 나라라고 할 정도다. 그러한 정신적인 구심점을 바탕으로 세계화에 성공하고 튼실한 발전을 해온 것이다. 우리의 사라져가는 각종 민속놀이를 학교에서부터라도 재현해서 생활의 일부가 되도록 획기적 조처가 시급하다. 교육개혁이 추진되고 있는 지금이 더할 수 없이 좋은 기회가 아닐까.

〈한국교육신문 1997년 10월 1일〉

아! 옛날이여

가을 하늘이 높아 가는 10월이면 유난히 문화행사가 많다. 각종 전시회도 많이 열린다. 사색의 계절이요, 풍요를 가져다주는 계절이기 때문이리라. 정서의 목마름을 적셔주는 기회를 놓칠 수 없는 전시회가 하나 있다. 이승은 씨의 「엄마 어렸을 적엔」 이다. 전부터 한 번 보았으면 하던 차에 마침 대전에서 전시회가 열린 것이다.

살기 어려웠던 어린 날의 추억일수록 더욱 그립고 감회가 깊게 마련이다. 그러한 갈망을 채울 수 있는 전시회다. 보면 볼수록 옛추억이 새록새록 솟아난다. 필자도 어려서 겪어 보거나 주위에서 보아 온 정경들이 인형으로 재현되어 있다. 등장하는 많은 소품들은 작지만 앙증맞고 정겨운 것들이다. 어찌나 실물하고 똑같은지 보고는 뒤돌아서서 또 보곤 했다.

농촌 초가집 흙벽에는 멍석이며 삼태기 그리고 낫, 호미 같은 연장들이 걸려 있고, 짚으로 엮은 마늘이 대롱대롱 매달려 있기도 하다. 교실 안의 조개탄 난로 위에는 도시락이 수북이 쌓여 위태위태하다. 제일 밑바닥에 있는 도시락 속의 밥은 이미 눌어서 교실 가득 구수한 냄새를 풍기는 듯하다. 동네에 하나밖에 없는 공동 수도 앞에서 물통을 늘어놓고 차례를 기다리는 모습, 퇴근길에 꽁치 한 마리 새끼줄에 매단 채 집으로 향하는 가장의 모습, 재봉틀을 돌리고 있는 어머니의 모습이 있는가 하면, 「고드름 고드름 수정 고드름…」을 불러가며 어린 동생을 목말 태워 높이 있는 고드름을 따는 모습들이 추녀 끝에 옛 추억이 되어 대롱대롱 매달려 있다. 제기차기, 자치기, 썰매타기 등도 등장한다. 당시에는 썰매를 집에서 손수 만들거나 아니면 형 또는 아버지를 졸라서 만들었다. 때로는 돈 주고 산 스케이트로 솜씨를 뽐내기도 했다. 동네를 벗어나면 사방이 논에 물을 가두어 만들어진 천연 스케이트장이었다. 따라서 스케이트 타는 데 돈 들어갈 일도 없었다. 공동변소 앞에서 순번을 기다리는 모습도 있다. 재래식 화장실에서는 쭈그리고 앉아 용변을 볼 때, 타이밍을 잘 맞춰 엉덩이를 들썩들썩해야만 하는 이유를 지금의 아이들은 상상조차 못할 일이다.

아이들을 데리고 가서 엄마 아빠 어렸을 적엔 이렇게 어려운 여건과 환경 속에서 자랐다고 알려주고, 혼자라면 타임머신을 타고 옛날로 돌아가 추억으로 상큼한 가을의 한 페이지를 장식하는 것도 좋으리라. 가난하고 모든 것이 부족하기만 했던 옛날을 되새기며 좀 풍족해졌다고 지금 홍청망청하고 있는 것은 아닌지도 점검해 볼 수 있는 기회도 되지 않을까….

〈대전일보 1997년 10월 23일〉

대학수능시험, 쉽게 출제 되는 것은 당연

대학수능시험도 끝났다. 시험 문제가 쉬워 변별력이 없다고 비난받기도 했지만, 내년도 금년처럼 출제되는 것이 바람직하다고 본다. 수능시험 자체가 대학에 입학하여 수업을 받을 수 있는가 없는가를 측정하는 시험인 만큼 변별력에 너무 비중을 둘 필요가 없다.

올해와 같은 출제 경향은 무엇보다도 '망국병'이라고까지 일컬어지는 과외 해소에 상당히 기여하리라 본다. 과외를 받지 않고 학교 수업만 충실히 해도 고득점을 받을 수 있다는 것이 증명되었고, 따라서 고등학교 교육 정상화에도 파급효과가 클 것이다.

그동안 밤늦게까지 자율학습을 하지만 기대 점수가 나오지 않기 때문에 실망과 의욕상실로 학업에 대한 기피현상과 함께 혐오감마저 갖고 있던 것이 우리 학생들의 현실이다. 이런 까닭에 이번 수능 출제 경향은 1,2학년 학생들에게는 희망과 의욕을 심어주는 계기가 되었다. 그러므로 변별력이 없다는 일부의 여론에 밀려 내년에 다시 어렵게 출제하는 우를 범하지 않기를 간절히 바란다.

〈교육월보 1997년 12월호〉

소나무

지난 3월 새로 부임을 해서 근무하는 유성고등학교 교문에 들어서자마자 좀 색다른 풍경을 볼 수 있다. 길 양편이 소나무 숲으로 이루어져 있다. 이렇듯 교문에 들어서는 이들을 소나무 숲이 제일 먼저 반겨준다는 것은 흔치 않은 일이다.

새로 부임을 하면 왠지 어색하고 행동이 부자연스러우며 마음마저 움츠러들게 마련인데 소나무 숲을 대하자 한결 학교가 정겨운 모습으로 다가온다. 솔방울을 주렁주렁 달고 바람에 흔들리는 나뭇가지는 어서 오라고 반갑게 손짓하는 듯하다.

우리나라 산에 가장 많은 나무가 소나무다. 흔한 만큼 옛날부터 소나무 숲이 많이 조성되어 왔다. 『삼국유사』에 보면 신라시대 경주에 천경림이라는 소나무 숲이 있었다는 기록이 나온다. 또한 예부터 조상이 돌아가시면 산소 주변에는 소나무를 심어 묘를 보호해 왔는데 그 소나무를 도래솔이라 한다. 이렇듯 우리 조상들이 보살핌과 사랑을 받아온 소나무는 우리들의 나무요, 영원토록 우리 조국을 지켜나갈 나무다.

소나무는 특별히 사람들의 손질이 없어도 잘 큰다. 자기 멋대로 자라는 나무다. 모양을 살펴보면 가지각색이다. 똑바로 서 있질 못하고 기울어져 있는 나무, 줄기가 구부정한 나무, 나뭇가지가 하늘로 올라간 것이 있는가 하면 아래로 축 처진 것 등, 서로 닮은 것이 거의 없다. 개성이 강한 나무요, 자유를 마음껏 누리는 나무요, 결코 꾸밈이 없는 나무인지라 그래서 더욱 좋다.

허황된 욕심이 없는 연로한 촌부와 같아 경계할 필요 없이 마음 놓고 접근할 수 있다. 여름이면 가지를 쫙 펴고 그 아래 편히 쉬었다 가도록 배려를 해준다. 가지를 살랑살랑 흔들어 주는, 결코 미워할 수 없는 우리의 혼이 깃들어 있는 나무다.

바닥에 떨어진 솔잎이 두툼하게 깔려 있다. 쓸어버리지 않는 것은 참 잘하는 것이다. 민바닥 보다 훨씬 운치가 있다. 솔잎을 밟고 거닐어 본다. 밟히는 솔잎 속에서 옛 추억을 주섬주섬 챙겨본다.

고향에서의 어린 시절, 지금이야 아궁이를 구경하기가 쉽지 않게 됐지만 당시 시골 마을은 연탄 때는 집도 없었다. 추수를 하고 난 뒤 볏짚이나 산에서 나무를 해다 때던 시절이었던 만큼 낙엽이 되어 쌓인 솔잎도 좋은 땔감이 되었던 것이다. 지게를 지고 뒷산에 올라 노란 솔잎을 갈퀴로 긁어모아 지게 위의 바소쿠리에 가득 담아 산을 내려올 때는 아무것도 부럽지 않은 뿌듯함에 힘든 줄 몰랐다.

국민학교(현 초등학교) 시절에는 땔감이 부족하여 학교 뒷산에 올라 솔방울을 줍기도 했고, 중고등학교 때는 솔잎을 갉아먹는 송충이를 잡기 위해 깡통과 집게를 들고 산에 올라 징그러운 송충이를 잡기도 했다. 왜 그리 송충이가 많았던지 금방 한 깡통을 채울 정도였다.

소나무에 얽힌 이런저런 옛 기억들이 새롭게 떠오른다.

소나무는 한겨울에도 푸르다. 그 푸른 기상을 잊지 말고 이어가자는 뜻에서 애국가에 '남산 위에 저 소나무'라는 가사가 들어간 게 아닌가. 사시사철 변치 않는 그 푸르름에서 기개를 엿볼 수 있다. 그러기에 성삼문은 '이 몸이 죽어가서 무엇이 될꼬하니 봉래산 제일봉에 낙락장송 되었다가 백설이 만건곤할 때 독야청청하리라'고 갈파했다. 충신의 군은 절개가 녹아 있는 것이다. 자기의 이익을 위해 양심을 쉽게 저버리는 오늘의 세태, 불의를 보고도 못 본 체 외면해 버리는 세상, 독야청청하는 낙락장송을 잊고 사는 때문은 아닐까……

소나무 숲을 자주 거닐고 싶다. 봄이면 겨우내 떨어진 솔잎을 밟으며 시상(詩想)을 떠올려 보고 송홧가루 날리는 5월이면 흩날리는 송홧가루를 맞으며 콧노래를 불러보리라. 무더운 여름이면 소나무 그늘 아래 돗자리를 깔고 지인(知人)과 같이 바둑판을 사이에 두고 세월을 낚아 보리라. 겨울엔 소나무 가지에도 눈이 쌓여 꽃송이 같은 설화가 피어 또 다른 세계를 펼쳐 놓을 것이다. 그 밑을 하얀 눈을 밟으며 미지의 세계를 그려보고 싶다.

〈오늘의문학 1997년 봄호〉

좋은 운전자 만들기

좋은 운전자, 즉 운전을 잘 한다고 하는 것은 미꾸라지 빠져나가듯이 요리조리 차로를 옮겨가면서 냅다 달리는 사람이나 좁은 주차 공간에 능숙하게 한 번에 주차할 수 있는 능력을 가진 사람을 지칭하는 것은 아닐 게다. 교통법규를 잘 지키고 사고를 안내는 운전자가 잘하는 운전자가 아닐까….

좋은 운전자는 만들어지는 것이지 저절로 되는 것은 아니다.

좋은 운전자 한 사람 만들기 위해 봄부터 발 벗고 나섰다.

아내가 출퇴근에 이용할 수 있도록 하기 위해 토요일과 일요일이면 거리로 나섰다. 아내가 운전석에, 내가 조수석에 앉으면 그 순간부터 아내와 남편 관계를 떠나 연수자와 교관의 입장이 되는 것이다.

출발하기도 전에 긴장하는 모습이 역력하다.

"긴장을 풀고"

"안전띠를 매고"

"백미러를 조정하고"

"사이드 브레이크를 풀고"

"다시 한 번 전후방을 살피고 좌측 깜박이를 켜면서 서서히 출발." 하고 지시하면 실행에 옮긴다.

초보 운전자는 누구나 룸미러나 후사경을 볼 여유가 없다. 따라서 차로 변경 시에는 내가 좌우와 뒤를 살피어 안전할 때 차로 변경을 지시한다. 여유가 없는 만큼 얼른 차로를 변경한다.

그러면 내 입에서는 기다렸다는 듯이 힐책이 나오게 마련이다. 그냥 좋게 설명해줘도 될 것을 이상하게 목소리가 커진다. 아무튼 큰 소리를 질러가면서 훈시를 한다.

"왜 또 급하게 차로를 변경하는 거야? 천천히 들어가라고 했잖아."

"미리 깜박이를 켜고 잠시 후에 들어가야지 백미러에 나타나지 않은, 혹시 있을 수 있는 사각지대의 차를 피할 수 있는 거야."

"차로를 변경할 때는 급하게 하지 말고 조금씩 조금씩 파고들란 말야."하고 어린애 나무라듯 한다.

"알았어."하고 대꾸는 하지만 아내의 기분은 이미 일그러지기 시작한 것 같다.

아내에게 운전을 가르칠 때 남편들이 부드러운 목소리로 나긋나긋하게 알려주면 운전을 배우는 아내들이 얼마나 좋아할까.

이해도 빠르고 쉽게 숙달이 될 텐데 하는 마음이 들어 다음엔 꼭 부드럽고 자상하게 해야지 그런 마음을 먹다가도 실전에 들어가면 그렇지를 못하다.

평소에는 아내에게 잘 하던 남편도 운전연습을 시킬 때는 달라지는 법이다.

운전연습은 생명과 직결되는 것이기 때문이다. 아차 하는 순간에 돌이킬 수 없는 비극이 초래되고 온 집안이 쑥밭이 되고 말기 때문이다. 그래서 운전연습을 하다가 부부 간에 말다툼이 생기고 그로 인해 냉전관계에 돌입하기도 하고 심한 경우는 이혼까지 한 사례도 있다고 들었다.

토요일은 주로 시내 코스를, 일요일은 시외코스를 선택했다.

대청호수를 끼고 일주도로를 달려보기도 했고, 날이 더워지자 영동의 물한계곡을 찾아 발을 담가보기도 했고, 여름방학 때에는 장모님을 모시고 강원도 영월과 정선 등을 다녀왔다.

물론 운전은 아내가 했고, 나의 잔소리는 계속되었다.

"빠른 것이 능사가 아니니까 속도를 줄여."

"길가에 차가 주차되어 있을 때는 그 앞쪽으로 사람이 지나간다 생각하고 속도를 팍 줄여야 돼…."

8개월이 지난 지금도 항상 강조하는 것이 있다. 조급한 마음을 갖지 않도록 하는 것이다.

조급한 마음 때문에 과속이 이루어지고, 법규를 위반하게 되고, 교차로에서 충돌사고가 일어남을 일깨워 준다.

내 잔소리에 자존심이 몹시 상했는지 운전 안한다고 선언한 적도 있었지만 그 덕분에 지금까지 사고 없이 아내는 오늘도 운전대를 잡으면서 변화된 삶을 살고 있다.

〈월간 신호등 1998년 10월호〉

무사고 운전은 마음 다스리기

지난해 여름 장모님을 모시고 아내와 같이 남도 땅 일번지라는 해남의 대흥사를 거쳐 우리 국토의 남쪽 끝인 토말에서 망망대해를 바라보았다.

끊임없이 밀려드는 파도가 주기적으로 해안가 바위를 때리고, 그로 인해 수천수만 년의 아픔을 딛고 침묵한 채 바위가 그렇게 아름다운 모습으로 서 있었다.

한참을 넋을 잃고 바라보다가 아쉬움을 남기고, 신라 시대 해상을 주름잡았던 장보고의 기개가 넘실거리는 완도를 한 바퀴 돌았다. 정약용이 유배 생활을 하면서 만들어 낸, 훌륭한 작품들의 산실인 강진의 다산초당을 대나무 숲길을 따라 올라가, 그의 숭고한 정신을 되새겨 보기도 하였다.

어둑어둑할 무렵에서야 다음 목적지인 송광사에 도착했다. 이미 관광객이 모두 빠져 나가 사방이 조용한데, 졸졸거리는 냇물 소리만 적막을 깨고 있었다. 그 분위기에 더하여 기도처에서 들려오는 희미한 독경 소리에, 이승은 아닌 듯 속세를 떠나 별천지 같은 느낌이었다. 가끔 그 정경이 아련히 떠오른다.

오래오래 소중히 간직될 이러한 추억도 7년 동안 나와 같이 한 자가용 덕분이다. 자가용이 없었다면 애초에 떠날 엄두도 못 냈을 것이고, 여행길에 올랐다고 해도 만약에 자동차 사고라도 났다면 결코 아름다운 추억이 될 수 없었을 것이다.

'만일'이란 낱말은 만의 하나, 즉 만 번 중에 한 번 일어날까 말까 한 희박한 상태를 두고 하는 말이다. 만일의 경우에도 대비해 두는 것이 마땅하거늘, 우리는 일어날 확률이 높은 자동차 사고에 대해선 너무 무감각하다.

통계에 의하면 운전자 1천 명 중 연간 1명 이상 사망자가 나온다니, 부상자를 포함하면 사고의 개연성은 매우 높은 것이다. 하루 평균 자동차 사고로 1천여 명이 부상을 당하고 27명이 사망한다는 (1994년 통계) 것은 매일같이 전쟁을 치르고 있는 셈이다. 어느 전쟁보다도 많은 희생자가 나오건만, 뭇 사람들은 자기와는 상관없는 것으로 생각하고 심각성을 느끼지 못하고 있다.

자동차 생산이 세계 5위라고 자랑하고 있는 우리들. 그러나 우리의 자동차 문화의 현주소는 어디일까….

그것을 똑바로 알려 준 TV방송 프로그램이 있었다. 차량이 뜸한 심야에 신호등을 지키는 운전자가 얼마 만에 나오는가를 몰래카메라를 설치해 놓고 실험하는 것이었다.

한 시간이 지나도 두 시간이 지나도, 신호등을 지키는 운전자가 없었다. 네댓 시간이 지나서야 나타났는데, 알고 보니 늦게까지 일을 해야만 되는 지체가 부자유한 부부였다. 신호등을 지키지 않는 우리 모두는 몸은 멀쩡하지만 마음의 불구자가 아니고 그 무엇이겠는가!

또 한 번은 우리와 일본인 운전자들의 준법정신을 비교 실험하기 위해서 몰래카메라를 설치했다. 편도 4차로의 복잡한 도로에서 정지 신호를 받고 정확하게 4대의 차량이 모두 정지선을 지키는가를 알아보는 실험이었다.

우리나라에서는 좀처럼 나타나지 않는데 반해 일본에서는 너무 빨리 나타나, 방법을 바꾸어 반대로 4대 중 1대라도 정지선을 지키지 않는 경우를 기다렸으나 한동안 나타나지 않았다.

우리보다 차량은 10배나 많은 일본이 차량 사고 사망률은 우리의 10분의 1이란 것이 결코 우연이 아님을 알 수 있다. 안전운전 경연대회도 열고 자동차 사고 사망자 줄이기 캠페인 등을 벌여 보지만, 자동차 사고 왕국이라는 불명예는 벗지 못하고 있다. 준법정신의 결여, 즉 자동차 운전법규를 지키지 않기 때문이다.

법규를 지키는 자가 오히려 웃음거리가 되는 사회 풍토가 바뀌어야만 된다.

고속도로에서 최고 속도인 100km로 달리고 있어도 빨리 안 간다고 뒤에서 야단이다. 경적을 울리는가 하면, 전조등을 깜박거리고, 생명선인 차로를 멋대로 지그재그로 바꾸면서 쏜살같이 내빼는 차량들. 어린 자녀를 태우고도 아무 부끄러움 없이 버스 전용차로를 마구 질주하는 차량들. 고속 도로변에 수없이 버려져 있는 쓰레기들…. 우리들의 양심이 거기에 그렇게 버려져 나뒹굴고 있는 것이다.

운전 경력이 7년이나 되었건만, 아직도 경력에 어울리는 운전 솜씨를 갖고 있지 못하다. 그렇다고 우수한 운전 능력을 부러워하거나 갈망하지도 않는다. 언제나 조심조심하는 마음, 서두르지 않는 마음이 변하지 않도록 노력할 뿐이다.

사고를 내는 원인이야 여러 가지지만, 가장 중요한 요인은 서두르기 때문이란 생각이다. 서두르기 때문에 과속도 하게 되고, 신호도 잘 안 지키게 되고, 무리하게 앞지르기를 하게 되고, 보행자에 대한 배려를 하지 않게 되고, 건널목에서 일단 정지를 않게 되고….

나 또한 급한 성질이라 다분히 그럴 확률이 높아서, 예방책으로 어디든 운전을 해서 가고자 할 때는 미리 출발을 한다. 운전대를 잡기 전까지는 무척 서두르지만, 일단 운전석에 앉은 뒤에는 서두르지 않고 여유를 갖도록 습관을 길러왔다.

교차로 안에서의 충돌 사고가 많이 일어난다. 어느 한 쪽이 미리 출발했거나, 아니면 황색등이 켜진 뒤에 교차로 안으로 들어섰기 때문이다. 정지선에서 출발 신호를 기다리고 있는 차량들을 보면, 마치 생사가 달려 있는 경주를 하기 위해 대기하고 있는 모습들이다.

사람 심리가 파란 불이 켜진 상태에서 교차로에 접근하게 되면 신호가 바뀌기 전에 통과하려고 더욱 스피드를 가하게 마련이다. 무서운 속도로 달리다 보면 신호등이 바뀌어도 통제 불능 상태가 된다. 브레이크를 밟아도 소용이 없고 사고로 연결되고 만다.

때문에 나의 경우에는 반대로, 파란 신호를 보고는 속도를 줄이고 다음번에 통과해야지 하는 느긋한 마음을 갖도록 애쓴다. 그런 것이 바로 안전 운전의 비결이고, 7년 동안 무사고를 이룩한 바탕이다. 음주운전을 안 하는 것은 말할 것도 없다.

지금까지의 이러한 자세가 앞으로도 흐트러지지 않도록 다시 한 번 다짐을 해 본다. 10년이고 20년이고 무사고 운전이라는 경력을 쌓아가면서, 가족을 태우고 금강산이라도 다녀올 수 있는 통일의 그날을 조용히 기다리고 있다.

〈월간 교통안전 1999년 3월호〉

어쩌다 젓는 손

아내가 어쩌다 몸이 불편해서 설거지 좀 해달라고 할 때가 있다. 어렵게 입을 뗀 부탁이란 걸 안다. '알았어.'하고 대답을 하긴 하지만 썩 내키는 마음은 아니다. 달리 해결할 방법도 없고 어차피 내 몫임은 분명한데 쉽게 일어나지지가 않는다. 왠지 귀찮다. 본래 주어진 임무가 아니라서일까. 아니면 손에 익숙하지 않아서 일까. 미적미적 뜸을 한참 들이다가 주방 싱크대로 향한다.

사람은 세 끼 밥을 먹게 되고 먹는 즐거움이 꽤나 크다. 그러나 먹고 난 후의 뒤치다꺼리는 좀체 즐거운 일이 아니다. 귀찮은 일을 매일 하는 주부들. 아내 또한 마찬가지다. 아내의 입장을 가만히 생각해 본다. 어쩌다 하는 것도 이토록 내키지 않는데 오죽하랴! 더구나 맞벌이 하면서 주부의 일까지 하는 어려움을 이해한다면 집안일을 좀 더 도와주고 가끔 자진해서 설거지도 해주면 좋으련만 그게 잘 안 된다. 딸이라도 있었으면 가끔 '엄마 좀 도와줘라.'는 말로 덜 미안할 텐데. 그건 이미 물 건너간 희망이다.

여기까지 생각이 미치면 귀찮던 마음도 차츰 사라지고, 그동안 진 빚을 일부나마 갚는 심정이 되어 설거지하는 손놀림 또한 가벼워진다. 하나하나 그릇을 닦아 포개 놓는다. 기름 묻은 그릇은 종이로 닦아낸 다음 세제는 쓰지 않고 뜨거운 물로 헹구어낸다. 개수통이 한 군데뿐이어서 불편하다. 불편함을 체험하면서 요리조리 구상을 해 보지만 한 군데 더 늘릴 장소가 없다. 식기세척기가 있다던데 그건 어떨까. 역시 놓을 장소가 마땅치 않다.

설거지가 끝나면 쌀을 씻어서 전기밥솥에 앉혀놓아야 한다. 4식구 먹을 분량을 짐작을 해서 쌀통에서 빼낸다. 쌀벌레와 나방이 많이 섞여 나온다. 여름만 되면 잡아도 잡아도 없어지지 않는 쌀벌레, 없애는 처방을 듣고 그대로 해보지만 별무신통이다.

제일 문제되는 것이 밥물 붓는 일이다. 밥이 잘 되고 못 되고가 결정되는 열쇠이기 때문이다. 모처럼 하는 밥이 엉망이어서는 안 되겠기에 밥물을 넣었다가 덜었다 하면서 어림으로 맞춰 놓고는, 특히 좋아하는 검은콩을 넣은 다음 밥통의 시간을 조절해 놓으면 모든 것이 끝난다. 끝날 때의 기분은 괜찮다.

이렇게 귀찮은 일을 매일 하는 아내. 고생하는 것은 알지만 고생한다는 말을 꺼내기는 왠지 쑥스럽다. 그저 마음 속으로 생각할 뿐이다.

'젖은 손이 애처로워 살며시 잡아 본 순간, 거칠어진 손마디가 너무나도 안타까웠소….

〈계간 땅 이야기(토지공사) 1999년 봄호〉

현장을 외면한 교육 개혁

황용길(黃龍吉) 교수의 「교육개혁 비판 제2탄」-소위 「열린교육」의 사대주의(事大主義)와 귀족주의(貴族主義)를 읽어보니 전적으로 수긍이 간다.

「교육 개혁이라는 이름으로 진행되고 있는 학교 죽이기, 교사 죽이기 운동은 맹신적인 이념 추구와 현장 감각이 결여된 마구잡이식 정책이다」거나, 「여론을 호도, 한국병의 근원인 사회구조를 고치려 하지 않고 오히려 병의 결과로 앓고 신음하는 학교를 난도질하고 있다」는 말 등이 가슴에 와 닿는다.

열린교육이 이미 미국에서 실패한 교육이라는 것이 증명이 됐는데도 불구하고 우리나라에서는 교육부의 강력한 정책으로 확산시키기에 혈안이 되어 있다. 설령 미국에서 성공한 교육 방법이라 하더라도 현재의 우리 실정에는 맞지 않는데도 열린교육이 만능인 것처럼 강요하기 때문에 반감을 살 수밖에 없다.

현재 학교 현장에서는 열린교육을 하는 교사는 유능한 교사고 그렇지 않은 교사는 무능한 교사라는 인식이 일고 있다. 교사 정년 단축도 그와 무관치 않다고 본다.

또한 주입식 교육이 창의성과 인성교육의 저해 요소라고 보는 이들이 있는데 전혀 그렇지 않다. 조선(朝鮮)시대의 교육은 사서삼경(四書三經) 등을 반복해서 읽고 쓰고 암기하는 교육이었다. 그런 속에서도 창의성을 발휘하여 세계적으로 자랑할 만한 과학 발명품이 많이 나왔고 동방예의지국이라는 이름이 붙을 정도로 인성교육이 잘 되었던 것이다.

교육개혁이 추진되고 난 뒤 「교장은 죽을 판, 교사는 이판사판, 교실은 난장판, 학생들은 개판, 학부모는 살판…」하는 「8판 시리즈」를 교육에 관심을 가진 사람이라면 이제 모르는 이가 없다. 교육부만 귀를 막고 있을 뿐이다. 왜 그런 말이 유행하게 됐는가를 교육부 관계자들이 심각하게 고민해봤는지 묻고 싶다. 교육개혁에 대해서 대부분 교사들이 불만을 가지고 있지만 드러내놓고 비판할 수 있는 풍토가 아니기 때문에 침묵하고 있을 뿐이다.

섣부른 교육개혁으로 초래될 부정적 결과에 대해서 훗날 어느 누가 책임진단 말인가.

〈월간 조선 1999년 3월호〉

어머니의 마음

얼마 전 농촌 마을인 고향을 다녀올 때 가지고 온 쌀자루를 열자, 난데없이 돈 5만원이 나왔다. 짐작건대 어머니가 찔러 넣은 돈일 게다.

생일을 앞두고 있는 아들을 위해, 그날 고기라도 사서 미역국을 끓여먹으라고 내미는 돈을 아내가 받지 않자 아무도 몰래 쌀자루에 찔러 넣은 것이다.

혼자 사시는 어머니를 위해 생활비라도 넉넉히 드려야 마땅하거늘 제대로 할 일을 못하고 있는 마당에 오히려 송구스러울 따름이다. 바쁘다는 핑계로 자주 찾아뵙지도 못하고, 모처럼 다니러 가면 빈손으로 보내기가 안쓰러워 여름내 땀 흘려 가꾸고 거두어들인 푸성귀며 곡식들을 쌓아서 들려 보내야만 흐뭇해하신다. 가진 것을 모두 아낌없이, 조건 없이 주고 싶어 하시는 어머니, 연로하신 몸으로 그 수확물을 얻기 위해 얼마나 애를 쓰셨을까. 이제 칠순도 넘어 팔, 다리, 어깨가 쑤시고 허리마저 구부정해 가시는 어머니, 그러나 별로 내색하지 않으시고 언제나 부지런하시다. 편히 쉬시면 좋으련만 습관이 되어 꼭두새벽부터 일어나 온통 쓸고 닦고 하신다.

머리를 빗을 때나 콩나물을 다듬으실 때에도 내가 옆에 있으면 그동안 마을에서 일어났던 일들을 낱낱이 말씀해 주신다. 주로 나는 듣기만하고 어머니는 말씀을 하신다. 한 마을에 사시는 큰어머니께서 자주 오시지만 귀가 어두워 말씀 상대로는 곤란하신 모양이다.

그래서 모처럼 우리가 찾아가면 쉴 새 없이 말씀을 하신다.

"○○집 둘째 아들이 공부를 잘 해서 ○○대학에 들어갔다."든지, "○○집에서 특수작물을 했는데 잘못해서 빚만 졌다."든지.

큰 욕심 부리지 않고 그저 아들 손자들 건강하기만 바라시는 어머니.

"피곤할 텐데 거기 좀 누웠다 가거라."또는 "가다가 목마르면 마셔라."하면서 음료팩을 내밀기도 하신다.

자식의 피곤함이 당신의 피곤함이요, 자식의 목마름이 당신의 목마름인 양 안쓰러워하신다.

나이 든 자식이건만 당신 눈에는 어린애 같이 보이는 모양이다. 80대 어머니가 60대 아들이 외출하는 것을 보고 "얘야, 밖에 나가면 차 조심해라."고 했다더니 수긍이 가는 얘기다. 아무리 나이가 들어도 어머니에게는 자식일 수밖에…. 그래서 그런지 지금도 어머니를 부를 때, '어머니'하면 낯설고 이상하다. 마치 남의 어머니를 부르는 것 같다. '엄마'라고 부르는 것이 정겹고 입에 익지만 주위가 의식돼 차마 입 밖으로 내뱉지는 못하고 마음속으로만 종종 불러본다.

"엄마…."

〈월간 에세이 1999년 6월호〉

결실은 시련의 결과

유성고등학교의 자랑거리 중의 하나가 교문에 들어서자마자 펼쳐지는 작지 않은 솔밭이다. 솔밭 북쪽과 동쪽 가장자리는 학교 울타리인데 무궁화가 심어져 있다. 광복절을 전후해서 나라꽃인 무궁화 꽃이 절정을 이룬다니 지금이 바로 그때다. 흔히들 무궁화 꽃은 별 볼 일 없다고 하지만 전혀 그렇지 않다. '무궁화 꽃은 예쁘지 않다.'는 선입견을 갖고 대하기 때문에 그렇지 순수한 마음으로 보면 다른 꽃에 뒤지지 않는 아름다움이 있다. 특히 꽃 중앙 부분에 붉은색을 가진 단심계(丹心系)의 무궁화는 어디에 내놔도 손색이 없는 꽃이다.

나라꽃인 무궁화와 가장 한국적인 나무라 할 수 있는 소나무들을 벗 삼아 생활하는 우리 유성고 학생들은 무의식중에라도 '민족혼'의 기(氣)를 받고 있다는 생각을 해본다.

솔밭이 끝나는 곳에 연못이 있다. 마침 청순한 수련꽃이 활짝 피어 있다. 연못 속에는 금붕어들이 유유히 노닐고 있다. 커다란 금붕어 두 마리가 똘마니들을 이끌면서 이리저리 유영하는 모습을 보고 있으면, 역시 인간사와 다를 바 없구나 하는 생각이 든다. 그 한가로움이 부럽기도 하다.

연못 둘레에는 커다란 버드나무 세 그루가 있어 운치를 더해준다. 무더운 여름에는 그늘을 만들어 주기도 하고 칭칭 늘어진 가지가 바람에 흔들리는 모습은 보기만 해도 시원함을 느낀다. 청설모 한 마리가 솔밭에서 연못 쪽으로 오더니 잠시 눈치를 살피다가 잽싸게 버드나무

위로 올라가 버린다.

말복을 앞두고 더위가 기승을 부리고 있다. 여기저기서 울어대는 매미의 울음소리가 연못의 정적을 깬다, 어찌나 울어대는 지 귀가 멍멍하다. 번식기를 앞두고 암매미를 찾는 수매미의 울음소리란다. 그보다는 너무 짧은 생애가 서러워, 살아 있는 동안만이라도 '나 여기 있네.'라고 버럭버럭 소리를 지르고 싶어 내뱉는 울음이 아닐까 하는 생각을 해본다.

교무실 창밖의 화단에는 대추나무 한그루가 서 있다. 지난봄에 다른 나무들은 잎을 틔우기 시작하는데도 전혀 그런 기미가 없어 동작이 꽤 느린 놈이구나 하는 생각을 했는데 어느새 열매를 맺어 위용을 자랑하고 있다. 다닥다닥 달린 대추 무게 때문인가 가지가 축 처져있다. 버티기 힘든 듯하여 버팀목까지 세워 주었다. 더운 여름을 이겨내며 대추의 크기는 거의 자란 것 같다. 이제 여물고 붉게 물들면 된다. 달콤한 열매로 뭇 사람들을 유혹하리라.

이렇듯 과일이나 곡식들은 무더운 여름이 있기에 귀중한 열매를 맺게 되는 것이다. 무더위에 사람들은 지치고 빨리 여름이 지났으면 하겠지만, 생활하기 적당하게 선선한 날이 계속된다면 어찌 열매가 충실히 열리겠는가! 만일 그리되면 큰 재앙이다. 견디기 어려운 무더위, 즉 시련을 겪어야만 알찬 결실을 맛 볼 수 있다. 그러한 이치가 어찌 식물에게만 적용되겠는가. 우리 인간도 예외일 수 없다.

어려움에 처할수록 그것을 현실로 받아들이고 의연하고 슬기롭게 대처하면 훗날에 충만한 삶이 찾아오는 것이다. 어렵다고 그 고비를 넘기지 못하고 자포자기하는 것은 울지 못하는 매미처럼, 의미 없는 삶이 되고 만다.

지상에 태어나 일주일 정도밖에 살지 못하는 매미는 짧은 자기의 운명을 극복하기 위해 많은 번식을 필요로 하고, 따라서 암놈에게 자기 존재를 알리기 위해 그렇게 피를 토하듯이 온 정열을 받쳐 울어대는 것이다. 한 마리가 울면 사방이 시끄럽게 되는 것이다. 그것이 매미의 삶이요, 운명인 것을…….

〈교지 구봉(유성고등학교) 1999년 2호〉

우리글에 관심을 갖자

변변치 못한 글을 이따금 쓰다 보면 부끄러움을 느낄 때가 있다. 내용이야 재주가 없어서 그렇다 치고 필자가 부끄러워하는 것은 내용보다도 가끔 철자가 틀린다는데 있다. 띄어쓰기가 잘못되는 것은 부지기수다. 국어 교과를 담당하는 것은 아니지만 교사로서 역시 부끄러움을 면키 어렵다.

'프랑스에서는 모든 교사가 프랑스어 담당교사와 다를 바 없다.'고 하는 말을 들은 적이 있는데, 그를 통해 프랑스인들의 자국어에 대한 자긍심이 대단함을 실감할 수 있다.

다행스러운 것은 컴퓨터 워드로 글을 쓴 뒤 맞춤법 검색을 하면 컴퓨터가 알아서 틀린 철자는 물론 띄어쓰기가 잘못된 것까지 지적해주니 참으로 편리하고 신기할 뿐이다. 냅다 절이라도 하고 싶은 신통한 기계가 아니냐!

세계화를 부르짖으면서 외국어에 관심을 많이 갖게 되었고, 그 결과로 이제 초등학교 3학년만 되면 영어 공부를 시작하게 되었다. 물론 세계어라 할 수 있는 영어가 필요하고 또 외국어 공부는 어려서 해야 더 효과적이라는 연구 결과도 있으니까, 그것을 비난하고 싶지는 않다. 다만 외국어 교육에 앞서 우리글과 말을 옳게 쓸 수 있는 능력을 더욱 길러줄 필요성이 있다. 우리의 것을 팽개치고 외국 것만 배우고 들이는 것이 세계화가 아니다. 확고한 민족혼과 우리 민족 문화 수호 없는 세계화는 허상일 뿐이고 사상누각이다.

자랑스러운 우리의 글을 가지고 있으면서도 그 소중함을 모르고 옳게 쓸 줄 모른다면 말이 되겠는가? 우리글에 대한 자기 자신의 실력이 어느 정도인가를 알고 싶으면 편지도 좋고 수필이라도 좋다. 워드로 한편을 쓴 뒤 가만히 컴퓨터에 물어보라. 컴퓨터는 소문 안내고 맞춤법과 띄어쓰기가 잘못된 부분을 친절히 알려줄 것이다.

가까운 친척이라도 자주 만나지 않으면 소원해지게 마련이고 비록 남이라 하더라도 이웃에 살면서 자주 만나다 보면 친척보다 가까워지는 것이 인지상정이기에 이웃사촌이라 하지 않았던가. 우리글도 마찬가지다. 책을 많이 보고 글을 자주 쓰면서 가깝게 지내면 애정과 관심이 생기게 되고, 그러다 보면 자연히 맞춤법에 어긋나지 않는 글을 쓰게 될 것이고 더불어 문장솜씨도 늘어나리라.

〈대전 교련소식 제36호 1999년 7월 5일〉

전일제 클럽활동 지양해야

고교에서는 매주 한 시간씩 실시하던 클럽활동을 현재는 한 달에 한 번정도로 몰아서(대개 토요일 4시간) 운영하고 있다. 대부분 학교에서 이같이 전일제로 실시하는 것으로 알고 있다.

전일제를 권장하게 된 정확한 이유야 알 수 없지만, 아마도 볼링이나 수영 등 교내에서 하기 어려운 활동을 학교 밖의 시설을 이용하도록 하기 위해서일 것이다. 그러나 그러한 부서는 몇 개 되지 않을뿐더러 전일제에 대한 장점만 생각했지 단점은 전혀 고려하지 않은 처사다.

예술적 기능이나 운동기능 등 클럽활동을 통해서 얻고자 하는 기능은 적은 시간일지라도 자주 반복함으로써 목표 수준에 도달할 수 있는 것인데, 전일제로 시행해서 어떻게 바람직한 성과를 얻을 수 있단 말인가?

다음으로 어느 학생이 축구반에 소속됐다면 4시간 동안 운동장을 뛰어다녀야 되는데 너무 무리이고 건강에도 도움이 될 수 없고, 나중에는 싫증이 날 만하다. 이러한 이유 때문에 주당 1시간씩 실시하는 것으로 환원해야 마땅하지만 시중의 시설을 이용해야 하는 부서가 있어 곤란하다면 절충해서 격주 2시간씩 운영하는 것이 바람직하다고 생각한다.

〈대한교원신문(공제회) 1999년 12월 22일〉

커닝도 첨단

시험이라고 하면 누구나 긴장이 되고 스트레스가 쌓이게 마련이다. 반에서 꼴찌를 하는 학생도 겉으론 초연해 보여도 나름대로의 고민이 있을 것이다. 시험기간 동안, 그리고 결과가 나온 뒤의 꼴찌들의 느낌은 어떤가를 감히 물어본 적은 없지만….

점수가 나쁘면 부모님이나 선생님으로부터 꾸지람을 듣고 때로는 매를 맞는 경우도 있기에, 시험을 앞두면 마음이 불안하고 소화도 안 되고 걱정이 태산이라는 학생들이 많다. 그렇다고 학교를 다니는 이상 시험을 피할 수는 없다. 따라서 시험이 없는 세계를 동경해 보게도 되고 그러한 부담이 없는 동물의 세계를 부러워하는 이도 있으리라.

어김없이 괴물처럼 닥쳐오는 시험, 공부는 하기 싫고, 점수는 올려야 되겠고, 그러다보니 커닝(시험 때의 부정행위)을 생각하게 된다.

감독 교사의 눈을 피해 슬쩍 남의 답안지를 본다든지, 책상 위나 손바닥에 예상문제를 적어 놓거나, 아니면 커닝페이퍼를 만들어 볼펜 속에 끼워 넣고 두루마리식으로 돌려가며 볼 수 있도록 장치를 하는 것 등은 과거부터 전수되어 내려오는 낡은 수법이다. 여학생인 경우에는 치마를 걷어 올리고 다리 위에 써 놓기도 한다니 감독이 알아차렸다고 한들 난감할 수밖에 없는 일이다.

고려 광종 때부터 시작된 과거시험이 조선 후기에 오면 그 타락상이 극에 달한다. 1818년(순조18)에 성균관 사성(司成)인 이형하가 과거시험의 8가지 폐단을 상소로 올리곤 했다. 오죽했으면 과장구폐절목

(科場舊弊節目)이란 것이 나왔겠는가.

낡은 수법은 이미 누구나 아는 것이기 때문에 들킬 확률이 높다. 새로운 방법을 시도해야만 좀 더 안전(?)할 수 있다. 지금은 첨단의 시대요. 극도로 통신이 발달한 시대다. 시대에 걸맞게 첨단 통신 장비가 커닝 도구로 이용되는 사례가 있다. 학생들이 갖고 싶어 하는 것 중의 하나가 무선호출기(흔히 삐삐라 한다)인데, 바로 그것을 이용하는 것이다. 심지어 휴대폰을 갖고 다니는 학생도 있다. 부탁을 받은 학생이 시험문제를 풀고 먼저 나가서 공중전화기로 부탁한 학생의 삐삐를 호출한 뒤 숫자를 누르면 그대로 삐삐에 번호가 찍히게 되어 있다. 호출당할 때 소리가 나지 않도록 해 놓은 것은 물론이다.

그러나 이 방법도 이제 구식이 되어가고 있다. 앞으로 어떤 기발한 커닝 방법이 나올지 예측하기 어렵다. 학생들은 새롭게 새롭게 방법을 창조해 낼 것이고, 그것을 잡아내기 위한 감독 교사들의 오감은 더욱 날카로워질 것이다.

미국에서는 학생들이 보는 시험에 Take Home Test라는 것이 있다고 들었다. 집에 가지고 가서 해오는 시험이다. 우리들 같으면 집안 식구가 모두 동원되고 그것도 모자라서 문제 해결사(?)를 초빙해서 답안을 작성해 갈 만도 한데 거기에선 거의 그런 학생이 없단다. 그만큼 정직한 사회다. 바로 그 정직한 사회가 오늘날의 막강한 미국을 만든 것이다.

우리도 생각을 바꾸어야 한다. 시험에 나올 만한 내용을 족집게로 집어내듯이 가르치려고 할 것이 아니라, 정직하게 시험을 치를 수 있는 인간을 길러내야 하지 않을까.

〈오늘의문학 1999년 여름호〉

주식이 뭐길래

자본주의 꽃이라 일컫는 주식시장의 열기를 타고 너도나도 주식 투자의 열풍이 불고 있다. 대학생은 물론이고 농민들도 논밭 팔아 주식에 투자하는 경우가 종종 있다는 보도까지 나온다.

일확천금을 노리고 투기 목적으로 주식시장에 뛰어들면 실망이 크고, 고민과 회한이 남아 결국 건강을 해치고 패가망신을 당하는 경우도 있다. 아닌 게 아니라 얼마 전 미국에서 주식투자에 실패한 한 투자가가 가족을 살해하고 총을 난사하여 수많은 증권 회사 직원들을 사살하거나 부상케 하고 자신은 자살한 사건이 일어났었다.

얼마 전 삼성전자를 100주 샀는데 계속 하락하다가 조금 올라가기에 장세를 불투명하게 보고 손해를 보았지만, 다음 기회를 보기위해 팔아버렸다. 판 후에 이틀 만에 3만원이나 더 올라가는 게 아닌가! 정신이 아뜩하고 후회가 이만저만이 아니었다.

왜 하필 그때 팔았나 하는 아쉬움에 밤잠을 설치기까지 하였다. 불과 100주인데도 한순간의 선택 잘못으로 300여만 원이 날아가 버린 것이다. 결과적으로 판단 잘못이지만, 그 당시 필자의 능력으로는 최선의 선택이었다. 아무리 후회한들 원래의 상태로 되돌릴 수는 없었다.

생각해보건대 주식 시세란 오를 때도 있고 내릴 때도 있는 것이고, 이익을 볼 때도 있고 손해를 볼 때도 있는 것인 만큼 너무 일희일비하지 않는 것이 좋다.

한순간의 선택, 한순간의 잘못으로 목숨까지 잃는 운전자가 어디 한 두 사람이던가. 거기에 비하면 수백만 원 손해를 본들 무어 그리 대수이겠는가. 손해 보면 속이 쓰리지만 언젠가는 또 오른다는 희망이 있기에 너무 절망할 필요는 없다.

이렇듯 스스로 위안을 삼아보지만 날아가 버린 300만 원이 아직도 눈앞에 아른거린다. 평상심으로 돌아오려면 며칠은 더 걸릴 것 같다. 이러한 고통을 수없이 겪어내야만 주식이 무엇인가 하는 것을 조금은 터득하게 되리라.

〈월간 작은이야기 1999년 12월호〉

유재정님께

안녕하세요. 발걸음을 내딛은 지 얼마 안 된 저희 '작은이야기'에게 깊은 관심과 사랑을 보내주셔서 감사드립니다. 더구나 읽는 독자로서 뿐만 아니라 투고를 통해서 '작은이야기' 편집에 큰 도움을 주신 점, 진심으로 머리 숙여 고마움을 전합니다.

이번 독자님께서 보내주신 원고가 채택되어 '작은이야기'에 게재되었습니다. 수많은 독자원고 중에서 고르고 고르느라 저희 기자들이 애를 먹었답니다. 독자님이 보내주신 소박하고도 가슴에 와닿는 글이 '작은이야기' 성격에 꼭 들어맞았거든요. 정성스런 원고를 보내주신데 감사드리고, 좋은 글감이 있으시면 계속해서 보내주세요.

앞으로도 저희 '작은이야기'의 귀한 독자님으로 남아주시길 바라며, 저희도 세상을 밝게 비추는 좋은 글을 보여드리도록 노력하겠습니다. 안녕히 계세요.

'작은이야기' 발행인 고석

이임 인사말

교단에 선 지 벌써 29년 째, 세월은 유수와 같다느니, 또는 날으는 화살과 같다고도 한다. 지나간 세월을 뒤돌아보면 그 말들이 실감이 난다.

유성고등학교에 온 지 4년이 흘러 순환 근무제 때문에 더 있고 싶어도 있을 수 없게 되었다. 전보 내신을 내고 대전여자정보고등학교로 발령이 나서 이임 인사를 하게 되었다. 14명이 떠나는데 그 중에서 내가 호봉과 나이가 제일 많아 대표로 이임인사를 했다. 이런 때가 오리라고는 생각조차 안 해 보았는데 어느새 닥치고 보니 세월의 빠름을 더욱 실감하게 되었다.

이임 인사말은 다음과 같다.

〈교직원에게〉

이 학교에 부임해 온 것이 엊그제 같은데 벌써 4년이 흘렀습니다. 그 동안 여러 선생님들에게 신세만 지고 제대로 갚지 못한 채 떠나게 되어 송구스러운 마음 한이 없습니다.

비록 떠난다 하더라도 멀지 않은 곳이니까 언젠가는 또 만나리라는 희망을 갖고 떠나겠습니다. 또한 좋은 추억만 간직한 채 떠나겠습니다. 감사합니다.

〈학생에게〉

4년 전 이 학교에 부임할 때, 교문에 들어서자마자 펼쳐지는 저 소나무 숲이 무척 인상적이었습니다.

앞에는 소나무 숲이, 학교 뒤편으로는 전원 같은 풍경이 펼쳐져 있는 이러한 학교에서 공부하며 마음껏 뛰어놀 수 있는 여러분들은 참으로 행운아란 생각이 듭니다.

이러한 좋은 환경 속에서 선생님들과 여러분들이 함께 노력해서 이제는 유성고등학교가 나날이 발전하고 있습니다. 학업 면에서 뿐만 아니라 문학, 예술, 체육 등에서 좋은 성과를 거두고 있어서 떠나면서도 가슴 뿌듯합니다.

그러나 여러분들은 여기에서 만족하지 말고 더욱 노력해서 '선비정신 이어 받아 웅비하는 유성고교'라는 구호에 걸맞게 좋은 전통을 세우고 그것을 굳게 지켜나가기 바랍니다.

여러분 각 가정에 행운이 깃들기를 빌겠습니다. 감사합니다.

터져 나오는 꽃망울

교정에 죽 늘어놓은 국화가 이제 꽃망울을 터뜨리고 있다. 물론 종자도 좋아야 하지만 봄부터 지금까지 얼마나 관심과 손길이 갔느냐, 어떻게 모양을 잡아 주었느냐에 따라 꽃 모양과 형태가 달리 나타날 것이다.

바로 지금 너희들이 꽃으로 치자면 꽃망울이 터져 나오는 시기라 생각한다. 그래서 한편 두렵기도 하다. 너희들에게 더 많은 관심을 갖고 내실 있고 예쁜 모양으로 끊임없이 잡아 주었어야 했는데, 때로는 바쁘다는 핑계로 어떤 때는 '원래부터 그런 애들인데 내 힘으로 어떻게…….'라며 자포자기한 적도 있어 볼품없는 꽃송이가 된다면 내 책임이 크다는 두려움 말이다.

3월 2일 대전여자정보고등학교에 새로 부임을 하면서 담임을 원치는 않았지만 배정이 됐고 이왕지사 할 바에야 좋은 담임이 되자고 다짐을 했건만 뜻대로 되질 않는다.

젊은 시절 여고에서도 담임을 안 해본 것은 아니지만 담임을 해본지도 오래 됐고 이미 쉰세대라 걱정이 앞섰다. 그러나 쉰세대인 만큼 내 딸들이려니 생각하며 과거보다 더 보람되고 재미있게 보낼 수 있을 거라는 기대도 했었지만 역부족인 채 막바지에 다다르고 있다.

너희들에게서 무엇인가를 꼭 이루겠다는 의욕이 전혀 안 보인다. 흘러가는 시간에 그저 내맡겨 허우적거리고 있는 모습이 역력하다. 그러니 시간 아까운 줄도 모르고 연예인, 방송 등 가십 얘기만 하면서 왁자지껄할 뿐이다. 20년, 30년 후의 자기 자신을 한 번이라도 심각하게 생각해보았다면 그렇게 헛된 시간을 보낼 수는 없다. 미래를 위해서 현재를 알차게 투자해야 한다. 저절로 좋은 열매가 맺어지는 것은 아니다.

대부분 직장생활을 원하는 너희들이기에 또 하나 당부하자면 직장을 다닐 때 지각 결근을 해서는 안 된다. 제일 눈에 잘 뜨이고 성실성과 깊이 관계되는 일이다. 학교 다닐 때 선수(?)가 직장에서도 선수가 될 가능성이 높으니 특히 명심할 일이다. 아프다고 결석을 하고 조퇴를 하지만 십중팔구는 거짓이라는 것을 알 사람은 다 안다.

만산홍엽, 단풍 든 산들이 얼마나 아름다우냐, 교정에 피어나는 국화꽃은 또 얼마나 아름다운가! 그러나 벤치에 앉아 가을의 정취를 음미하며 독서삼매경에 빠진 다정한 여인의 모습보다야 한 수 아래가 아닐까….

〈대전여자정보고등학교 3학년 5반 홈페이지〉

담임선생님 말씀

아카시아 꽃향내가 교정에 퍼지는 5월. 3학년 5반 너희들과의 인연도 벌써 3개월, 길거리를 지나가다 옷깃만 스쳐도 대단한 인연이라던데… 이제는 너희들과의 고운정 미운정이 곱게 물들어 가고 있다. 먼 훗날 펼쳐보면 무지개 색깔로 그리움 되어 몽실몽실 피어나리라. 때로는 소리 지르고 화를 내고 하는 것도 다 너희들이 잘되도록 엄하게 하는 것도 행여나 길이 아닌 길로 들어서 상처가 날까 염려스러워서 하는 것을 알아주었으면 좋겠다. 외향적인 아름다움 보다는 은은한 향기가 우러날 수 있는 내적 아름다움에 신경을 쓰고 매진해서 아카시아 꽃향기가 사라지는 6월 이후에도 아카시아 꽃보다도 더 향긋한 향기가 너희들 모두에게서 풍겨 나왔으면 하는 바람이다.

3학년 5반 파이팅!

〈대전여자정보고등학교 학급신문(3학년 5반) 2000년 봄호〉

담임선생님 말씀

아직 6월도 지나지 않았는데 한여름 날씨가 계속되고 있다. 어제도 32도가 넘는 무더위였고 게다가 오늘은 제주도에 장마가 상륙한다니, 그 때문인가 후덥지근하고 불쾌지수가 올라간다.

더위에 견디기 어렵긴 해도 그래야만 곡식이 잘 되고 가을에 풍년을 구가할 수 있게 되는 것이다.

쇠로 만들어지는 제품들이 저절로 만들어지는 것이 아니라 시뻘건 용광로 속을 거쳐 시련을 겪어야만 완성제품이 만들어지듯이 너희들도 마찬가지다. 덥고 짜증나고 공부는 하기 싫고, 학교생활이 재미도 없고 따분하고, 눈꺼풀도 천근만근이요, 선생님의 강의는 자장가로 들릴 뿐, 몸은 학교 안 교실에 있어도 마음은 학교를 벗어나 여기저기 기웃거리고 있을게 뻔하다. 그러나 어쩌랴! 그게 운명인 것을, 그러한 시련을 겪고 나야 성숙해 지는 것을…

시련이 클수록 훗날 뒤돌아보면 추억은 더욱 아름답고 선명한 색깔로 나타나게 되는 법이고, 또한 이 어려움을 이겨내면 달콤한 결실을 얻게 되리니, 희망을 잃지 말고 하루하루를 인내하며 충실하게 생활하기를 바란다.

〈대전여자고등학교 학급신문(3학년 5반) 2000년 여름호〉

담임선생님 말씀

급훈 : 노력은 쓰다. 그러나 그 열매는 달다.

덥다 덥다 하던 것이 엊그제 같은데 이제는 춥다 소리가 나오게 되었다. 나뭇잎들은 단풍이 들어 노랗게 빨갛게 단장을 하고 뭇사람들을 유혹하고 있다. 그도 잠시 더 추워지면 잎을 모두 떨구고 긴 겨울잠에 들 것이다. 추울수록 옷을 벗어버리는 나무들, 아름다운 모습일 때 실컷 보아두어 마음속 깊이 간직하고프다. 이제는 너희들과 같이 지낼 시간도 많지 않다. 이미 현장실습으로 내 곁을 떠난 자가 많으니 말이다. 아웅다웅 부대끼며 속상하고 안타까웠던 일들도 차츰 추억 속으로 사라져 가고 있다.

그런 일들은 곱게 채색을 해서 깊숙한 곳에 차곡차곡 쌓아두었다가 먼 훗날 한 장 한 장 꺼내 볼란다.

너희들의 밝고 맑은 모습은 더욱 아름답고 진하게 색칠을 해서 아무리 세월이 흘러도 선명하게 나타날 수 있도록 해야겠다.

〈학급신문(3학년 5반) 2000년 가을호〉

서울의 젖줄 한강

먼 옛날 백제 초기의 수도로, 다시 1394년에 조선의 수도가 된 이래 지금까지 내려오는 수도 서울인지라 관광명소가 적지 않지만 볼거리로 빼놓을 수 없는 것이 바로 '한강'이다.

한강은 옛날부터 여러 가지 이름으로 불리었는데, 삼국시대 초기에는 대수(帶水)라 했고 광개토왕 비문에는 아리수(阿利水)로, 삼국사기에는 욱리하(郁利河)로 적혀 있다. 백제에서는 한수(漢水)라 했다. 한강이 없는 서울은 상상할 수도 없거니와 한강이 없었다면 서울이 존재하지도 않았다.

한반도를 놓고 볼 때 한강 유역이 가장 중요한 지역이었기 때문에 이미 삼국시대부터 한강을 차지하는 나라가 한반도의 주도권을 장악하곤 했다. 우리 역사의 흐름을 알려주는 강이다.

한강에 다리가 놓이기 전까지는 한강이 도로인 셈이었다. 각종 배들이 소금이며 미곡 등을 싣고 오르내렸다. 배들이 드나들던 마포나루의 정경을 지금은 볼 수 없지만 서민들의 애환이 넘실거리던 한강수와 노들강변의 버드나무는 아직도 우리들의 가슴속에서 일렁이고 있다.

까막까치가 모여서 오작교 다리를 놓듯이 연결해서 부교를 만들어 수원으로 행차하는 정조대왕의 어가를 건너게 했던 한강에 마침내(1917년) 다리가 놓이게 되었다. 하나뿐이었던 한강 다리를 북괴의 6.25 남침으로 후퇴하면서 우리의 손으로 끊어 버려야만 했던 아픈 과거도 간직하고 있다. 다리가 끊겨 건널 수 없게 된 피난민들의 원망의 강이요, 먼저 떠난 가족과 결국 헤어지게 만든 이별의 강이기도 했다. 그 원망과 이별의 슬픔을 모르는 체 그저 도도하게 흐르던 한강 물, 예나 지금이나 무심함은 변함이 없다.

시골에 살던 나는 방학만 되면 만사 제쳐놓고 노량진에 있는 외가댁을 찾는 것이 관례가 되었었다. 너무 더워 잠 못 이루던 여름밤이면 바람을 쏘이려 집을 나서게 되고 그리 멀지 않은 한강대교(제1한강교)쪽으로 발길을 돌리기 마련이다. 거칠 것 없이 불어오는 강바람을 맞으며 다리 위를 어슬렁거리다 보면 이내 다리 가운데 있는 중지도에 다다르게 된다. 이미 많은 사람들이 좋은 자리를 차지하고 앉아 담소하는 모습을 볼 수 있다. 낯선 사람끼리도 스스럼없이 나란히 앉아 이야기 할 수 있는 곳이 바로 그곳이었다.

당시만 해도 한강엔 인도교 하나와 철교 하나가 한 쌍이 되어 사이좋게 강 위에 걸쳐 있었을 뿐이었다. 인도교에서 철교 쪽을 바라보노라면 그 너머로 황량한 여의도가 눈에 들어왔었다. 그곳엔 1916년에 만들어진 비행장만이 보일 뿐 허허벌판이었다. 밤이 되면 어둠이 쌓여 더욱 삭막하던 곳이 지금은 그 많은 고층 빌딩하며 번화가로 변한 모습을 바라보노라면 현기증마저 날 정도다. 1970년대에 국회 의사당과 KBS 같은 공공건물이 들어서더니 80년대부터는 하루가 다르게 고층 빌딩들이 솟아올라 '한국의 맨해튼' 또는 '서울의 월스트리트'로 불리게 되었다.

라인강의 로렐라이 언덕이 아름다운 관광 명소로 이름이 나 있다지만 한강의 압구정이 그만 못하랴. 더구나 역사의 한 장면을 간직하고 있는 장소가 아닌가! 세조를 도와 영화를 구가했던 한명회, 한 때의 부귀영화도 한낱 뜬구름과 같다는 교훈을 알려주는 장소가 아닌가.

마포에 있는 절두산, 1866년 병인양요 때 흥선대원군이 서양 오랑캐로 더럽혀진 한강 물을 천주도교의 피로 씻어야 한다며 1만여 명의 신자들을 이 산봉우리에서 처형했기 때문에 붙여진 이름이다. 순교 100주년 되던 해에 순교자 기념 성당과 박물관 그리고 순교 성인 28위의 유해를 안치한 지하 묘소가 만들어졌다. 순례지로서 어디에 내놓아도 손색이 없는 곳이다.

한강은 계절에 관계없이 서울 시민들에게 낚시터를 제공한다. 겨울철에는 북에서 날아온 청둥오리 등 철새들이 한가롭게 노니는 모습을 보여줘 한 폭의 그림을 연상하게도 해준다.

한강의 풍경으로 으뜸은 뭐니 뭐니 해도 야경에 있다. 일본에서 온천지로 유명한 벳부에 갔을 때, 어둠이 깔린 밤에 산허리를 내려가면서 한눈에 내려다보이는 벳부의 야경이 마치 각종의 보석을 뿌려놓은 듯 천상의 세계인 양 감탄을 했었는데, 한강의 야경을 보고는 그에 못지않다는 것을 느꼈다.

여의도에 우뚝 솟은 63빌딩의 전망대에서 내려다보이는 야경을 보지 않고는 서울을 보았다는 말을 해서는 안된다. 각종 불빛이 강물에 반사되어 기기묘묘한 형체가 되어 별천지를 만들어 놓고 있는 것이다. 자리를 옮겨 바라보면 또 다른 모습으로 다가온다. 눈을 들어 위를 보면 하늘에 걸려있는 은하수요, 밑을 내려다보면 지상에 펼쳐 놓은 은하수다. 하늘의 은하수엔 하얀 쪽배가 떠가고 지상의 은하수엔 유람선이 떠간다.

서울의 젖줄인 한강은 이렇게 뭇사람들에게 위안과 휴식을 주며 오늘도 흐른다. 또 한 번의 기적을 잉태하며 도도하게 흘러가고 있는 것이다.

〈오늘의문학 2000년 겨울호〉

병역 마친 남자 홀대 逆차별 아닌가

새로 임명된 장상 총리서리 아들의 한국국적 포기를 두고 논란이 적지 않다. 어떻게 된 셈인지 지도층에 있는 사람일수록 수단과 방법을 가리지 않고 아들의 병역을 면제받으려는 경우가 더 많았던 것이 우리나라의 현실이 아닌가 싶다. 이제 그런 풍조가 평범한 사람들에게까지 퍼져 미국국적을 취득해 병역면제를 받기위한 미국 원정출산이 유행이 된, 아주 희한한 나라가 되었다.

필자의 자식도 한 명은 이미 군대를 마쳤고, 또 한 명은 군복무를 하고 있는 중이다. 난들 자식을 흔쾌히 군대에 보내고 싶었겠는가. 어느 부모든 같은 심정이리라.

군대를 갔다 오는 것이 이득 될 것은 거의 없고, 아까운 시간 낭비요, 인생의 낭비라는 생각이 들기 때문이다. 병역을 마치는 것이 자랑이고 보람이며, 손해라는 생각을 갖지 않도록 해줘야 하는 것이 국가의 사명 아닌가?

현 정부 등장 후 남녀평등에 위배된다는 이유로 그나마 군필자에게 주던 가산점 제도(공무원 시험 등)마저 없애버렸다.

그것이 평등이 아니라 오히려 남자에 대한 불평등이라 생각한다. 남자가 26~30개월 군복무를 하고 있는 동안 군에 안가는 여자가 시험공부를 해서 가산점 정도만 얻겠는가, 그 이상의 점수를 얻을 수 있고, 그 결과로 어느 시험이든 군복무를 마친 남자는 여자보다 불리하게 되었다. 그런 식으로 남녀평등을 주장한다면 여자도 병역의 의무를 져야 이치에 맞는다. 여자들에게 맞는 병과가 있고, 이스라엘에서는 여자도 병역의 의무를 지고 있다. 대한민국은 지구상에서 유일한 분단국가이고 현재 휴전국가라는 점에서 설득력이 없는 것도 아니다.

필자가 군대생활 할 때 동료들이 '제대 후에는 부대 쪽을 향해 오줌도 누지 않겠다.'고 한 말이 30여 년이 지난 지금도 뇌리에서 사라지지 않고 있다. 병역의 의무를 지지 않는 여성들은 그 의미를 제대로 공감하기 어려울 것이다. 여자들이 군대에 안 가서 배가 아픈 게 아니다. 군필자에 대한 홀대가 너무 부당하기 때문이다.

〈조선일보 독자칼럼 2002년 7월 27일〉

민족반역자와 애국자

2002년 2월 28일 일부 국회의원들(민족정기를 세우는 국회의원 모임)이 '친일 반민족 행위자'로 자체 확정한 708명의 명단을 발표했다. 당초 광복회 명단에 없던 16명을 일방적으로 추가하여 발표하면서 여론이 갈리고 있다.

광복회에서는 광복 후 친일파 청산을 위해 활동한 박민특위의 정신을 계승하여 전원 합의제로 명단을 작성하였다고 한다. 반민특위에서 반민족 행위자를 선정한 기준은 당시에 국회에서 제정한 '반민족 행위처벌법'에 근거하여 일제의 강제병합에 적극 협력하거나 한국의 주권을 침해하는 조약에 조인한 자와 모의한 자 등…, 당시 조선 사람을 얼마나 악질적으로 괴롭혔느냐, 피해를 얼마나 입혔느냐를 기준으로 하였다고 한다.

이것으로 보아 광복회에서의 명단 선정은 합리적으로 이루어졌다고 생각한다. 친일행위자의 명단에 낀다는 것은 당사자뿐만 아니라 문중에, 더구나 현재 살고 있는 후손들에게는 치명적인 타격을 입힐 수도 있는 일이므로 신중에 신중을 기해야 한다. 객관적으로 봐서 명단에 끼우는 것을 수긍할 수 없다는 사람이 적지 않다면, 성급하게 넣을 것이 아니라 보류하는 것이 마땅하지 않을까.

그럼에도 불구하고 민족정기를 세우는 의원 모임에서 광복회에서 제외시켰던 16명을 추가하여 발표해 버렸고, 그에 대해 의견이 분분하며 혹자는 저의를 의심하기도 한다.

설령 그것이 옳다고 하더라도 거기에 정치인들이 직·간접적으로 개입했다는 것은 누구라도 곱게 볼 수가 없다. 제외되었던 16명 중에 조선일보와 동아일보의 창업자가 포함되어 있기 때문은 아닐까.

현 정부의 실정에 대한 비판에 앞장섰던 조선일보·동아일보 등에 전례가 없는 강도와 기간을 투입하여 세무조사를 벌여, 언론 탄압이라느니(언론사 세무조사에 책임자로 앞장섰던 전 국세청장은 부정한 돈으로 어마어마한 가족 타운을 만들고 또한 세금탈루 사건에 연루되어 있다는 의혹을 받고 있으며, 그는 현재 미국으로 도피해 있다.) 또 한 축에서는 통상적인 세무조사였다느니 해서 국론이 분열되어 있는 상태이고, 외국에서 바라보는 눈도 마찬가지다. 이런 상황에서 보류되어 있는 16명을 친일 행위자 명단에 추가하여 발표한 것은 민족정기를 세우는 의원모임 소속 의원들이 현재의 언론에 대한 눈높이와 같은 맥락이 아닌가 생각한다.

매국노의 대명사로 불리는 이완용은 학부대신으로 1905년의 을사조약을 앞장서서 지지하고 체결하였으며, 헤이그 특사 사건 후에는 일본의 지시로 고종황제에게 양위를 강요하였다. 1909년에는 애국지사 이재명의 칼에 찔려 목숨을 잃을 뻔 했음에도 정신 못 차리고 병합조약을 체결하여 마침내 일제에게 나라를 넘겨준 장본인이다.

그 공으로 일제에 의해 백작이 되고 조선총독부 중추원 고문이 되었으며, 토지 등 막대한 부를 축적하였다. 그 막대한 토지를 상속받은 후손이 지금 잘살고 있다는 기사를 본 적이 있다.

반면 독립운동가 후손들 중에는 병이 들었어도 돈이 없어 치료를 제대로 받지 못하고 병마에 시달리고 있다는 뉴스를 한 두 번 본 것이 아니다. 그들이 가난한 것은 그들 잘못이 아니다. 그들의 아버지, 할아버지들이 나라를 되찾는 큰일을 위해 가정을 돌볼 수 없었기 때문이다.

그들 덕분에 나라를 되찾고 지금 이만큼이라도 잘 살게 된 것이 아닌가! 이제는 국가가 그들을 위해서 무언가 해주어야 할 때라고 본다. 그 일을 앞장서서 해야 하는 것이 바로 국회의원들이다.

나라를 위해 애국한 지사들의 후손들이 잘살고 매국노의 후손들이 잘 살아갈 수 없도록 만드는 것이 바로 정의사회 구현이 아닌가.

〈2002년 7월호 독립기념관 월보〉

올바른 국사 교육에 대한 소고(小考)

교육 경력이 쌓이면 학생들을 가르치는 일이 수월해지려나 했는데 점점 어렵게만 느껴진다. 올바른 국사 교육에 대해서 잘 아는 이에게 묻고 싶은 판국에 오히려 필자의 의견을 쓰라니 난감하기 이를 데 없다.

고등학교 국사 교과서 머리말에 '역사를 공부하는 목적은 과거에 대한 이해를 통해 현재를 바로 인식하고 미래를 올바로 설계함에 있는 것이다.'라고 되어 있다.

과거가 없는 현재와 미래란 있을 수 없다. 과거는 현재를 살필 수 있는 거울이다. 따라서 과거의 사실을 풍부하게 알아야 역사의 맑은 눈을 갖추게 되어 거울에 비친 현재를 바르게 인식할 수 있다. 많이 알도록 하다 보니 주입식이 되고 국사는 암기 과목이라는 등식이 성립되었다.

학생들은 국사 과목을 아주 재미있는 옛날이야기 시간으로 알고 임했는데 기대와는 영 딴판이니 흥미를 잃고 따분한 시간으로 간주하게 되었다. 그런 인식을 불식시키기 위해선 뭐니 뭐니 해도 수업 시간을 재미있게 해야 한다. 가끔 웃게도 만들어야 한다.

그러나 웃기는 것이 지나치면 경박해지고 분위기가 산만해져서 오히려 수업에 대한 집중력을 떨어뜨릴 수 있다. 그래서 수업이 어려운 것이다. 자기만의 노하우가 필요하다.

너무 교단과 칠판만 고집할 것이 아니라 향토 문화와의 연계교육도 필요하다. 대전이라면 신채호 생가, 교육 박물관, 화폐 박물관, 계족산성 등을 방문하거나 탁본실습 등을 통한 다양한 방법이 있을 수 있다.

TV 등 매스미디어를 통한 교육도 가능하다. 예를 들자면 KBS의 '역사 스페셜' 같은 프로다. 전문가를 등장시키고 자료를 수집하고 현장감을 살리려고 해외를 넘나들며 때로는 컴퓨터 그래픽으로 이미 사라져버린 옛것을 재현시키기도 하여 흥미를 배가시킨다.

필자는 수행평가로 '역사 스페셜'을 본 후 감상문을 쓰도록 하고 있다. 대부분 학생들이 수행평가 때문에 마지못해 보게 되었지만, 일단 보고 난 후에는 재미있었고 유익했으며 앞으로는 자주 보겠다는 다짐까지 하곤 한다. 아주 빈말은 아니듯 싶다.

주로 강의식 학습이 이루어지지만 사료 학습, ICT 활용학습, 탐구학습, 토의 학습, 현장 체험학습, 인물 학습 등 다양한 수업 모형이 있는 만큼 학습 내용에 따라 적절히 적용해 볼 필요가 있다고 본다.

아무리 잘 가르친다 해도 그릇된 국사 교과서라면 공염불이다. 따라서 올바른 역사의식을 갖고 진실을 바탕으로 교과서가 편찬돼야 함은 불문가지다.

현재 국사 교과서 현대사 왜곡에 대한 논란이 한창이다. 현 정부에 대한 내용이 미화되었기 때문이다.

'역사는 사실을 바탕으로 하는 학문이므로 거짓으로 역사를 꾸밀 수 없다.'고 국사 교과서 머리말에 써놓고는 참으로 부끄러운 일이다. 조선왕조실록을 만들 때 왜 당대에 편찬하지 않았는가? 지금 우리는 역사의 교훈을 잊고 있다.

〈충청 매일신문 2002년 8월 12일〉

종군 위안부제도가 인도주의적이라니

우리나라 사람인 김완섭이가 쓴 '친일파를 위한 변명'이 일본에서 가장 인기를 끄는 책이란다. 필자는 아직 그 책을 보진 않았지만 보고 싶지도 않을뿐더러 볼 가치도 없다고 생각한다. 다른 것은 다 그만두고라도 주간조선(제1717호 · 8월 22일자)에서 언급한 한 문장을 보면 '종군 위안부제도는 일본의 인도주의적 발상에서 생긴 제도다. 이를 비판하는 한국은 역사 왜곡이 아니라 역사 만들기를 하고 있는 것이다.'라고 되어 있단다.

그것이 말이나 되는 얘기인가? 만일에 저자의 여동생이나 딸이 그런 처지가 되었더라도 그런 말을 할 수 있는가를 묻고 싶다. 객관적으로 따져 아무런 관련이 없는 제3국 사람들이 생각을 해봐도 용서받을 수 없는 만행이었다. 가해자인 일본 사람들조차도 양식이 있는 사람이라면 감히 할 수 없는 말이다. 따라서 필자는 그 저자가 친일파의 후손 중 한 사람이 아닐까 하는 의심을 해본다. 그게 아니라면 많은 돈을 벌기 위한 목적에서 집필했을 것이다.

〈주간조선 1718호 2002년 8월 29일〉

한가위

아침저녁으로 제법 선선한 바람이 분다. 피부에 와 닿는 서늘함 속에서 추수의 계절이 왔구나 하는 것을 실감하게 된다. 추수와 관련된 명절이 바로 한가위다. 가장 중요한 명절로 여겨온 만큼 그 명칭도 갖가지다. 추석, 가위 또는 중추절이라 하기도 한다.

햅쌀로 만든 메, 송편, 술과 햇과일 등으로 제수를 마련하여 돌아가신 조상님들께 차례를 드리는 날인데, 금년에는 시기가 일러서 햅쌀로 송편 만들기는 어려울 것 같다.

삼국사기를 보면 신라 유리왕 9년에 6부의 부녀자들을 두 편으로 나누고 두 공주를 각각 우두머리로 삼아 음력 7월 16일부터 한 달 동안 베를 짜게 하여 8월 15일에 승부를 갈러, 진편에서 이긴 편에 음식을 대접하고 회소곡을 부르며 밤새도록 노래와 춤을 즐겼는데 이를 가배라고 하였다는 기록이 전한다. 이 가배가 오늘날 한가위의 가위에 해당한다는 것을 통해 그 유래를 짐작할 수 있다.

필자가 어렸을 적엔 한가위가 몹시 기다려졌었다. 너나 할 것 없이 살기 어려워서 명절이라야 하얀 쌀밥에 고깃국을 먹어볼 수 있었기 때문이었다. 그 날만은 어느 밥이 보리가 덜 섞였나 이 눈치 저 눈치 살펴볼 필요도 없었다. 평소에는 먹어보기 힘든 음식들을 실컷 먹고도 남을 만큼 풍족했었다. 때로는 추석빔을 얻어 입을 수도 있으니 왜 아니 기다려지겠는가. 그래서 '더도 말고 덜도 말고 한가위만 같아라.'라는 말이 나오지 않았는가.

옛날보다 먹고 입는 것이 풍족해져서인지 요즘 애들은 추석을 손꼽아 기다리는 것 같지 않다. 차례를 지내고 난 후 가까운 곳에 성묘 가는 것도 아주 귀찮아한다. 마치 도살장에 끌려가는 소처럼 마지못해 따라갈 뿐이다. 필자가 어렸을 땐 차례를 지내고 나면 으레 성묘를 하러 가는 걸로 알았기 때문에 30여 리나 떨어져 있는 할아버지 묘소에도 군소리 하나 없이, 그것도 멀다고 차를 타고 가는 것이 아니라 집안 어른들을 따라 걸어서 다니곤 하였다.

어린 나이에 왕복 60여 리를 걷는다는 것이 쉽지 않은 일이어서 더욱 지워지지 않는 추억으로 남게 된 듯하다.

추석을 기다리지 않기는 여자들도 마찬가지다. 특히 며느리들은 추석 같은 명절이 없었으면 하고 바라는 것이 솔직한 심정일 게다. 추석 얘기가 나오기 시작하면 머리가 살살 아파오고 마음이 심란해진다. 제수를 마련하자면 신경 쓸 일이 한 두 가지인가. '요즈음은 차례상 맞춤도 있다는데 한 번 해봐.' 생각해 보지만 그것도 시어른들 눈치에 실현성이 없고, 이래저래 속만 끓이게 마련이다.

시대의 변화에 따라 풍속도 변하게 마련이다. 이제 옛 전통 그대로 차례상을 차릴 것이 아니라 간소화해서, 올리는 가지 수를 절반 정도 줄이면 어떨까. 그렇게 한다고 해서 설마 조상님들이, 괘씸하다는 생각이야 하시겠는가.

이미 큰 변화를 실감할 수 있는 것도 있다. 추석에 집에서 차례를 지내는 것이 아니라 연휴를 이용해 가족이 함께 여행을 떠나 여행지에서 차례를 지내는 가정도 점점 늘어나는 추세다. 조상의 혼령들이 어떻게 그 여행지를 알고 찾아갈는지 그것이 몹시 궁금할 따름이다.

〈충청 매일신문 2002년 9월 추석전〉

희망이 학(鶴)이 되어

종이 접기를 한다고 하면 제일 먼저 떠오르는 것이 학이다. 초보자나 전문가나 할 것 없이 학을 빼놓고는 생각할 수 없다. 우아하고 고고한 자세로 뭇사람들의 사랑을 받고 있기 때문이리라. 또 접어놓고 보면 그럴듯하다. 대부분 한 번쯤은 접어본 경험이 있을 것이다.

필자도 예외일 순 없다. 꽤나 오래된 일이지만 학을 접어보곤 했다. 여러 종류를 접을 수 있는 능력은 못 되었고 학을 비롯해서 배, 비행기 등 다섯 손가락에 꼽을 정도였다. 지금은 접는 방법도 가물가물하다.

새삼스럽게 무뎌진 손으로 학을 접어본다. 접는 순서가 뒤바뀌어 다시 뒤로 돌아가기도 하고 여러 번 시행착오를 겪은 끝에 한 마리의 학을 완성했다. 배에 뚫린 구멍으로 바람을 불어넣어 몸통을 부풀린 뒤 아파트 베란다에 있는 화분의 조그만 소나무 위에 올려놓자 금세 훨훨 날아갈 것만 같다.

얼마 전 TV에서 보았다. 강원도 원주에 장애인들이 모여 사는 소쩍새마을이 있다. 장애인 복지 시설로는 꽤나 알려진 곳이다. 그들 중에 23살 먹은 뇌성마비 장애인이 있는데 비상한 재주를 갖고 있어 TV에 나온 것이다. 손, 발을 쓸 수가 없어 거의 누워서 생활한다. 그럼에도 불구하고 잘 하는 것이 많다. 그 중에 특이할 만한 것은 종이 접기다. 손은 물론 발조차 사용할 수 없다고 했지 않은가….

입으로 종이 접기를 한다. 보통 종이는 입에 넣으면 침이 묻어 안 되니까, 설명은 없었지만 은박지 같은 종이인 듯싶다. 물론 크게 접을 수는 없다. 손바닥 크기의 종이를 입에 넣어준다. 입 속에서 얼마쯤 우물거리다 내뱉으면 학이 나오고, 배가 나오고 때로는 거북이가 튀어나온다. 마술을 보는 것 같다. 이런 것을 두고 귀신이 곡할 노릇이라고 하나보다. 접을 수 있는 것도 10여 가지가 넘는단다.

전에 장애인들 중에 발로 또는 입으로 글씨를 잘 쓴다거나 그림을 잘 그린다는 것을 듣거나 보았을 때 참으로 놀랍다고 감탄한 적은 있다.

허지만 어떻게 입 속에 종이를 넣고 혀 하나로 종이 접기를 할 수 있단 말인가…. 그것도 모양만 갖춘 것이 아니라 여느 사람이 손으로 접는 것 못지않게 정교하다. 놀라 벌어진 입을 다물 줄 몰랐다.

다른 것보다 학을 많이 접는단다. 1,000마리의 학을 접어 남에게 선물로 주기도 했단다.

뒤뚱거리면서라도 걸을 수만 있다면 무엇을 더 바라겠는가, 그게 안 되면 엉금엉금 기어서라도 다닐 수 있다면 얼마나 좋을까, 그러나 이루어질 수 없는 꿈이다. 밥조차 누군가가 먹여주어야만 살아갈 수 있는, 누워서 세상을 바라보는 젊은이다.

걷고 싶은 마음에서 학 한 마리 접고, 뛰고 싶은 욕망에서 또 한 마리 접어 그 학들이 훨훨 창공을 나는 꿈을 꾸어 본다. 그 날개에 결코 좌절할 수 없는 희망을 싣고 세상을 내려다보고 싶은 것이다.

몹시 불편한 몸이지만 자기의 신세를 한탄하거나 세상을 저주하지도 않고, 자기를 이렇게 만들어 놓은 부모를 원망하는 기색도 전혀 없다.

나름대로 행복한 미소를 띠고, 희망을 잃지 않는 모습이 역력하다. 시집을 낸 시인이기도 하다.

누군가가 '얻어먹을 힘만 있어도 행복'이라고 했다던데 얼마나 실감나는 말이냐! 그러나 주위를 둘러보라. 99섬을 갖은 사람이 1섬 갖은 사람 것을 빼앗아 100섬을 채우려는 것이 사람들의 심보라고 했다. 고대광실에 살면서도 어디 등쳐먹을 게 없나 혈안이 된 사람들, 부정한 돈으로 가족 타운을 만들어 놓고 탄로 나니까 외국으로 도망가 숨어버린 사람, 재산이 넘쳐 주체 못할 정도인데도 뇌물을 챙기다 쇠고랑을 찬 사람 등, 이루 헤아릴 수 없다. 만족할 줄 모르는 지나친 욕심 때문이다. 그들에게 들려주고 싶은 이야기가 있다.

한 욕심쟁이를 넓은 들판으로 불러내어 그에게 말하기를 '여기를 출발해서 당신이 땅을 갖고 싶은 만큼 갔다가 해가 지기 전에 출발점으로 돌아오면 그 땅을 모두 주겠노라.'고 했다. 그러자 그는 싱글벙글 좋아서 어쩔 줄 몰라 하며 앞으로 내달렸다.

많이 가면 갈수록 자기 땅이 늘어나는 것이다. 달리고 달려도 힘든 줄 몰랐다. 뒤돌아볼 시간도 없이 달렸다. 마침내 더 달리고 싶은 아쉬움을 달래면서 뒤돌아서 출발점으로 향했다. 차츰 힘도 빠져갔다. 해는 기울어가고 마음은 급한데 발은 점점 무겁다.

이윽고 저 멀리 출발점이 보인다. 해님이도 이제 얼마 안 남았다. 해 지기 전에 도착하지 못하면 모든 것이 수포로 돌아간다. 그는 젖 먹던 힘까지 다 해 달려보지만 마음 뿐, 한 발 한발이 천근같다. 버텨보다가 그 자리에 주저앉고 말았다. 출발점을 지척에 두고 끝내 일어나지 못하고 숨을 거두고 말았다.

위 이야기가 그저 꾸며낸 것에 불과할까…. 창밖을 보니 흰 구름이 떠간다. 갖가지 모양의 구름들 중에 날개를 활짝 핀, 한 마리의 학이 눈에 들어온다. 소쩍새 마을의 그 젊은이가 방금 접어 뱉어 냈고, 그것이 하늘로 날아올라 여기까지 날아온 것은 아닐는지….

〈격월간 복지 2002년 9 · 10월호〉

추억 속의 아버지

부자지간이란 천륜이다. 한 번 맺어진 인연은 끊어지지 않기 때문이다. 길거리에서 낯모르는 사람끼리 옷깃만 스쳐도 인연이라는데 부자의 연이야 억겁을 이어온 연이 아니겠는가.

어려서 많이 불러보던 '아버지', 이제는 불러보아도 대답이 없게 되었다. 돌아가신 지 벌써 7년이 되었다. 건강한 편이셨는데 폐암으로 돌아가신 것을 보면 담배가 주범이랄 수밖에 없다. 담배만 안 피셨어도 아직 생존해 계실 텐데 하는 아쉬움이 항상 남는다.

필자는 담배를 안 핀다. 애초부터 배우지를 않았다. 군대생활을 할 때에 정기적으로 나오는 담배, 그것이 아까워서라도 배웠음 직한데 담배에 관한 한 초지일관 흔들림이 없었다. 담배 피는 동료들에게 나누워 주어 기쁨까지 안겨주었다. 건강을 생각해서 안 배운 것은 아닌데, 아무튼 그 점은 아버지를 닮지 않았다.

오랫동안 면서기로 근무하셨고 더불어 농사도 지셨다. 많은 농사는 아니었더라도 틈틈이 농사를 짓자니 어려움이 많으셨다. 예전의 농사는 지금보다 훨씬 품이 많이 들고 힘이 들었다. 수리시설이 잘 되어 있는 것도 아니었고 가뭄이 들면 논 한 귀퉁이에 파놓은 샘에서 물을 길어 올려야 했다. 아버지는 퇴근 후에 어머니와 같이 논에 나가 두레로(양쪽에서 물통에 달린 두 개의 새끼줄을 잡고 허리를 굽혀 물을 담아 곧추세우면서 샘에서 논으로 퍼 올림) 물을 푸다 보면 날이 어둑어둑해지고 날아다니는 반딧불이의 불빛이 보이기 시작했다. 어렸던 나는 그 반딧불이를 잡으려고 이리 뛰고 저리 뛰고 하던 생각이 난다. 밤이 이슥해야 별빛을 앞세워 집으로 향하곤 하였다.

이젠 고향엘 가도 반딧불이를 볼 수가 없다. 그만큼 물이 오염되고 환경이 파괴되었다는 얘기다. 피라미와 붕어를 잡던, 때로는 팔뚝만 한 뱀장어도 잡고 메기도 잡던 동네 앞의 냇가는 고기는커녕 물조차 제대로 흐르지 않고 있다.

그 개울에는 보를 막아 물을 가두었고, 여름이면 친구들과 같이 발가벗고 뛰어 들어가 헤엄을 치며 더위를 잊곤 했다. 정식으로 자유형이라든지 배영, 평형 등 족보에 있는 수영이 아니라 아무렇게나 배워서 허우적거리며 치는 소위 말해서 개헤엄이었지만, 지금도 조금이나마 수영을 할 수 있는 것은 그 덕택이다.

밤이 되면 개울의 풍경은 달라졌다. 어른들이 주인공으로 등장한다. 그들의 목욕장이 되는 것이다. 물론 남자들과 여자들이 모이는 장소가 다르고 멀리 떨어져 있다. 가끔 따라가 보면 조용하기 이를 데 없는 시골인지라 여자들의 떠드는 소리와 웃음소리가 희미하게 들리곤 했다. 달빛이 환할 때는 좀 곤란하므로 대개는 어두울 때이다. 주위가 어두우니 별은 더욱 빛난다. 보석을 뿌려놓은 듯 반짝반짝하다가 자를 대고 선을 긋듯 일직선으로 별똥별이 떨어지다 이내 어둠속으로 사라진다. 하나가 사라지는가 싶으면 다른 곳에서 다시 생긴다. 좌에서 우로, 우에서 좌로, 또 머리 뒤에서…, 한없이 떨어지는 별똥별을 눈으로 따라잡기도 버거웠다.

아버지가 다니시는 면사무소가 10여 리 이상 떨어져 있기 때문에 자전거로 출퇴근을 하셨다. 동네에 한두 대밖에 없을 정도로 자전거가 귀하던 시절이었다. 그 덕택에 어려서 자전거를 탔다. 키에 비해 자전거가 너무 높아 안장에 올라타지 못하고 처음에는 자전거 삼각 몸체 가운데로 오른발을 집어넣어 페달 위에 올려놓고 한 발은 왼쪽 페달 위에 올려놓고 안장을 오른쪽 겨드랑이에 끼고 페달을 저어 달렸다.

일요일 등 자전거가 쉬는 날이면 동네 사람들이 종종 빌려가곤 했다. 읍내까지도 10여 리 길이었기 때문에 볼일이 있다고 빌려달라는데 매정하게 거절할 수가 없었다. 동네 자가용 역할을 한 셈이다. 빌려갔다 가져오면 꼭 표시가 났다. 어딘가는 고장이 나 있는 게 다반사였다.

동네 사람들에게 또 한 가지 크게 도움이 된 것은 면사무소에 근무하시기 때문에 호적초본 등 민원서류를 떼는 일이었다. 10여 리가 넘는 면사무소까지 일부러 가서 서류를 떼자면 가는 시간 오는 시간 등을 합하면 족히 한나절 걸릴 것을 말 한마디로 해결되니 얼마나 편리했겠는가.

면장 한 번 못하시고 퇴직하셨지만 그 덕택에 농촌에 살면서, 대학 졸업이 흔치 않던 시절에 우리 4형제 모두 대학을 나왔고 살림이 궁색하지 않게 살아가고 있다.

중학교 1학년 때 있었던 일이다. 여름방학이 끝나고 얼마 지난 어느 날 종례가 끝나고 다른 반의 동네 친구가 나오기를 기다리는 동안 시간을 때우기 위해 평행봉에 올랐다. 양손으로 평행봉 끝을 잡고 몸을 앞뒤로 구르면서 팔을 굽혔다 뻗는 '후리'라는 것을 했다. 몇 번 하다가 '뚝'하는 소리가 나면서 땅바닥에 고꾸라졌다. 왼팔을 들어 올릴 수가 없었다. 병원에 갈 생각은 못하고 친구와 같이 집으로 가는 버스를 탔다. 비포장도로를 달리면서 덜컥덜컥 할 때마다 팔의 통증은 더욱 심했고 팔뚝이 점점 부어올랐다. 집에 오자 어머니의 걱정이 이만저만 아니었다. 그러나 아버지가 오실 때까지 기다리는 수밖에 없었다. 어두워진 뒤에 돌아오셨고 몹시 꾸지람 들을 것을 두려워했는데 별말씀 없으셨다. 밤길을 걸어 읍내의 도립병원으로 가서 X레이 사진을 찍고 깁스를 하고 집으로 왔다.

그뿐인가 대학교 1학년 때에는 유도를 배운다고 선배와 같이 체육관에서 연습을 하다가 다시 한 번 왼팔을 부러뜨렸다. 연락을 받자마자 아버지는 공주까지 달려오셨고, 복잡한 골절이라 수술을 해서 은으로 된 못을 뼈에 박기까지 하였다.

비행을 저질러서 부모님 속을 썩여 드린 일은 없지만 이런 식으로 걱정을 끼쳐드렸다. 그럴 때마다 화를 내실만도 한데 겉으로 나타내지 않으셨던 아버지다.

지금은 거의 사라진 풍경이지만 시골에선 여름이 되면 마당에 멍석 깔고 같은 또래끼리 모여 이야기하면서 더위를 잊었다. 남자 어른들이 모이는 마당, 청년들이 모이는 마당, 할머니들이 모이는 마당 등이 따로 있었다. 어렸던 나는 주로 남자 어른들이 모이는 마당엘 갔다. 그 분들이 겪은 무용담 등을 과장되긴 했어도 그럴듯하게 그리고 재미있게 하기 때문이었다. 마당 한 귀퉁이에서는 모깃불이 모락모락 피어올랐고, 멍석 위에서는 둘러앉은 이들의 이야기꽃이 모락모락 피어올랐다.

산길을 가다가 호랑이를 만났었다는 이야기도 들었다. 때로는 짚으로 멍석을 짜기도 하고 삼태기를 만들기도 하였다. 그 당시엔 농가에서 사용하는 것들이었기에 직접 만들어 썼다. 한여름 밤에 마당에 모여 재미있는 이야기를 해가며 만드는 것이 제격이었다.

가끔 멍석 위에 장기판이 벌어지기도 했다. 그때에 바로 아버지의 진가가 나타났었다. 동네에서는 적수가 없었기 때문에 상대에 따라서 차와 포를 떼고 두시든지 아니면 차를 떼고 두시곤 하셨다. 옆에서 보고 있는 필자는 몹시 뿌듯함을 느끼는 순간이었다.

뭐니뭐니해도 제일 잘 하시는 것은 술을 드시는 것이었다. 아마 그것은 동네뿐만 아니라 근동에서도 적수가 없었을 게다. 물론 건강하셨기 때문에 가능한 일이었고 다행히 독한 술보다는 약한 술, 주로 막걸리를 좋아하셨다.

막걸리에 대한 이런 고사가 있다. 조선시대에 어느 재상이 막걸리만 먹자, 좋은 소주와 약주도 있는데 왜 막걸리만 먹느냐고 주위 사람들이 넌지시 물으니 그 재상은 소의 쓸개 3개를 구해 각각에 술을 담아 얼마 후 보여줬다. 소주를 담았던 쓸개는 여기저기 구멍이 나 있었고, 약주를 담았던 쓸개는 얇아져 있었으나 막걸리를 담았던 쓸개는 오히려 두꺼워져 있었던 것이다. 그만큼 막걸리가 사람에게 좋다는 것을 단적으로 보여주는 고사다. 이런 고사를 알고 막걸리를 좋아하신 것은 아닐 게다. 땀 흘려 일하시고 난 후 갈증 해소에 막걸리가 으뜸인지라 주로 막걸리만 드신 것 같다.

권하는 술을 마다하신 적이 없으리라 생각한다. 출근하실 때 타고 나간 자전거를 몇 대 잃어버릴 정도였으니 짐작하고도 남을 일이다. 직업과 술 때문에 많은 사람들과 접하게 되었고 따라서 아는 분이 상당히 많아 주위에서 농담 삼아 '국회의원 나오면 되겠다.'는 소리가 있었는가 하면 혹자는 '그 동안 마신 술을 한꺼번에 모아놓으면 몇 마지기의 논은 적시겠다.'는 말도 하였다.

그 바람에 항상 노심초사한 것은 어머니였고, 마을 근처에 있는 주막에 계시다는 첩보가 있을 때에는 어머니의 특명으로 필자가 가서 아버지를 모셔온 것도 여러 번이었다.

폐암으로 투병생활 중에도 자리보전하기 전까지는 술을 찾으셨으니 어이 막을 수 있었으랴. 이제 모두 옛 추억이 되고 말았다.

술 잘하는 사람들은 술 취하면 으레 노래 한자락 흥얼거리게 마련인데 노래와는 상당히 거리가 있었던 분이시다. 노래 실력이 어느 정도였는가를 측정할 길이 없었으니 말해 무엇하랴. 필자뿐만 아니라 어느 누구도 들어본 적이 없었으리라.

고향 마을에서는 일 년에 한 차례씩 마을 어른들이 모여 노는 날이 있었다. 하루 틈을 내서 뒷산에 적당한 장소를 골라 솥을 걸고 고기도 삶고 술을 마시며 그날만은 일손을 놓고 모든 시름 잊고 그저 즐기는 날이다. 부녀자들은 음식을 만들고, 술 마시고 춤추며 노는 것은 주로 남자 어른들이었다. 농사짓느라 그동안 고생한 것에 대한 보상 차원이었으리라.

춤을 추는 무리 속에 아버지를 볼 수 있었다. 그러나 그 때에도 아버지의 노랫소리는 들을 수가 없었다. 남이 노래할 때 중간중간에 박자를 맞추어 주느라 '랄라랄라'하는 소리만 수없이 들릴 뿐이었다.

고향 마을로 들어서는 입구에 느티나무 몇 그루가 서 있다. 그중에는 수령이 수백 년 된 것도 있다. 지금도 묵묵히 그 자리를 지키며 마을을 지켜주는 수호신 역할을 하고 있다. 무더운 여름이면 넓은 그늘을 만들어 주어 마을 사람들이 편안히 쉴 수 있는 장소이다.

살아생전에 아버지도 자식에 대해 확 드러나는 사랑이야 없었어도, 그 느티나무처럼 드러내지 않고 속 깊은 사랑을 베푸셨다. 필자를 지켜준 튼튼한 울타리였고 단단한 주춧돌이었건만 이제는 '아버지'하고 불러도 메아리조차 없는 추억 속의 아버지가 되었다.

〈계간 문학사랑 2002년 겨울호〉

박근혜 대표님께

오늘(2004년 8월 27일) 신문에서 '행정 수도 찬성하든지 충청도 포기하든지…'라고 염홍철 대전 시장이 박근혜 대표에게 공개편지를 보냈다는 기사를 읽었습니다.

'9월쯤 한나라당 신행정 수도 건설에 대한 당론이 채택될 때 부정적 당론이 채택될 경우 충청권에서 한나라당이 발붙일 곳이 없다' 고 강경한 입장을 표시했다고도 했습니다.

이어서 '실제 상당한 재산상의 변동도 이뤄져 직접적인 이해관계가 걸려 있기 때문에 행정 수도가 무산될 경우 엄청난 박탈감으로 어떠한 사태가 초래될지 가늠하기 어렵다'고 시종 강경하게 몰아부쳤다는 등의 내용이었습니다.

저는 염홍철씨가 시장으로 있는 대전에 살고 있으며, 고등학교에서 역사교육을 담당하는 50대 후반의 남자 교사입니다. 좌파적인 성격을 갖고 있는 현 정부를 굉장히 불안하게 생각하고 있고, 신행정 수도 건설에 반대하는 입장에 있는 사람으로서 저의 의견을 박근혜 대표 님께 전달하고 싶어서 글을 올립니다.

신행정 수도 건설 계획은 선거에서 충청도 표를 얻기 위해 급조된 것이라는 생각과 통일을 앞에 두고 있는 마당에 도저히 납득이 가지 않는 위치이고, 어려운 경제 등을 감안할 때 시기적으로도 적절치 않는 등 신행정 수도 건설은 옳지 않다고 보는 입장입니다.

신행정 수도 건설이 무산될 경우 염시장의 말처럼 저도 대전에 상가 주택과 아파트를 소유하고 있으므로 재산상의 손해가 올게 뻔합니다. 그러나 그것은 작은 일이고, 수도를 옮기는 것은 엄청난 국가적 손실이라 생각하기 때문에 반대 입장에 서는 것입니다.

또한 대전, 충청남도에 사는 사람이라도 집 한 채, 땅 한 평 없는 사람들이 얼마나 많습니까? 그런 사람들은 이곳 부동산 값이 오르면 오히려 상대적 박탈감으로 더욱 비참해지게 마련입니다.

앞으로의 선거를 의식해서 염 시장은 무산될 경우 한나라당이 충청권에서 발붙일 곳이 없다고 으름장을 놨는데, 무산됐다고 해서 열린우리당을 지지할 사람들은 이미 열린우리당을 지지하고 있다고 봅니다. 한나라당이 더 잃을 것도 별로 없다고 봅니다.

설령 충청권에서 잃는다 해도 서울과 수도권에서 그 몇 배의 지지자가 생기리라 생각하기 때문에 한나라당의 당론이 수도 이전 반대로 결정되기를 간절히 바랍니다. 한나라당에서 반대 입장의 당론을 정하는데 주저하는 이가 있으면 이 편지를 보여주셨으면 합니다.

글쎄 이 편지가 박근혜 대표님에까지 갈는지는 알 수 없지만, 만일 보게 되신다면 '받아보았다'는 쪽지 한 장이라도 주신다면 영광이고 안심이 되겠습니다.

유재정 선생님 귀하

귀하께서 우리 당에 관심을 갖고 정성을 다해 의견을 개진해주신 서신은 잘 받아보았습니다.

귀하의 고견에 깊은 감사의 뜻을 전하오며 이를 향후 당의 발전과 단합을 바라시는 국민여러분의 격려와 질책이라 여기고 정책개발과 여론수렴의 중요한 참고 자료로 활용토록 하겠습니다.

앞으로도 계속 귀하의 우리 당에 대한 지속적인 지지를 부탁드리며 가정에 행복이 충만하시길 기원합니다.

〈한나라당 대표 최고위원 2004년 8월 31일〉

잠 못 이루는 밤

잠이 보배라는데 잠이 안 온다. 평소엔 비교적 잘 자는 편이지만 근심 걱정이 있을 때에는 예외다. 이번 걱정은 긁어서 부스럼을 만들듯이 생겨났다. 어찌 보면 걱정할 만한 일도 못된다. 대범하지 못한 성격 탓이다. 원인은 토익(영어) 시험이다. 60을 바라보는 나이에 생뚱맞게 웬 토익 시험…, 새삼스럽게 취직하려는 것도 아니고, 어디에 써먹을 곳도 없다.

여느 사람들이 볼 때 아무 쓰잘 데 없는 짓이다. 기왕에 영어 공부를 해왔으니까 내 실력이 어느 정도인가 측정해 보고 싶었고, 또 그것을 계기로 영어 실력이 한 단계 레벨 업 될 수 있겠다 여겼으며 더 나아가서는 현재 토익 공부를 하고 있는 자식 놈에게 은근히 자극을 주고 싶어서였다. 토익 공부 열심히 하라는 무언의 압력인 셈이다.

작년 7월 16일, 이제 여름방학이 시작되어 시간적인 여유가 있겠다 싶어 책방에 들러 토익 관련 책을 몇 권 사들고 와 6개월이란 시한을 정해놓고 내 딴에는 열심히 공부를 해왔다. 그러나 생각만큼 실력이 늘지 않는다. 토익 시험 듣고 풀기 Part 4 같은 경우에는, 어느 정도 긴 문장을 귀로는 들어가면서 눈으로는 질문 내용과 거기에 딸린 4개의 선택 지문을 보면서 답을 결정해야 되는데 적응이 안 되어 귀와 눈 따로 활동할 수가 없다. 그래서 청취에만 신경을 쓰고 난 뒤 문제를 보고 답을 고르려 하면 이미 다음 문제로 넘어가 버리니 난감할 수밖에 없다. 독해 Part 7에서는 긴 지문을 우리글 읽어 내려가듯이 한 뒤 바로 답을 골라야 할 정도라야 된다. 나이 들어 순발력도 떨어지는 마당에 그게 어디 쉬운 일인가! 게다가 토익 시험 본다는 소문은 주위 사람들에게 퍼졌고 또 자식보다 성적이 낮으면 은근히 자극을 주려던 의도는 산산조각이 나고 마는 꼴이 되어버린다.

그 두려운 날이 이틀 앞으로 다가왔으니 어찌 걱정이 되지 않겠는가. 점수에 연연할 것 없이 시험 본다는 자체만으로도 대단한 것 아니냐고 하는 사람도 있다. 물론 맞는 말이다. 설령 200점(990점 만점) 맞는다고 해도 나무랄 사람도 없다. 그것을 머리로는 이해할 수 있어도 가슴으로는 받아들여지지가 않아 오늘 밤 이렇게 잠 못 이루고 있다. 아무리 뒤척여 봐도 잠자기는 틀렸다. 불면증에 시달리는 사람들의 심정을 조금은 알 수 있을 것 같다. 잠이 안 올 때 억지로 자려고 애를 쓸수록 더 자기 어렵다는 기사를 언젠가 본 기억이 난다. 그렇다면 안 자려고 안 자려고 노력하면 잠이 쏟아질 것 아닌가.

대학 수능 시험을 앞둔 수험생들을 보면 수긍이 가는 이치다. 그렇다면 자지 않기 위해서 무엇을 해야 하나? 누운 상태에서 제일 좋은 것이 무엇일까? 곰곰 생각해 본다. … 바로 그거다. 〈시조 짓기〉, 평소에 관심은 가지고 있었지만 실행에 옮기지 못했던 〈시조 짓기〉, 잠이 안 와 시간이 남아도는데 그보다 좋을 순 없다. 이리 뒤척이며 한 단어 저리 뒤척이며 또 한 단어, 그것들을 엮어서 남이 보면 시조라고 할 수도 없는 작품 하나를 만들어 보았다.

잠 못 이루는 밤
야삼경 자나가고 새벽도 살금살금
자려고 애쓸수록 멀어지는 꿈길인 걸
차라리 자고 난 듯이 옷깃 여며 앉으리

잠 못 이루는 밤이면 이렇게 시조를 지어 읊어 보리라. 그러고 보니 토익 고득점보다 더 큰 수확을 얻었다. 시조로 한 발 뗐다는 것은 천리를 가기 위한 시발점 아닌가.

〈문학사랑 2006년 봄호〉

멋진 사람

멋진 사람이란 어떤 사람을 일컫는 말인가?

요즈음 젊은이들은 외모로 볼 때 멋진 사람이 많다. 못 먹고 자란 부모 세대들은 키도 자라지 못했고 외모를 가꿀 여유가 전혀 없어서 볼품이 별로 없다. 그에 비해 젊은이들은 잘 먹고 자란 덕택에 대부분 키도 크고 늘씬하여 연예인 뺨칠 정도다.

외모는 멋지나 내면이 비어있다면 결코 멋진 사람이라고 할 수 없을 것이다. 아무리 아름다운 꽃이라도 향기가 없다면 벌이나 나비가 찾아올 리도 없고 조화나 다를 바 없다.

그렇다면 진짜 멋있는 사람이란 어떤 사람일까?

일전에 어느 강연에서 들은 말이다. 취미삼아 하는 운동 한 가지를 잘 할 수 있고, 외국어 하나쯤은 능통하며, 또 악기 한 가지를 능숙하게 다룰 수 있는 사람이 멋진 사람이라는 것이다. 공감이 가는 말이다. 거기에 필자는 한 가지를 덧붙이고 싶다. 꾸준히 독서하는 사람이다.

지난날을 돌이켜 볼 때 후회스러운 것 중에 하나가 젊어서 왜 그리 책을 안 읽었나 하는 것이다. 지천명의 나이에 들어서서야 겨우 독서의 중요성을 깨닫고 노력하고 있긴 하지만 늦은 만큼 습관을 들이기가 더욱 어렵다. 책을 통해 그렇게 적은 비용으로 동서고금을 막론하고 각 분야에 걸쳐 유능한 사람들의 사상이나 지식을 가까이 접할 수 있다는 것이 얼마나 효용가치가 있는가는 새삼 논할 필요가 없다.

유대인 가정에서는 주말 독서가 생활화 되어 있고 독서 후에는 가족이 모여 서로 토론하곤 한단다. 지구상의 인구 중 0.2%에 해당하는 유대인들이 20세기 노벨상 수상자의 21%를 차지하고 있다는 것이 그와 무관치 않음을 짐작하기 어렵지 않다.

우리와 이웃하고 있는 일본인들의 독서열 또한 잘 알려져 있다. 경제 대국이 거저 만들어진 것이 아니다.

나폴레옹은 달리는 말 위에서조차 독서를 했다는 일화가 있고 안중근 의사는 순직하는 날까지 책을 읽었다고 한다. 그가 '一日不讀書 口中生荊棘(일일불독서 구중생형극 : 하루라도 책을 읽지 않으면 입안에 가시가 생긴다)'이라고 쓴 족자를(비록 복사본이지만 손가락 한 마디가 잘린 손도장이 뚜렷이 나타남) 어느 지인으로부터 받아, 제일 눈에 잘 띄는 현관 벽에 걸어놓고 자주 대하면서 게을러지는 마음을 다잡고 있다.

독서는 선택이 아니라 필수다.

이순을 바라보는 나이이긴 하지만 멋진 사람의 반열에 오르고 싶다. 그러자니 걸림돌이 악기다. 악기는 고사하고 노래 실력도 겨우 음치를 면할 정도인데 악기를 다룬다는 것이 언감생심이다.

전자 오르간을 거침없이 두드려가며 흘러간 노래를 부르는 모습, 아니면 몸을 흔들어가며 호소력이 강한 색소폰을 부는 모습, 그도 아니면 교교히 흐르는 달빛 아래서 구슬픈 퉁소 소리로 잠을 못 이루는 사람들의 애간장을 녹여주는 모습 등등, 상상만으로도 흐뭇하다.

결코 불가능한 것만은 아닐 것이다. 꿈조차 버릴 수야 없지 않는가. 멋진 사람이 되기 위해 오늘 하루해도 너무 짧다.

〈설송(충남기계공업고등학교 교지) 2006년〉

독도 '주권미지정' 변경은 좌파정권 탓

미국 국립지리정보국(NGA)과 지명위원회(BGN)가 독도를 한국 령에서 '주권 미지정 지역'으로 변경하였다. 그것에 대하여 정부는 외교라인을 문책한다느니, 주미대사의 직무 태만 여부를 조사한다느니 하면서 야단법석이다.

그러나 그들이 노력을 했더라도 막지 못했을 것이다. 주된 책임은 그들에게 있는 것이 아니라 지난 10여 년간의 좌파 정권에 있다.

김대중 정부 시절인 1998년에 체결한 '신한일어업협정'에서 배타적 경제수역(EEZ)의 기점을 울릉도로 설정하고 독도를 한일 양국의 이른바 '중간 수역'에 두는 것으로 만들었다. 그것이 일본 측의 본격적인 독도 도발에 대한 빌미를 줬다는 것이 학계와 일부 정치권의 주장이다.

김대중, 노무현 정부는 '협정은 어업에 관한 것일 뿐 영토 문제와는 관련이 없다'고 주장해 왔지만, 그것은 어디까지나 우리들이 보는 입장이고 일본은 물론이고 미국 등 제 3자가 볼 때는 그렇지 않다.

이처럼 '신한일 어업협정'이 독도 사태의 빌미가 되었고, 게다가 좌파정부가 지난 10여 년간 줄기차게 반미운동을 해 온 것이 결정타가 되었다고 본다.

김대중 정부 시절에 불법 남침한 북한 함정을 몰아내기 위해서 일어난 연평해전으로 우리의 젊은이들이 전사까지 했건만 진정으로 위로의 말 한 마디 제대로 하지 않은 좌파 정권하에서, 미군의 군사훈련 중

사고로 장갑차에 치어 여중생(효선, 미순)이 죽은 것을 침소봉대하여 반미운동을 부르짖는 촛불 시위가 전국을 오랫동안 강타하더니, 금년에 들어와서는 MBC PD수첩의 선동으로 '미국소=광우병' 소동을 일으켜(PD수첩에서 19곳에 걸쳐 의도적으로 왜곡시켰다고 검찰이 결론을 내림) 수개월 동안 촛불 시위로 난리를 피웠고 아직도 진행형이며 밤이면 무법천지를 만들고 있다.

이렇듯 반미로 들끓는 우리나라에 비해 일본은 어떤가?

미국과 일본 사이는 '밀월 관계'라고 할 정도로 짝꿍이 되어있다.

일본이 경제력이나 군사력으로 보아 우리나라보다 약해서 친미하고 있는 것이 아니다. 국익을 위해서다.

지금 이 글을 읽고 있는 독자가 만일 미국 국립지리정보국이나 지명위원회의 일원이라고 가정을 한다면 독도 문제를 어떻게 처리했을까?

퇴직 후 시간이 지루하다고요?

퇴직을 한 후의 생활, 무료하고 따분하게 지내는 이들이 있는가 하면 보람과 자기만족으로 충만한 삶을 사는 사람들도 있다. 그것은 전적으로 자기 자신이 하기 나름이다.

필자는 후자가 되도록 퇴직 전부터 다짐을 하곤 했다. 다잡지 않으면 간섭이나 구속이 없는 생활이라 얼마든지 나태해질 수 있고, 그 많은 시간이 무료하고 고역일 수도 있다.

필자가 퇴직한 지 2년이 됐지만 지루하다고 생각해본 적은 없다. 얽매였던 시간에서 풀려나니 자유스러워서 좋고 감기몸살이 들어도 부담 없이 느긋하게 앓을 수 있어서 좋다. 그렇다고 게으름을 피우진 않는다. 아침 6시에 일어나서 밤 10시경에 자기까지 하는 것들이 있다.

일간 신문과 경제 신문을 각각 1부 씩 구독한다. 사설 외에는 대충 일별하는데도 2시간 정도가 걸린다.

퇴직 후에 가장 중점을 두는 것이 운동이다. 주로 테니스 아니면 탁구를 하고, 힘들다 생각될 땐 가벼운 산책이나 또는 자전거를 타고 천변을 달리면서 자연과 접하며 그 변화를 음미해보기도 한다. 때로는 산에 올라 호연지기도 해보며 생활의 변화를 꾀하기도 한다.

가끔은 글(수필)을 쓰지만 더 관심을 갖는 것은 외국어다. 영어와 일본어는 기왕에 해오던 것이고 퇴직 후에 새로 중국어를 배우고 있다. 잘하고 못하고 결과가 중요한 것이 아니다. 시간을 보람 있게 보낸다는 것이 첫째요 성취감은 그 다음이다. 따라서 학원에는 다니지 않는다. 대신에 주로 영어의 아리랑TV, 일본의 NHK 그리고 중국의 CCTV 등을 보며 재미를 붙이고 외국어도 습득하는 방법을 취한다.

퇴직하면 책을 많이 보아야겠다고 생각했었는데 시간이 없어 별로 보지 못하는 상태다.

또 없는 시간을 쪼개서 한가지의 악기를 배우고 싶기도 하다.

이 모든 것이 욕심내지 않는 생활은 충분히 할 수 있는 연금이 있기 때문에 가능한 일이다.

이제 테니스장을 가기 위해 가방을 챙길 시간이다.

'광우병 촛불'을 다시 살리려는 세력들

오늘 아침 아파트 게시판에 이런 글이 나붙었다.

노무현 대통령 서거 1주기 추모 문화재란 제목으로, 5월 20일에는 추모 콘서트가 열리고, 22일에는 서대전 시민공원에 분향소를 설치 운영하며, 30일에 대전 시민 봉하마을 방문단 출발이란 내용 등이 기록되어 있다.

또 한 번 좌파 세력들의 굿판이 벌어지는구나 하는 생각과 더불어 '노무현 대통령 서거 1주기 대전 충청 추모 위원회'란 명칭으로 아파트 게시판에까지 광고지를 붙일 정도로 조직적으로 행해지고 있어 섬뜩한 생각마저 든다.

바로 그 세력들이 2년 전 '광우병 촛불' 난동의 주역들이었다. 당시의 난동은 정부가 손을 쓸 수 없을 정도였고 나라의 운명이 위태롭다고까지 느꼈었다. 국가를 누란의 위기로 몰고 갔던 사건이었는데 책임지는 사람도 없고 뉘우치는 사람도 별로 없는 듯하다. 난동에 크게 일조했던 사람들이 지금에 와서 발뺌과 변명으로 일관하고 있다.

'MBC PD 수첩'의 광우병에 대한 의도된 왜곡 보도가 촛불 시위에 기름을 부었고 KBS, 경향 신문 등이 신나게 부채질을 해대서 온 나라가 벌겋게 탔었는데도 자성의 목소리가 없다.

작년에 노무현 전 대통령이 자살하자 MBC를 비롯한 방송 매체들이 정규 방송을 끊고 노무현 전 대통령을 영웅으로 만드는데 앞장을 서고, 방방 곳곳에 분향소를 설치하여 온 나라가 다시 한 번 들끓었었다.

이유를 불문하고 자살은 죄악이라 했다. 더구나 죄를 짓고 자살한 전직 대통령을 영웅으로 만들어 놓은 저의가 무엇일까?

그 좌파 세력들이 6월 2일 지방 선거를 앞두고 전 노무현 대통의 1주기를 빌미로 조직적이고 대대적으로 다시 한 번 좌판을 벌려, 온 나라를 들끓게 하려하고 있다.

국민들은 분위기에 휩쓸리지 말고 냉철한 이성으로 판단해야 한다. 천안함 사건의 전말이 아직 정확히 밝혀지진 않았지만 김정일의 지시로 폭파됐다고 대부분 사람들은 생각할 것이다. 또 북한이 핵폭탄을 만들고 미사일을 만드는데 들어간 막대한 돈이 바로 지난 2번의 정권에서 퍼다 준 돈이 아니던가?

날씨마저 예년 같지 않고 이래저래 심란한 5월이다.

영화 '워낭 소리'

워낭소리, 나이가 좀 들은 사람들은 대부분 들어본 소리다. '워낭'이란 단어가 생소할 뿐이다. 필자도 이 영화가 나오기 전엔 뜻을 몰랐었다. 소의 귀에서 턱 밑으로 늘여단 방울(작은 종)이다. 소리는 산사의 풍경소리와 비슷하다.

이 영화에는 직업적인 배우가 등장하지 않는다. 경상북도 봉화 땅의 깊은 산골에서 농사를 짓고 있는 79세의 최원균 할아버지 내외와 늙은 소가 주인공이다.

단순한 등장인물에 자칫 지루해질 수 있는 영화인데 전혀 그렇지 않다. 잔잔하고 애련한 감정이 솟구친다.

기계로 농사를 짓는 시대에 아직도 소를 이용해서 농사를 짓는 최 할아버지, 소에게 해가 될까 염려돼서 밭에 제초제는 물론 농약도 뿌리지 않는다. 왕성하게 자라는 풀 때문에 자주 김을 매는 등 일거리가 많아 '농약 좀 뿌리고 살자'는 부인의 말을 들은 체 만 체 고집을 꺾지 않는 최 할아버지, 어찌 보면 미련스럽기도 하지만 우직한 점이 소를 많이 닮았다. 그것이 30년 이상 동고동락 해온 소에 대한 애정 표현 아니겠는가! 그 소 때문에 농사를 지을 수 있었고 9남매의 자식들을 기르고 공부시켜 이제 모두 출가시킬 수 있었던 것이다. 최 할아버지는 '소가 효자보다 낫다'고 말을 하곤 한다.

79세면 멀쩡한 사람도 농사짓기에 힘이 부칠 연세다. 어려서 다친 다리 때문에 몇 배는 힘이 든다. 무릎으로 기면서 밭일을 하고, 꼴 한짐을 지게에 짊어지려 해도 한 손에 작대기 다른 한 손엔 지팡이를 짚고도 한참을 씨름을 해야 겨우 일어설 수 있다.

소도 어렵기는 마찬가지다. 40살이 넘었으니 천수를 거의 다 누린 소란다. 말라서 앙상하고 무릎 등 여기저기 상처투성이다. 주인이 부리니 어쩔 수 없이 논밭을 갈고 짐을 실은 마차를 끌지만, 걸음이 느리고 힘겨워하는 모습이 눈에 역력하다.

소를 팔자는 할머니의 성화에 마지못해 소를 끌고 우시장에 갔다. 소도 눈치를 챘는지 눈물을 흘린다. 120만 원 준다는 소장수에게 500만 원 이하에는 안 판단다. 결국 팔지 못한다. 최 노인은 결코 팔고 싶지 않은 것이다.

최 할아버지는 점점 쇠약해져 눕는 날이 많아지고, 소도 기력을 잃고 일어나지 못하더니 한 많은 세상을 하직한다. 죽도록 일을 했던 밭 끝자락에 묻힌다. 비로소 쟁기나 마차의 굴레에서 벗어나게 되었다.

다른 사람이 이웃 논에서 모심는 기계로 모내기를 할 때 최 할아버지는 소를 몰며 옛날 방식대로 써레질을 하고 있는 장면이 등장한다. 할머니는 아주 부러운 눈으로 이웃 논을 보는가 하면 원망스러운 눈으론 할아버지를 쏘아본다. 혀를 차면서 '아이고' 소리만 연신 내뱉는 할머니, 그 푸념도 제 철을 만나 울어대는 뻐꾸기 소리에 묻히고 만다.

그 뻐꾸기 소리가 나를 반세기 전으로 이끈다. 어린 시절 모내기 하는 날, 일꾼들 밥을 머리에 이고 가는 어머니와 백모님의 뒤를 졸랑졸랑 따라 갈 때 고향 마을 뒷산에서 들려오던 그 뻐꾸기 소리와 똑같다.

〈월간 예향대전 2009년 2월 25일〉

6.25 참전 용사들을 홀대하는 사회

'아아 잊으랴 어찌 우리 이날을 / 조국의 원수들이 짓밟아 오던 날을 / 맨주먹 붉은 피로 원수를 막아내어…'

박두진 작사 김동진 작곡의 6.25노래다. 좌파정권 10년 동안 금지곡이 되어 이제 잊혀져가고 있는 노래다.

모레가 6.25 전쟁 60주년이 되는 날이다. 사람으로 치면 환갑을 맞이하는 셈이니 아주 뜻 깊은 날이다. 더구나 얼마 전 북한 어뢰의 공격으로 우리의 천안함이 피격 당해 46명 장병들의 고귀한 목숨을 잃었기에 더욱 그렇다.

6.25 전쟁에 참전한 군인 중에 62만 명 정도가 전사하거나 부상당했다고 한다. 희생당한 일반인들은 또 얼마나 많겠는가? 그 가족들의 아픔은 아직도 끝나지 않은 진행형이다.

천안함 사건으로 많은 장병들이 희생을 당했건만, 남한에서 활개를 펴며 활동하는 좌파세력들 중의 하나인 참여연대가 유엔 안보리에 천안함 진상 조사에 의혹을 제기하는 서한을 보내 나라 망신을 시키고 있다. 그들이 과연 대한민국 국민인가?

설령 확실한 증거가 없다고 하더라도 천안함 사건이 북한의 소행이라는 것은 누구나 짐작할 수 있다. 하물며 여러 나라의 전문가들이 참여하여 물증에 의해 과학적으로 밝혀낸 사실을 믿을 수 없다니, 그렇다면 세상에 믿을 수 있는 것이 무엇이 있겠는가?

과거 좌파정부 10년 동안 온 나라에 독버섯처럼 퍼진 좌파세력들의 뿌리가 얼마나 깊게 또 단단하게 박혔는지 새삼 느낄 수 있다.

엊그제 조선일보의 '6.25 참전 용사들의 오늘'이라는 특집 기사를 보았다. '국가를 위해 모든 걸 바쳤건만 영웅들이 울고 있다.'는 제목이 붙었다.

6.25전쟁 때의 활약으로 우리나라 최고의 훈장인 태극 무공훈장을 받은 최득수(83세)옹은 이젠 더 이상 훈장을 달고 다니지 않는다고 했다. 2 - 3년 전 어떤 행사장에 훈장을 차고 나갔는데 뒤에서 젊은이들이 '얼마나 많은 사람들을 죽였으면 저런 훈장을 받았겠느냐'고 수군거리는 것을 들은 뒤 훈장을 차지 않는단다.

훈장을 받은 전쟁 영웅들이 아니었다면 수근거렸던 그 젊은이들의 부모가 죽었을지도 모를 일이다. 어떻게 이 나라가 이 지경까지 이르렀는가! 좌파들의 붉은 물이 이미 젊은이들에게도 짙게 스며들어 있다.

참전 용사들의 월 평균 소득이 참전 명예수당 9만원을 포함해서 37만 116원에 불과하단다. 그것은 1인 가구 최저생계비 50만 4344원에도 미치지 못하는 수준이라 대부분이 먹는 것조차 해결할 수 없어서 끼니를 거르거나 무료급식소를 찾는다니 더 말해 무엇 하랴. 그것은 당대에서 그치는 것이 아니라 과거에 독립투사들이 그랬듯이 가난이 대물림 되고 있다. 나라 지키느라 못 배우고 못 가르쳐 자식들도 가난의 늪에 빠져 있다.

반면에 5.18 민주화운동 유공자들은 수억 원의 보상금과 국가 유공자 혜택을 받고 있다. 구금이나 연행만 됐어도 해당된단다. 좌파정권이 칼자루를 쥐고 있을 때 이루어진 일이다.

6.25 참전 용사들의 국가에 대한 공헌도가 5.18 민주화운동 참여자

들보다 훨씬 크다고 생각되건만 그들에 대한 대우는 반대로 하늘과 땅 차이다.

6.25 전쟁 60주년을 맞는 금년에 현 정부가 관심과 의지를 갖고 6.25 전쟁에 참여했던 영웅들이 자긍심을 가질 수 있을 만큼의 대우라도 해주었으면 하는 바람이다. 대부분 고령이고 시간이 없다.

〈한밭수필 2010년 제2호〉

가을 운동회

사방에서 밤늦게까지 엄청 울어대던 매미들이 9월 하순으로 접어들자 울다가 지쳤는지 소리가 약해지고, 그 틈을 비집고 서늘한 바람이 아침저녁으로 살랑거린다. 곧 가을임을 알리는 신호다.

가을 하면 생각나는 것이 많이 있다. 코스모스, 단풍, 푸른 하늘, 황금빛 들판 등등. 그 중에서 빼놓을 수 없는 것이 가을 운동회다.

중, 고등학교 때의 운동회는 거의 생각나는 것이 없는데 유독 초등학교 때의 운동회 모습은 뚜렷이 기억에 남아 있다.

마침 아파트 단지 내에 있는 초등학교에서 운동회가 있기에 만사 제쳐놓고 찾아가 한참을 구경했다.

펄럭이는 만국기를 보자 동심으로 돌아간 듯 가슴이 뛰고 설렌다. 만국기가 강력한 에너지를 내뿜어 힘이 솟고 누구나 달리고 싶은 충동을 느끼게끔 해준다. 거기다 경쾌한 행진곡과 어울리니 금상첨화다. 펄럭이는 만국기와 경쾌한 행진곡이 없는 운동회는 상상조차 할 수 없다.

뛰는 모습들이 귀여운 1학년의 50m달리기, 고학년의 답교놀이(엎드린 등 위를 밟고 전진하여 골대에 매단 징을 먼저 울리는 게임), 학부모님들의 줄다리기 등등 신나고 즐거워하는 모습은 예나 지금이나 변함이 없다.

옛날 시골 초등학교 운동회는 언제나 추석 다음날이었다. 그 이유를 지금 와서 생각해보니, 일손이 바쁜 추수철이라 그 때 아니면 학부모님들이 시간을 내기가 어렵고 또 먹고 살기 힘든 시절이라 음식 장만과도 관련이 있어서일 듯싶다.

어찌 보면 조금 위험스럽기도 한데 그 당시 우리 남학생들은 기마전, 텀블링, 탑 쌓기(인간 피라미드라고 할 수 있겠다) 등을 했던 기억이 난다.

그 밖에 학생과 학부모가 짝을 이뤄 과자 따먹기, 연세 지긋한 마을 어르신들의 큰 공(어른 키 정도로 학교에서 만든 공) 굴리기, 각 마을 청년들의 부락 대항 400m 이어달리기와 마라톤 경주 등 그 날은 학생들 운동회를 넘어 근동 마을 사람들이 다 같이 모여 벌이는 축제라 할 수 있었다.

인상 깊었던 또 한 가지의 장면은 장대에 매단 박 터뜨리기다. 오자미(콩 주머니)를 갖고 상대편으로 달려가 매달린 박을 향해 던져 먼저 터뜨리는 편이 승리하는 게임이다. 박이 터지는 순간, 박 속에서는 현수막이 내려오고 그것을 바라보던 모든 사람들이 일제히 환호성을 질렀다. 거기에 어떤 내용이 적혀 있었는지는 기억에 없지만 그 현수막이 바람에 펄럭이던 모습은 지금도 눈에 선하다.

이 모두가 50년도 넘은 추억이거늘 지워지지 않고 어제일 같이 선명하다. 같이 부대끼며 어울렸던 친구들, 그동안 한 번도 만나보지 못한 친구들이 태반이다. 그 친구들이 모두 모여 동심으로 돌아가 청군, 백군 머리띠를 하고 옛날에 했던 그대로 함께 달려보고 게임도 하고, '청군 이겨라!' '백군 이겨라!' 목이 터져라 응원도 해보았으면 하는 생각을 해본다.

사우나

중국 여행을 마치고 밤늦게 인천공항에 도착해보니 대전행 막차 표까지 매진되었다. 궁리 끝에 공항 열차를 타고 서울역으로 갔으나 이미 기차도 끊겼다. 새벽까지 대합실에서 기다리기도 난감한 일이어서 역을 빠져나왔다.

숙소를 정해야 되는데 필자는 여관을 고집했고 아내는 사우나를 주장했다. 아내의 말인 즉 '비싼 돈 들여 여관으로 가는 것보다 사우나에 가서 목욕도 하고 잠도 잘 수 있다'며 그게 현실적이고 시대 감각적이란다.

'사우나' 라면 불가마가 생각나고 더운 곳에서 땀을 흠뻑 흘리는 장면만 연상이 되어서 가지 않겠다고 고집을 부렸다.

물론 사우나에 가본적도 없고 한 번 가보겠다고 생각한 적도 없다. 왠지 거부감이 든다. 더구나 가만히 있어도 땀이 나는 삼복더위에 돈 내고 더 뜨거운 굴속으로 들어가다니, 상상하기조차 싫다.

한참을 실랑이 하다가 마지못해 사우나로 향했다. 생각보다 비싸진 않다. 여관보다 훨씬 싸고 잠도 잘 수 있어서 많은 사람들이 이용하기 때문에 여관이 잘 안 된다는 소리는 들었다.

부부가 1층에서 각각 남탕 여탕으로 들어가 목욕 후 가운을 입고 2층으로 올라가면 서로 만날 수 있단다.

숙소 문제로 아옹다옹하면서 생긴 아내에 대한 좋지 않은 감정을 목욕을 하면서 씻어버린 뒤 2층으로 올라가니 이미 아내는 올라와 있었다. 내 눈치가 보여서 목욕을 대충하고 올라왔다니 미안한 생각이 든다.

덥지 않고 적당한 온도에 우선 안심이 되었다. 여기저기 누워 자는 사람들도 있다. 여성 전용, 남성 전용 구역도 있다.

한쪽에는 식당도 있다. '이 안에서 아침밥도 해결할 수 있으니 얼마나 편리 하냐!'는 아내의 말에 머리만 끄덕였다.

한증막뿐만 아니라 황토 찜질방, 자외선 찜질방, 소금 찜질방, 옥 찜질방 등 다양하다. 더운 찜질방만을 생각했는데 춥다고 느낄 정도의 서늘한 방도 있다.

'지나친 애정 표현을 삼가 주십시오. 발각 시에는 퇴장시키겠습니다.'라는 경고문이 벽에 붙어있는 것으로 보아 종종 일어나는 일인 듯싶다. 어린이들도 드나들고 또 여러 사람들이 공동으로 이용하는 장소인데 분별없는 사람들이라니, 허 참……

3층으로 올라가니 상점도 있고, 돈 넣고 안마하는 안마 의자도 있다. 각종 헬스 기구를 비치한 헬스장을 보고는 사우나에 대한 나의 고정관념이 얼마나 편향적 이었나 를 깨달았다.

어린이를 포함해서 한 가족인 듯 한 사람들이 나란히 누워서 자고 있다. 아닌 게 아니라 가족 피서를 고생하면서 멀리 갈 것 없이 사우나에서 피서 하면 되겠다는 생각이 든다.

5층으로 올라가 보니, 안락하게 잠을 잘 수 있는 커다란 방이 있다. 남자 방, 여자 방이 따로 있다. 가만히 문을 열어보니 여러 층으로 또 칸칸이 나뉘어져 있어 좁기는 하지만 소음이나 빛의 방해를 받지 않고 잠을 잘 수 있게 되어 있다. 심지어 코골이들이 따로 자는 방도 있다.

이 모든 것들이 지금까지 필자가 사우나에 대해서 얼마나 무지했는가를 여실히 일깨워주고 있다.

비 오는 날의 수채화

산책을 하기 위해 집을 나섰다. 비가 온다. 자주 가는 뒷산(옥녀봉)은 땅이 질어 곤란할 것 같아 냇가로 방향을 틀었다. 비록 비는 내리지만 햇볕이 없어 천변을 걷기엔 오히려 좋은 날이다.

갑천의 지류 천이다. 천변이 잘 정비되어 있고 자전거 전용도로도 있어 자전거 드라이브는 물론 걷기에도 안성맞춤이다.

냇가의 버드나무는 연두색의 잎을 틔우고 길쭉한 오디처럼 생긴 열매(?)를 달고 있기도 하다. 어렸을 때 그걸 따먹던 생각을 하자니 옛날이 그립다. 버들피리 만들어 불던 옛 친구는 어디 갔나!(가장 친했던 친구는 이미 하늘나라로)

군데군데 징검다리도 있다. 너무 현대적이라 옛날의 멋스러움은 없지만, 불어난 냇물을 온몸으로 받아내며 임무수행 중이다. 그 근처에서 물오리 한 쌍이 비를 맞으며 한가롭게 노닐고 있다. 인기척에 놀랐는지 백로가 날개를 퍼덕이며 날아간다.

갑천변으로 접어들자 펼쳐진 광경이 더 아름답다. 천변에 나무도 제법 있다. 그 색깔이 곱고 예뻐서 꽃이라 해도 될 듯하다. 건너편 야산(도솔산)의 나무들도 마찬가지다. 시들어가는 벚꽃을 대신하느라 잎 색깔이 그리도 아름다운 것인가?

천변의 바닥엔 늙은 갈대(작년에 자란 갈대)가 풍파에 시달렸는지 구부정한 자세로, 바람결에 머리를 흔들거리며, 새로 돋아난 새잎들을 더욱 돋보이게 하고 있다. 신 · 구의 조화가 그런 데로 잘 어울린다.

그게 바로 자연 아닌가!

흘러가는 냇물을 바라보며 무언가를 깨달으라는 뜻일까, 송판으로 바닥을 깔아서 물가까지 안내하기도 한다. 다가가서 춤추며 흘러가는 냇물을 한참동안 바라보기도 하였다.

'유수 같은 세월'이란 말이 생각난다. 바라보고 있는 동안 흘러간 물, 흘러가는 물 그리고 흘러오는 물이 마치 나의 과거, 현재, 미래를 중얼거리며 얘기해주는 듯하다.

나뭇잎 색깔이 가장 예쁠 때, 그리고 가랑비가 내리는 날이라 풍광이 더 멋스럽고 신비스럽다. 햇볕이 쨍쨍 내리쬐고 있었다면 느낌이 달랐을 것이다. 옅은 안개 색을 배경으로 아름다운 풍경이 펼쳐 있어 마치 한 폭의 수채화를 보는 것 같다. 안견이 그린 '몽유도원도'가 별거더냐, 지금 바로 내가 몽유도원도 속을 거닐고 있는 것을, 꿈속이 아니라 현실에서 말이다.

단지 들판을 흘러가는 내(川)라면 밋밋할 터인데, 옆에 산(도솔산)을 끼고 있어 잘 어울린다. 풀이 자랄 수 있는 공간도 많아 새들이 찾기에 더없이 좋은 장소이기도 하다.

우리 집 가까이 이런 비경이 있다는 것이 얼마나 큰 행운이며 행복인가! 행복은 멀리 있는 것이 아니라 곁에 있다고 하는 말들이 실감이 난다.

자전거 드라이브를 하며 바라보는 갑천의 멋은 또 다른 면이 있을 것 같아 기대 된다.

활력소가 되는 텃밭

필자가 살고 있는 아파트 옆에 단독주택을 지으려고 닦아놓은 터가 여럿 있다. 일부는 집을 짓고 있기도 하다.

그 빈터에 누군가가 밭을 일구어 씨를 뿌리자 한 사람 두 사람 늘어나고 마침내 우리도 참여하게 되었다.

땅 주인의 허락을 받고 하는 것도 아니고 건축 공사가 시작되면 하루아침에 없어질 수도 있다. 또한 나와 아내는 전혀 농사 경험이 없어서 망설였지만 일단 해보기로 하였다. 자갈이 많아 호미로 캐내고 밭 모양새를 만드는 것이 쉽지 않다. 손바닥에 물집이 생길 정도로 힘들여 캐낸 돌들은 밭 가장자리에 경계석으로 쌓아놓았다.

밭의 크기는 아주 작아서 손바닥 만 하다는 비유가 어울릴게다. 작기는 해도 기대에 부푼 마음은 운동장 만 하다. 그래서 욕심을 내다보니 채소 종류가 많다. 상추를 비롯해서 쑥갓, 파, 고추, 호박, 강낭콩, 들깨, 치커리 등등.

열흘 이상 지나자 싹이 나오기 시작한다. 덮였던 흙을 뚫고 나오는 싹이 그렇게 귀여울 수가 없다. 신기하기도 하고 위대한 힘이 느껴진다.

점점 커가는 모습을 보는 재미가 쏠쏠하긴 한데, 비가 오지 않아 매일 물을 날라다 줘야 하는 것이 큰 문제다. 수 십 년 만의 가뭄이란다. 주전자와 양동이에 물을 담아 양손에 들고 중간 중간 5~6번은 쉬어야 한다.

나중에는 꾀가 나서 하루쯤 거르자고 하면 아내가 성화다. 먼저 나서서 가니 따라가지 않을 수 없다. 나보다도 아내가 더 애착을 갖고 있다. 금년에 퇴직을 하고 무료하던 차에 큰 위안거리가 되나보다.

농약을 전혀 안치기 때문에 무공해 식품이요, 웰빙 식품이다. 들깨와 치커리는 벌레가 잘 끼어서 안 된다고 하기에 가차 없이 뽑아버리고 다른 작물을 심었다.

저녁 무렵이면 너도 나도 유모차나 작은 수레에 물통을 싣고 나타난다. 이제 서로 얼굴을 알아보고 반긴다. 필자는 물만 주고 바로 집으로 돌아오지만 아내는 어두워진 뒤에 들어올 때도 종종 있다. 이웃 밭주인들과 이야기 하느라 늦는다. 옛날에 부녀자들이 우물가에 모여 수다를 떨며 시간 가는 줄 모르듯이 말이다. 아내는 그게 꽤나 재미있는 모양이다.

밭에 나와 보는 재미로 산다는 이도 있고, 자기가 가꾸고 있는 작물들이 눈에 어른거려 안 나올 수 없다는 이도 있고, 심지어 우울증이 많이 호전되었다고 하는 사람도 있다고 아내가 알려준다.

이웃을 모르고 사는 아파트에서 손바닥 만 한 밭을 매개로 이웃을 알게 되고 서로 담소하는 것이 농작물에서 얻는 수확의 기쁨 못지않다는 생각이 든다. 작디작은 밭에서 나오는 수확물이라야 돈으로 따지자면 얼마나 되겠는가, 오히려 들어간 돈이 더 많을 것이다. 게다가 날마다 물을 날라다 주는 수고로움까지 친다면 밑지는 장사임에 틀림없다. 그러나 자연의 신비함을 알게 되고 수확의 기쁨을 맛보고 이웃과의 끈끈한 정이 이어지는 가치는 이루 말할 수 없을 정도다.

격심한 가뭄을 겪고 있는데 장마철은 오히려 예년보다 늦다. 이번 주말(6월 말경) 쯤 장마 비가 시작된다니 다행이다. 반면에 너무 많은 비가 와서 피해를 보면 어쩌나 하는 걱정도 생긴다.

언제 없어질지 모르는, 임시로 갖고 있는 작은 밭이지만 그곳에서 필자가 뿌리고 가꾼 작물이 자라고 있기에 가물 때 비가 왔으면 하는 절실함과 곧 있을 장마 때 너무 많은 비가 오지 않았으면 하는 바람이 전보다 훨씬 강하다.

지금 자라고 있는 채소들을 수확한 뒤 무엇을 심을까 하고 아내는 행복한 고민을 하고 있다.

〈한밭수필 2016년 제8호〉

곧 태어날 손녀딸들에게

곧 태어날 쌍둥이 손녀딸들을 생각하며 이 글을 적는다.

너희들이 태어나는 5월을 '계절의 여왕'이라고 한단다.

덥지도 춥지도 않고 산에는 나무 색깔도 예쁘고 어디를 가나 여러 가지 꽃들을 볼 수 있어 마음이 들뜨는 계절이다. 달콤한 향기가 짙은 아카시아 꽃이 흐드러지게 피면 할아버지는 향기에 취해서 어릴 적 고향 마을이 생각나고 그리워진단다.

'꽃 중의 꽃'이라고 하는 장미도 5월에 핀다. 그래서 5월에 태어나는 너희들이 그 장미를 닮아 예쁘고 주변에 좋은 향기를 뿜어주는 쌍둥이가 될 것이라고 할아버지는 믿는다.

예쁜 엄마와 잘 생긴 아빠를 닮아 너희들도 예쁘게 태어나 아름답게 자랄 것이다. 너희 아빠는 어렸을 적에 귀엽고 아주 잘 생겨서 마치 인형 같다는 말을 자주 들었단다.

할아버지는 너희들이 손자가 아니라 손녀라고 해서 더욱 기뻤단다. 누나나 누이동생도 없었고 딸도 없었던 할아버지의 간절한 소망이 이루어지는 것 같아서 흐뭇하기 이를 데 없었다.

앞으로 너희들에 대한 할아버지의 사랑하는 마음이 제대로 표현되지 못하고 방식이 서툴지라도, 비록 짝사랑이라 해도 끝까지 사랑할 것이다.

무엇보다 건강하고 무탈하게 그리고 밝게 자랐으면 좋겠다. 공부까지 잘 하면 금상첨화겠지만 그 보다는 책을 많이 읽어 내면이 충실하고, 넓고 멀리 볼 수 있는 안목을 갖추기를 바란다.

한 생명 자체가 축복인 데 너희들은 쌍둥이라서 그리고 계절의 여왕 5월에 태어나서 몇 갑절 축복이다.

영화 '님아 그 강을 건너지 마오'를 보고 나서

영화를 별로 안 보는 내가 아내에게 영화를 보러가자고 먼저 제안을 했다. 신문과 주간지에 실린 그 영화에 대한 평을 보고 나서다.

'달지 않은 무덤덤한 사랑의 맛'이라든지 '첫사랑보다 깊은 끝 사랑, 모두를 울리다'라는 제목 하에 30-40대의 예매 율이 70%나 차지하고 16일 만에 관객 50만 명을 넘겨 '워낭 소리'보다 더 빠르게 관객이 늘고 있다는데 가만히 있을 수가 없었다.

강원도 횡성군 산골 마을에 살고 있는 98세의 조병만 할아버지와 89세의 강계열 할머니가 1년 동안 알콩 달콩 살았던 일상의 기록이다.

할머니가 개울가에 주저앉아 건너편에 있는 할아버지 무덤을 바라보면서 우는 장면으로 영화가 시작되어 역시 무덤가에서 옷가지를 태우며 독백을 하고 슬퍼하는 장면으로 끝을 맺는다.

그러나 이 영화가 죽음을 얘기하려는 것은 아니다. 오히려 살아생전에 애틋했던 사랑을 돋보이게 하기 위함이란 생각이 든다.

여름에는 서로 물을 끼얹으며 천진난만하게 장난을 친다. 가을에는 낙엽을 쓸다가 낙엽을 끼얹고 겨울에는 눈싸움도 하고 사람 닮지 않은 눈사람을 만들어 놓고는 좋아라한다. 순수함이 묻어 있다.

징검다리 건널 때 서로 잡아주는 손끝이나 서로 손잡고 자는 그 모습에서 사랑을 읽어낼 수가 있다.

죽으면 꾀꼬리가 되고 싶다며 영감은 무슨 새가 되고 싶냐 고 묻는 할머니의 모습, 가파른 산비탈에 올라가 진달래꽃을 따는 노부부의 모습, 삭정이를 지게에 짊어지고 산을 내려오는 할아버지와 뒤 따라 나무 하나를 끌고 내려오는 할머니의 모습 등에서 다정스러움을 엿볼 수 있다.

야유회 갈 때 버스 안에서 노부부가 머리띠 매고 노래에 맞추어 흔들어 대는 몸짓이 날렵하기도 하거니와 만족스러운 미소가 얼굴을 떠날 줄을 모른다.

76년간의 결혼 생활에 어찌 좋은 일만 있었겠는가?

12남매를 낳아 6명을 가슴에 묻었으니 오죽이나 쓰리고 아팠겠는가!

너나없이 어려웠던 시절, 추운 겨울에도 내복하나 제대로 사서 입히지 못한 것이 한이 된 할머니는 내복 6벌을 사서 임종을 앞둔 할아버지에게 '저 세상에 가시면 이 내복을 그 애들에게 꼭 입히셔야 해요'라고 당부하는 장면에서 눈시울이 뜨거워진다.

할머니 생일날 자식들이 모여 생신 상을 차려놓고 '생일 축하 합니다…'라는 노래를 불렀던 그 장소에서 '큰아들 노릇을 제대로 못하고 있다'느니 하면서 남매간에 언성 높여 싸우고 하마터면 육탄전까지 벌어질 뻔한 장면을 바라본 노부부의 심정이 어땠을까.

심영섭 영화 평론가는 '사랑 자체의 위대함을 절절한 방식으로 드러내는 영화'라고 했고, 영화를 만든 진모영 감독은 '젊은 관객들은 할아버지와 할머니의 사랑을 동화적 판타지로 받아들이는 듯하다'고 했다.

불꽃같은 첫사랑이 아니라 다 꺼져가는 화롯불 같은 사랑이지만 그래서 오히려 은근하고 더 당기고 싶은 사랑이 녹아있다.

추운 세밑을 훈훈하게 덥혀줄, 그리고 여러 가지 신기록을 남길만한 한편의 다큐 영화다. 오랫동안 여운이 남을 거 같다.

페달을 밟으며 느끼는 행복

지금 살고 있는 아파트단지는 뒤에 야산(옥녀봉)이 있고, 단지를 조금 벗어나면 갑천이 흘러 배산임수의 장소라 할 수 있다. 그것들이 내게는 보물 산이요, 보물 천(川)이다.

살고 있는 아파트 앞에 같이 붙어있는 다른 아파트단지이지만 '전국 살기 좋은 아파트 대통령 상'을 받았으니 우리 아파트도 그와 다를 바 없다고 생각한다.

갑천을 따라 갑천 변에 자전거도로가 잘 만들어져 있다. 하류 쪽으로 내려가면 대청댐까지 갈 수 있고 상류 쪽으로 향하면 장태산까지 이른다.

'4대강 정비사업'의 일환으로 곳곳마다 강과 하천 줄기를 따라 자전거도로를 만들어 놓은 것은 참 잘 한일이다. 뭇사람들에게 육체적 정신적 건강에 도움을 주고 있음을 부인할 수 없다.

오늘도 집을 나서서 갑천 상류 쪽으로 자전거 페달을 밟았다. 춥지도 덥지도 않은 날씨에 구름 한 점 없이 화창하다. 산은 초록색으로 짙어지고 천변에는 각종 야생화가 지천으로 널려 있다. '5월은 계절의 여왕'이라는 말이 실감난다.

아카시아 꽃과 이팝나무 꽃은 이미 절정을 지나 시들어 가고 대신에 노랗거나 자주색의 붓꽃이 도랑에서 얼굴을 내미는가 하면 천변 둑길 양편으로 애기똥풀이 널려 있다. 많기도 하거니와 노란 색깔의 꽃이라 눈에 잘 뜨인다.

출산율 저하로 나라의 앞날이 우려되는 처지라 저 수많은 애기똥풀처럼 아기들이 듬뿍듬뿍 태어났으면 하는 바람을 해 본다.

꽃은 보이지 않아도 멀리서 이미 향기로 알아낼 수 있는 꽃이 있다. 바로 찔레꽃이다. 향기가 코를 찌른다. 가장 향기가 짙은 꽃이 찔레꽃이 아닐까 하는 생각을 해 본다.

열심히 페달을 밟으며 백난아가 부른 '찔레꽃'이란 노래를 읊조려본다. '찔레꽃 붉게 피는 남쪽나라 내 고향, 언덕위에 초가삼간 그립습니다…'

길옆의 밭에는 여러 작물들이 키 크기 경쟁을 하고 있다. 마늘은 이미 다 자란 듯 하고 감자 꽃도 벌써 폈다. 자주 꽃이 핀 것으로 보아 자주 감자임에 틀림없다.

괴곡동을 지나 구봉산 아래 노루벌로 접어들었다. 지명이 아주 정겹다. 주말이면 텐트로 가득 차는 곳이다. 각양각색의 텐트 중에 눈길을 끄는 것이 하나 있다. 마치 원두막처럼 되어 있어 사다리를 타고 올라가게 되어 있다. 그것을 보자 옛날 고향에서의 원두막이 생각난다.

너나없이 어렵던 어린 시절, 셋째 댁 원두막에 가면 셋째 큰어머니가 시장에 내다 팔아야 할 참외를 먹으라고 내어주시는데 그렇게 맛있을 수가 없었다. 그 맛을 지금은 도저히 느낄 수 없다. 그 맛도 가고 셋째 큰어머니도 어머니도 이미 모두 저세상으로 떠나셨으니…

녹음 짙은 산에서는 여러 종류의 새소리가 청아하게 들린다. 그 중에 뻐꾸기 소리가 가장 크지만 아름답다고 할 수는 없고 오히려 청승맞다. 남의 작은 새둥지에 몰래 알을 낳는 얌체 같은 못된 새라는 선입견 때문일까?

어쨌든 뻐꾸기 우는 소리가 들리면 곧 모내기철이 온다는 것을 어려서부터 안다. 모내기 하는 일꾼들의 점심밥을 어머니와 아주머니들이 머리에 이고 오는 광경이 눈에, 그리고 뻐꾸기 소리가 귀에 동시에 깊이 각인이 되어 있기 때문이다.

마침 텐트촌 맞은편에 있는 논에서 써레질을 하고 있다. 물론 소 대신 기계로 한다. 변한 게 그것뿐이겠는가!

우리 어려선 무논에서 우렁이를 꽤나 잡곤 했었는데 지금은 식당에서나 그것도 양식 우렁이를 볼 수 있으니….

개구리 울음 소리에 생각이 다시 옛날 고향마을로 돌아간다.

동네 한가운데 있는 논에서는 모내기가 끝난 여름밤이면 시끄러울 정도로 개구리들이 울어댔다. 당시에는 시끄럽다고만 생각했었는데 시간이 지나고 나니 그 또한 그립다. 특히 비오는 밤이면 더 크고 절절하게 울려 퍼졌던 울음이 자연의 교향곡이었음을 예전엔 미처 몰랐었다.

추수가 끝난 마른 논은 우리들의 운동장이었다. 자치기도 하고 새끼줄로 공을 만들어 차기도 하였다. 동네에서 돼지를 잡는 날이면 우리들이 횡재하는 날이다. 바로 돼지 오줌보 때문이다. 돼지오줌보를 축구공 대신으로 차고 놀았다.

겨울에 무논이 얼면 썰매도 타고 팽이치기도 하고 지금은 볼 수 없는 외발 스케이트도 탔다. 당시엔 돈이 없어 언감생심 스케이트를 살 수는 없었고 각자 한 짝의 스케이트를 만들어 외발 타기를 하는 것이 일반적이었다. 한참을 구르다가 외발로 서서 누가 멀리가나 경쟁도 하고…

아! 옛날이여!

지금은 시골에 가도 그런 광경을 전혀 볼 수도 없고 동네도 변했다.

고향 같지 않은 고향이 되고 말았다.

'나의 살던 고향은 꽃피는 산골 복숭아꽃 살구꽃 아기 진달래…' 이 노래는 어렸을 때의 고향에 어울리는 노래지 지금은 가보면 전혀 아니다.

천변엔 낚시하는 강태공들이 간간이 보이고 상류 쪽으로 올라가자 다슬기 잡는 아낙네들이 나타난다. 물 한가운데 서있는 백로 두 마리가 졸고 있는지 한참을 미동도 하지 않는다. 올라갈수록 물도 맑고 얕은 곳을 흐르는 물의 여울 소리도 들린다.

무엇에 놀라 갑자기 울어대며 날아가는 꿩이 한가롭던 풍경화를 깨우고 있다.

목적지인 증촌 꽃마을로 들어섰다. 전에도 몇 번 와보았지만 여느 마을과 크게 다르지 않다. 월등하게 꽃이 많은 것도 아니다. 영산홍을 비롯해서 많은 꽃들이 이미 졌고 지금은 불두화가 한창이다.

불두화를 보자 옛날 우리 집 정원이 생각난다.

삼태기처럼 산으로 둘러싸인 아늑한 동네, 동네 첫머리와 맨 끝에 마을의 수호신이라 할 수 있는 오래된 느티나무가 몇 그루씩 있었다. 위 쪽에 있는 느티나무와 제일 가까이 있었던 집이 바로 우리 집이었다. 그네를 매어 타고 놀던 그 느티나무는 지금 없어져 허전함이야 이루 말할 수 없다.

태어나서 고등학생 때까지 살던 그 집에 제법 큰 정원이 있었고, 그 정원의 상징처럼 서있었던 꽃이 불두화다. 꽃이 크고 풍성하기 때문에 등치로 보아 대적할만한 꽃이 없었다.

술만 많이 드시던 아버지가 그토록 꽃을 사랑하고 시골에선 보기 드문 그럴듯한 정원을 꾸몄다는 것이 어찌 보면 신기하기도 하다. 정원을 꾸미게 된 동기나 과정을 여쭈어 보지 못한 것이 못내 아쉽다.

증촌 꽃마을을 뒤로하고, 왔던 길을 되짚어 페달을 밟아본다. 바쁠 것이 없으니 서두를 필요도 없다. 흘러내리는 냇물처럼 천천히 페달을 밟는다.

따사로운 햇빛이 밭일을 하는 농부의 손등에도, 농가 마당에 함박 피어난 모란꽃 위에도 부드럽게 내려 쪼이고 있다. 불어오는 바람 또한 부드럽다.

한 무리의 어린이들이 자전거를 타고 오면서 왁자지껄 웃음꽃이 피었다.

이렇게 계절의 여왕 5월의 하루가 흘러간다. 짙은 찔레꽃 향기에 취할 것만 같다. 뭐니 뭐니 해도 가장 호사하는 것은 눈이 아닐까 하는 생각을 해본다.

〈문학사랑 2015년 가을호〉

쌍둥이 손녀딸

'청춘! 이는 듣기만하여도 가슴이 설레는 말이다. 청춘! 너의 두 손을 가슴에 대고 물방아 같은 심장의 고동을 들어 보라….'

이는 민태원의 수필 '청춘 예찬'에 나오는 앞머리 부분이다. 고등학교 시절 국어 시간에 감명 깊게 배웠던 글이라 앞부분이 어렴풋이 생각난다.

청춘시절을 훨씬 뛰어 넘은, 칠십을 바라보는 이 나이에 가슴 설레는 일이 어디 있겠는가! 아니다. 있다.

내게 16개월 된, 서로 닮은 쌍둥이 손녀딸들이 있다.

위의 문장에서 '청춘' 대신 '쌍둥이 손녀딸'을 집어넣으면 딱 들어맞는다. '쌍둥이 손녀딸! 이는 듣기만 하여도 가슴이 설레는 말이다.'

손녀딸들이 하는 짓마다 귀엽다. 아직 말은 못하지만 일부분 알아듣기는 하는 것 같다. '지연이 어디 있어?'하고 물으면 손가락으로 자기 자신을 가리키며 방긋 웃는다. 동생 승연이, 아빠, 엄마, 할아버지, 할머니 모두 정확하게 맞춘다. 동생인 승연이도 마찬가지다.

내게는 누나나 누이동생이 없었고 딸마저 없어서, 가진 자들이 얼마나 부러웠었는지 모른다. 그 소원을 풀어준 며느리가 특히 고맙고 사랑스럽다.

옛날엔 쌍둥이가 드물었고 주변에서 보는 눈도 그리 곱지 않았었다. 하지만 지금은 흔히 볼 수 있고, 방송 프로그램에 어린 쌍둥이 삼둥이들이 나와 활약하면서 뭇사람들의 사랑을 받고, 그 바람에 쌍둥이에 대한 이미지도 상당히 좋아졌다. 오히려 쌍둥이를 부러워하고 특히 딸 쌍둥이 갖기를 간절히 원하는 사람들이 많이 늘어났다.

쌍둥이라 산술적으로 기쁨이 두 배가 되는 게 아니라 상승 작용으로 3 배도되고 4 배도된다.

TV에 나오는 다른 프로그램들은 별 관심을 안 갖는데 아이들이 보는 '뽀로로'는 어떻게 아는 지 몰입해서 본다. 둘이 소파에 앉아서 얌전히 보다가 때로는 양팔을 굽히고 검지(손가락)만 펴서 위로 향하게 하여 몸을 좌우로 흔들며 리듬을 탄다. 그러다가 양팔을 수평으로 들고 너울너울 춤을 추는 모습이 16개월짜리가 맞나 싶을 때가 있다. 그것도 쌍으로 하니 바라보는 내 눈이 호사를 한다.

밖으로 나가자고 자기 신발과 아빠 신발을 들고 오기도 한다. 걸을 수 있기 때문에 유모차 타는 건 싫어한다. 아직 뒤뚱거리는 걸음으로 이리 왔다 저리 갔다 하다가 넘어지기도 하고 넘어진 김에 땅바닥을 기면 나머지 한 놈도 덩달아 기어간다.

방에 들어오면 전등불을 켰다 껐다 하면서 한없이 깔깔대고 웃기도 하고 안마 의자에 앉아 스위치를 켜고 천연덕스럽게 앉아 즐기고 있는 모습에 절로 웃음이 나온다.

또 '지연이 승연이 없네!' 하면 손바닥으로 눈을 가리고, 손을 뗀 뒤 '여기 있네!' 하면 까르르 웃는다. 이래저래 웃을 수밖에 없다.

동생인 승연이는 태어나서 인큐베이터에 들어갔었고 지연이는 아파서 한동안 입원도 했었고, 지금도 잠투정을 하며 밥 먹을 때 애를 먹이는 등 어려움이 많지만 말을 할 때쯤이면 모든 것이 좋아지리라 믿고 있다.

이만큼 건강하게 자라서 걸어 다닌다는 것이 대견스럽다. 지금도 하는 짓들이 한없이 귀엽기만 한데, 말을 하기 시작하면서 아양이라도 떨면 이 할아비 가슴은 녹아내릴 지도 모르겠다.

초등학생들도 대부분 가지고 다닌다는 핸드폰이 이제껏 내게는 없었다. 쌍둥이 손녀딸들을 자주 볼 수가 없어서, 그들의 사진과 동영상을 보기 위해 금년에 스마트폰을 구입해서 하루에도 몇 번씩 열어보는 낙이 쏠쏠하다.

'보고 있어도 보고 싶은' 이라는 유행가가 있었다. 손녀딸들을 향한 이 마음을 대변해 주는 듯하다.

앞으로 기꺼이 손녀딸 바보가 되련다.

〈한밭수필 2016년 제8호〉

칠십으로 넘어서는 문턱에 서서

이제 정월 대보름도 지났으니 칠십 세가 1년도 안 남았다. 칠십을 바라보는 문턱에 서서 앞날을 한 번 생각해 본다.

'人生 七十 古來稀' 라는 옛말이 있다. 지금이야 수명이 늘어서 100세를 논하는 시대이지만 칠십을 누리지 못하고 죽는 이도 꽤나 있다.

최근 가장 유행하는 노래로 이애란이 부른 '백세 인생'이 있는데 가사가 재미있어서 1절을 전부 적어 본다.

백세 인생

육십 세에 저 세상에서 날 데리러 오거든
아직은 젊어서 못 간다고 전해라.
칠십 세에 저 세상에서 날 데리러 오거든
할 일이 아직 남아 못 간다고 전해라.
팔십 세에 저 세상에서 날 데리러 오거든
아직은 쓸 만해서 못 간다고 전해라.
구십 세에 저 세상에서 날 데리러 오거든
알아서 갈 테니 재촉 말라 전해라.
백세에 저 세상에서 날 데리러 오거든
좋은 날 좋은 시에 간다고 전해라.
아리랑 아리랑 아라리오. 아리랑 고개를 또 넘어간다.

오래 살고 싶어 하는 인간의 욕망에 살랑살랑 부채질 하는 가사와 가락, 그리고 '출근 못 한다고 전해라' '시집 못 간다고 전해라' '다이어트 못 하겠다고 전해라' 등등 패러디하기 좋기 때문에 인기가 폭발하는 거 같다.

백세를 산다 한들 병들어 누워서 자리보전하면 아무 의미가 없다. 따라서 정답은 '9988234'다. 99세 까지 팔팔하게 살다가 2~3일 앓고 저 세상에서 부르러 오거든 못 간다고 핑계 댈 거 없이 기꺼이 따라나서면 되는 것이다.

사람들이 요즈음 웰빙(well being)에 관심이 많다. 그와 더불어 생각해야 될 것이 웰다잉(well dying)이다. 특히나 나이가 들수록 어떻게 살면 죽을 때 후회하지 않을까, 아니 어찌 후회가 없을 수 있겠는가, 덜 후회할 수 있는 방법을 찾아야 한다.

지나치게 욕심낼 것도 없고 욕심낸다고 될 때도 아니다. 이만큼 살아온 것을, 지금 가지고 있는 것 만큼만으로도 고맙게 생각하는 조금은 달관하는 자세가 필요하지 않을까?

죽기 전에 하고 싶은 것을 마음껏 하기 위해선 건강이 뒷받침 돼야 한다. 돈도 안 들며 가장 좋은 방법이 걷기 같다. 산길이면 더욱 좋다. 높은 산일 필요도 없고 동네 뒷산일지라도 소나무 길을 걸으면서 솔 내음을 맡고, 바람에 참나무 이파리들이 부딪는 소리, 산비둘기와 뻐꾸기의 울음소리, 인적에 소스라치게 놀라 푸드득 날아올라 도망가면서 목청껏 내지르는 장끼의 울음소리, 재수가 좋은 날은 꾀꼬리 우는 소리도 들을 수 있으니 말이다.

봄철에 산에 오르면 진달래꽃, 개나리꽃 그리고 벚꽃 등이 아양을 떠는 모습을 보게 된다. 너무 황홀해서 할 말을 잃게 된다.

어릴 때 소풍날을 기다리던 부푼 가슴처럼 겨울의 끝자락 쯤 되면 벌써 마음이 설렌다.

이 모든 것이 자리보전하고 누워 있으면 끝이다. 그때는 살아 있어도 살아 있는 게 아니다. 그래서 두렵다.

마음 내킬 때 마다 아내와 같이 차를 몰고 나가 그때그때 가고 싶은 곳으로 기간을 정할 필요도 없이, 있고 싶은 만큼 보고 싶은 만큼 돌고 돌다가 '이제 됐다' 싶으면 돌아오고, 일상이 따분해지면 또 나가고 이 아니 좋은가!

내년에는 칠순 기념으로 제주도 올레길을 걷고 싶다. 쉬엄쉬엄 걸으며 바닷바람을 맞아보고 제주의 풍광을 만끽하고 싶다. 형편이 되는대로 걷는 것이다. 힘들면 하루 이틀 건너 뛸 수도 있고, 전 구간을 답사하면 좋겠지만 욕심 낼 필요도 없다. 몸이 따라주는 대로 몇 구간만이라도 좋다.

그렇게 그렇게 제주도에서 살아보는 것이다. 1주일이 될 지 1달이 될 지 아니면 수개월이 될 런지 그건 지금 알 수 없다.

글쎄다. 천상병 시인이 '귀천'에서 읊었듯이 하늘로 돌아가는 날, 아름다운 이 세상 소풍 끝내는 날, 가서 '아름다웠었다'라고 자신 있게 말할 수 있을 런지….

〈문학사랑 2016년 여름호〉

붙잡을 수 없는 봄

오늘 날씨가 맑고 아침에도 춥지 않아 참 좋다. 대전 지방 최고 기온이 27도(섭씨)까지 오른다니 이보다 좋을 순 없다. 이 좋은 날씨에 집에 처박혀 있다는 것이 어찌 보면 억울해서 일찍 집을 나섰다.

전부터 한 번 올라 가봐야지 하면서도 실행에 옮기지 못했던 구봉산으로 방향을 잡았다. '예비군 훈련장'이라는 팻말을 보면서 대전남부순환고속도로 밑의 통로를 지나 바로 오른쪽으로 꺾었다. 한참을 올라가니 산등성이가 나오고 이정표에 오른쪽으로 가면 봉곡동이고 왼쪽으로 가면 괴곡동이다. 우향우 해서 산등성이를 타고 전진하자 정자가 나온다. 구봉정이다.

구봉정에서 남쪽을 바라보니 대전시립묘지가 가까이 내려다보인다. 그 많은 묘지들, 한 때는 이 땅위에서 각자의 삶을 살다가 생을 마치고 땅속에 묻힌 이들의 무덤이다. 묘지 주인공들 중에 후회 없는 삶을 산 자들이 몇이나 될까? 생각이 여기에 미치자 지금 나의 이 삶이 얼마나 소중한 것인가 새삼 느끼게 된다.

구봉산 남쪽 끝으로는 갑천이 흐르고 그 갑천을 따라서 자전거 도로가 나있다. 필자가 수시로 자전거 드라이브 하는 그 길이 아스라이 보이고 이곳저곳 풍경이 눈에 익다. 노루벌에는 여전히 캠핑족들이 처놓은 텐트들이 한가롭게 보인다.

대전 산 둘레길 11구간에 해당하는 구봉산은 해발 264m 밖에 안 되는 높지 않은 산이지만 바위산으로 되어 있어 만만한 산은 아니다. 잘

못 한눈을 팔다간 부상을 당할 수 있겠다 싶어 조심하게 된다. 험한 곳은 나무판으로 다리를 놓거나 층계를 만들어 놓아 다니기 좋게 되어 있다.

이렇듯 전국 곳곳이, 제주도 올레길을 비롯해서 도시를 둘러싼 산 둘레길, 섬까지도 둘레길이 잘 만들어 져서 다니기 편하게 되어있다. 얼마나 좋은 세상인가!

옛날에는 다니기도 불편하고 다니는 사람도 많지 않았던 그 길들이 삶이 좋아져 레저로 찾는 이들이 많아지자 지방정부들이 앞 다퉈 멋지게 길을 꾸며 놓아 지금은 사람들로 문전성시를 이루고 있다. 대표적인 것이 충북 괴산의 산막이 길이다.

둘레길은 거의 다 경치 좋은 곳에 위치하고 있다. 평생을 다녀도 다 못 다닐 것이다. 만일에 하늘이 내게 천년을 빌려준다면(어느 노래 가사) 빠짐없이 둘레길 곳곳을 둘러보겠소!

봉곡동이 가까워지자 산이 더 낮아지고 북쪽 경사면에는 진달래꽃이 지천이다. 절정의 시기는 좀 지났지만 아직은 장관이다. 불타는 정열이 느껴진다.

때로는 떨어진 진달래꽃이 산길에 널려있기도 하다. 김소월이 읊은 대로 사랑하지만 떠나가는 임이 즈려밟고 가도록 누군가가 말없이 뿌려놓은 것은 아니겠지만 아무튼 애틋한 사랑이 느껴진다.

시내에 있는 벚꽃은 거의 시들었어도 산의 벚꽃은 아직 한창이다. 그리고 막 피어나는 활엽수들의 연두 빛 색깔의 이파리들은 어느 꽃 못지않게 아름답다. 하얀 산벚꽃과 어울려 한 폭의 그림을 만들어 낸다.

봄이 되면 어찌된 일인지 나이가 들수록 마음의 몸살을 앓게 된다.

가장 큰 이유는 꽃 때문이다. 꽃 소식이 들려오면 마음이 싱숭생숭해진다. 눈 속에서 핀다는 복수초의 소식까지는 잠잠하다가 광양 매화마을에 매화와 구례의 산수화가 피기 시작하면 걷잡을 수 없다.

잡티하나 없는 목련화의 고고한 아름다움, 그러나 꽃이 질 때의 그 추한 모습 때문에 그다지 정이 가지 않는다.

이제는 어디를 가나 흔히 볼 수 있는 것이 벚꽃이다. 학교, 길거리, 유원지 할 것 없이 널려있다. 이파리 없이 한꺼번에 피어올라 아름답기는 하나 유감스럽게도 피어 있는 시기가 너무 짧다. '어 어' 하다 보면 이미 꽃은 지고 만다. 부지런해야 볼 수 있는 꽃이다.

금년에는 운 좋게도, 동해안 따라 내려가자 해서 정동진에서부터 바다에 근접한 길로만 차를 몰고 가다가 삼척 아래 맹방에서 가로수로 만발한 벚꽃을 볼 수 있었고 더불어 유채꽃을(축제 기간) 덤으로 즐겼다.

벚꽃이 일본의 나라꽃이라고는 하지만 원산지는 제주도다. 따지고 보면 우리 꽃인 것이다.

산을 내려오자 산기슭에 흑싸리 꽃이 한창이다. 갑천변에도 제법 많아진 꽃이다. 하얗고 순수한 꽃, 하나하나는 별로이지만 군락을 이루고 있으면 탄성이 나온다. 절대로 하찮게 여길 꽃이 아니다.

길가엔 민들레꽃들이 봄 햇살을 받아 더욱 노래진 모습으로 길손의 눈길을 사로잡는다. 그 옆으로 벌통이 즐비하게 놓여 있고 벌통 속으로 분주하게 오고가는 벌들만이 정오의 정적을 깨고 있다.

바쁜 벌들에 화답하듯이 아래 논에서는 농부들이 무논에서 모판을 만들기에 한창이다.

이 모두가 봄의 모습이다. 그 봄이 너무 쉽게 가고 있다. 붙잡을 수 없는 그 봄이….

〈문학사랑 2017년 여름호〉

나의 살던 고향은

칠십 평생을 살았지만 대학을 다닌 이후로는 가끔가다가 고향을 찾았으니 고등학생 때까지 고향에서 살고 그 이후로는 지금까지 타향살이를 하고 있는 셈이다.

나의 살던 고향은 꽃피는 산골
복숭아꽃 살구꽃 아기 진달래
울긋불긋 꽃 대궐 차리인 동네
그 속에서 놀던 때가 그립습니다.

이원수 작사 홍난파 작곡의 '고향의 봄' 노래 가사다. 어쩌면 그리 잘 표현했는지 그 노래를 들으면 한없이 어릴 적 고향이 그리워진다. 전율이 일 정도다. 내 어릴 적 고향을 그대로 묘사해 놓았다.

그러나 지금 가보면 그다지 정겹지도 않고 동네도 많이 변했다. 한가운데 개구리가 울어대던 논에는 공장이 들어서고, 동네를 아늑하게 감싸고 있던 산의 한 쪽 부분을 뭉개고 들어선 물류센터 건물로 경관을 망쳤을 뿐만 아니라 설상가상으로 동네 바로 앞에는 고속도로가 지나가니 더 말해 무엇하랴!

초등학교(당시는 국민학교) 이전의 기억은 거의 없고 주로 초등학교 시절의 추억이 뇌리에 깊이 새겨져 있다.

초등학교 입학 후 얼마 안 되어 하교 길에 논에서 우렁이를 잔뜩 잡아가지고 집에 와 칭찬은커녕 오히려 어머니에게 꾸중을 들은 기억이 난다.(아마 옷 버렸다고 그랬을 것이다.) 당시엔 논에 우렁이가 지천으로 널려 있었다. 메뚜기도 마찬가지다. 벼 이삭이나 배추 잎에 붙어 있는 메뚜기를 잡아서 강아지풀에 꿰기도 하고 빈 병에 가득 담아 오기도 하였다. 지금은 없다. 그만큼 농약이나 화학비료로 논밭이 오염됐다는 얘기다.

비가 온 뒤에는 도랑에 가서 미꾸라지를 한 깡통씩 잡아 오기도 하고 맑은 날에는 체(가루를 치는 기구)에 긴 막대로 손잡이를 만들어 꽂고 그 안에 된장 한 덩어리를 얹은 뒤 샘에 넣어 달려드는 물고기와 방개 등을 잡아 올리곤 했다. 그 뿐인가, 개구리를 잡아 즉석에서 뒷다리만 쏙 빼가지고(지금 생각하니 너무 잔인 했다) 구워먹으면 닭고기처럼 감칠맛이 났다.

초등학교 가는 길은 2-3km 정도 될 듯싶은데 당시엔 멀게 느껴졌다. 그야말로 산 넘고 물 건너서 가는 학교다. 하교 때는 동네 친구들이 한데 어울려 놀며 놀며 집에 왔다.

봄에는 버들피리를 만들어 불면서 논두렁의 삐삐(?)를 뽑아 먹기도 하고 아카시아꽃이 필 무렵엔 그 꽃을 따 먹기도 하였다.

여름에는 샘이나 개울에서 옷을 홀딱 벗은 채 미역을 감곤 했다. 그때 배운 개구리헤엄이 지금 필자의 수영 실력 전부다. 동네 앞 냇가에는 물고기도 많았다. 맨손 또는 그물로 잡기도 하지만 때로는 어떤 풀(이름을 알 수 없음)을 납작한 돌 위에 얹어 빻은 뒤 냇물에 풀면 작은 물고기들이 배를 들어낸 채 떠오르고 뱀장어나 메기 등 큰 것은 비실비실 대기 때문에 손쉽게 잡을 수 있었다.

참외나 수박 서리도 빼놓을 수 없는 추억의 한 단면이고 보리나 밀이 익어갈 때에는 밭 귀퉁이에서 그것을 몰래 구워먹다가 들키기도 하였다.

겨울에 개울이 꽁꽁 얼어붙으면 얼음판 위를 걸어서 학교에 갔다. 책과 도시락은 보자기에 둘둘 말아서 한 쪽은 어깨 너머로 다른 한 쪽은 허리춤에 오게 묶으면 아무리 달려도 끄떡없다. 학교에 도착하여 2-3시간 지나면 조개탄 난로 위에 도시락이 슬슬 올라오기 시작한다. 맨 밑에 있는 것은 잘못하면 밥이 타기 때문에 신경 써서 순서를 바꿀 필요가 있었다.

학교 가는 길 중간쯤에 허름한 집 한 채가 있었다. 문둥이(나병환자)가 산다고 해서 옆으로 지나가기를 꺼려했던 집이다. 산에 진달래 꽃을 꺾으러 가면 문둥이가 어린이를 잡아서 간을 빼 먹는다는 둥 하는 소문이 당시에 돌기도 하였다.

우리 동네에 느티나무가 많이 있었다. 수령이 수백 년씩 된 것들이다. 단오 무렵이면 그 느티나무에 어른들이 그네를 매놓아 우리들은 그것을 타며 놀기도 하였다. 그 중 몇 그루는 현재 없어졌다.

그밖에 우리가 어렸을 때 실제로 하고 놀았던 놀이들이 상당히 있다. 예를 들자면 구슬치기, 딱지치기, 비석치기, 굴렁쇠 굴리기, 마당따먹기, 자치기, 제기차기, 팽이치기, 연날리기 등등, 지금은 필자의 고향뿐 만 아니라 어느 시골을 가도 보기 힘들다. 하기야 그런 놀이를 할 만한 아이들조차 없는 것이 현재 농촌의 실상이다.

우리의 어린 시절이 1950년대이니까 6.25전쟁이 막 끝난 뒤라 모두 살기 어렵고 어수선 했던 시기이다. 고향 마을 뒷산을 타고 가다 보면 '진째'라고 하는 정상이 있는 데 그곳에 미군이 주둔하고 있었다. 그 아래 산골짜기는 총이나 대포를 쏘는 사격장이어서 미군 부대가 철수하고 난 뒤에는 우리들이 그곳에 가서 파편 조각인 철이나 놋쇠 등을 수거해서 엿으로 바꿔 먹기도 하고 팔아서 용돈을 마련하기도 하였다.

그 때 그 시절 축구공 살 돈이 없어서 돼지 오줌보를 차며 즐겁게 놀기도 하고 때로는 싸우기도 하였던 친구들이 뿔뿔이 흩어져 소식조차 모르는 친구도 있고 또는 저 세상으로 먼저 떠나서 고향에 남아있는 친구는 한 명도 없다.

고향 같지 않은 고향일지라도 내가 죽어 묻힐 곳이 그곳이기에 '고향의 봄'을 불러보며 애써 옛날의 그 고향이려니 생각해 본다.

〈한밭수필 2017년 제9호〉

내리막길이 중요하다

산악인 엄홍길 씨의 강연을 들었다. 강연 제목이 '산도 인생도 내려가는 것이 중요하다.'로 마음에 와 닿아서 끝까지 경청했다.

히말라야 산맥 8천m 이상의 산을, 최고봉인 에베레스트 산(8848m)을 비롯하여 16좌나 등정에 성공한 그 방면에 내로라하는 산악인이지만 얼마나 많은 시련과 좌절이 있었겠는가!

때로는 동료 대원들과 현지 셰르파가 목숨을 잃기도 했고 본인도 동상에 걸려 발가락을 자르기도 하였으며 죽을 고비를 여러 번 맞이하였다. 안나푸르나(8091m)를 등정할 때 미끄러져 한쪽 다리뼈가 부러져 180도로 돌아가는 사고를 당한 뒤 다른 한쪽 다리로 2박 3일간 질질 끌며 하산한 적도 있다. 살아서 돌아온 것이 기적이라고 의사가 말하고는 다시는 산에 갈 수 없다고 단정했으나 시간이 흘러 재차 도전해서 4전 5기로 안나푸르나 등정에 성공했다. 4번 실패하고 포기했다면 영원히 성공 못했을 것이다. 불굴의 의지를 갖고 도전했기에 성공했다. 희망의 끈을 놓지 않으면 보이지 않는 것도 보인다고 그는 말했다.

16좌 등정 성공 뒤에는 18번의 실패가 있었다. 그 실패가 밑거름이 돼서 성공을 이뤄낸 것이다. 목숨까지 건 도전이었다. 요즈음 나약한 젊은이들에게 귀감이 될 만하다.

'산 중의 산은 하산'이라며, 하산할 때 긴장도 풀어지고 해서 사고가 많이 난다고 경각심을 일깨웠다. 깊이 새겨둘만한 이야기다.

인생에 비유를 해보자면 100살까지 사는 세상이니까 50살이면 내려갈 준비를 해야 한다. 70살이면 정상에서 한참 내려온 자리다. 이미 지나온 정상을 자꾸 처다 봐 무엇 하겠는가.

남은 구간을 어떻게 하산할 것인가? 병들어 누우면 안 된다. 규칙적인 생활과 잘 먹고 잘 자고 끊임없는 운동으로 건강관리를 해야 한다. 또 치매에 걸리지 않도록 두뇌활동을 해야 한다. 독서를 한다든지 외국어 공부를 한다든지 악기를 배운다든지 하는 활동이 이에 해당된다고 본다.

더 움켜쥐려고 스트레스 받을 필요도 없다. 과욕은 금물이다. 노욕을 부려선 안 된다.

여유가 된다면 봉사 활동을 하는 것도 정신 건강에 많은 도움이 될 것이다. 엄홍길 씨도 이제는 높은 산을 타는 대신 휴먼재단을 설립해서 네팔의 산간벽지에 학교를 지어 기부하고 있다. 꿈과 희망도 없이 가난에 허덕이는 네팔 어린이들을 보고 그들에게 가장 필요한 것이 학교이겠다 싶어 학교를 지어주기 시작했고, 16개 학교를 목표로 지금까지 12개 학교를 지어주었다. 해발 4천m도 넘는 곳에 학교를 세우기도 했단다. 16개 학교를 목표로 했지만 요구가 너무 많이 들어와 거기에서 멈추기는 어려울 듯싶다고 했다.

이제 그는 인생의 하산 길에 민간외교 사절로 국위도 선양하며 좋은 일을 하고 있는 것이다.

대전 현충원

현충일을 맞아 자전거를 타고 대전 현충원으로 향했다. 자동차는 꼬리에 꼬리를 물고 있고 정문 근처에는 팔려고 내놓은 조화들이 즐비하다.

호국 장비 전시장에는 비행기, 전차 등이 전시되어 있는데 6.25전쟁 때 실전에서 사용했던 것도 있다. 어린이들을 데리고 나온 부모들이 그 앞에서 사진을 찍어주느라 분주하다.

사병 묘역, 장교 묘역, 장군 묘역, 경찰관 묘역, 애국지사 묘역 뿐 만 아니라 국가원수 묘역도 있다. 국가원수 묘역에는 유일하게 최규하 전 대통령 내외만 묻혔다. 힘이 없었던 대통령이라서 일까, 그 뒤에 세상을 떠난 김대중, 김영삼 전 대통령 묘는 서울 동작동에 있으니 말이다.

죽은 뒤에도 군 계급에 따라 묻혀야만 되는 것인가?

베트남 전쟁 당시 초대 주월남 한국군 사령관을 지낸 채명신 장군만이 유언에 따라 장군 묘역이 아니라 사병 묘역(동작동)에 사병들과 같이 안치되었다. 그런 분이 참 지도자고 후배들이 본받아야 마땅하다.

현충원 경내의 스피커에서는 노래 '비목'이 은은하게 흘러나온다.

초연이 쓸고 간 깊은 계곡 깊은 계곡 양지 녘에
비바람 긴 세월로 이름 모를 이름 모를 비목이여…

이 노래를 들을 때는 언제나 애달프고 외롭고 비통함이 느껴진다. 우리 집 작은 놈이 평화의 댐 근처에서 군 생활을 할 때 면회 간 적이 있어서 그 때 바로 옆에 있는 비목 공원을 들른 적이 있다. 그래서 일까, 아주 애착이 가는 노래이다.

전에 현충원을 몇 번 갔어도 그냥 무심히 지나쳤는데 오늘은 마침 현충일이고 해서 꼭 천안함 46용사들의 묘를 찾기로 했다. 교통정리를 하고 있는 몇몇 경찰들에게 위치를 물어도 모른단다. 안내소를 찾아 설명을 듣고 안내도 한 장을 받아 겨우 해결하였다.

46용사 묘 앞에서 묵념을 올리고 당시의 사건을 회상해 본다. 누가 보아도 북한의 소행임이 틀림없는, 외국의 전문가까지 초빙해서 조사했건만 친북 좌파들은 바위와 부딪혔다는 둥, 미국 잠수함과 충돌했다는 둥 궤변만 늘어놓으면서 북한을 감싸기만 하였다. 희생자들과 아무 관련이 없는 필자도 분통이 터졌었는데 가족들의 심정은 오죽했었겠는가!

이제 그 세력들이 최순실 덕택에 정권을 잡았다. 지금이야 정권 초기라 별 탈 없지만 앞으로 이 나라가 어떻게 되어갈 지 심히 걱정되는 바다.

연평도 포격전(2002년) 전사자 묘역까지 들러서 내려오는 길에 각각의 묘역을 보자니 묘비들이 한 치의 오차도 없이 대오가 잘 정리 되어 있다. 마치 사열을 받고 있는 장병들 모습 같다. 죽어서도 국가를 위해 흐트러짐 없이 경계를 하고 있는 것만 같아 가슴이 뭉클하다.

출출하던 참에 마침 길가 텐트에서 참배객들에게 무료로 국수를 나눠주고 있어(구암사에서 주관) 한 그릇 뚝딱 해치웠다. 특별히 오늘만이 아니라 상시로 운영하고 있다니 복 받을 일이다.

대전 현충원은 참배만 하러 오는 곳은 아니다. 둘레길을 만들어 놓아 대전 시민들이 많이 찾아오기도 한다. 산길을 걸으며 신선한 공기도 마시고 호국 선열들의 숨결도 느껴 볼 수 있는 그런 장소다.

*** 마침 뉴스에서 이제 장교와 사병을 구분 안하고 안장한다는 소식이 들린다. 환영할 일이다.**

황금 연못

남과 같이 어울리는 것을 그다지 좋아하지 않아 밖에 나갈 일이 드물고 거의 혼자 집에 있게 된다. 자전거 탈 때, 산에 갈 때, 운동할 때와 시내에 특별히 볼일이 없는 한 집에 있게 되니까 자연히 TV와 친구가 될 수밖에 없다. 다행이 TV를 보는 것이 따분하지가 않고 재미가 있다. 바보상자라고 하는 사람도 있지만 유익한 정보도 꽤나 많다.

NHK(일본방송), CCTV(중국방송), 아리랑 같은 영어 방송까지 넘나들기 때문에 지루할 틈이 없다. 다 알아들어서가 아니라 외국어 습득 목적으로 시청하고 있다. 하지만 가끔 쏠쏠한 재미를 맛볼 때도 있다.

국내 방송에선 드라마는 보지 않고 뉴스도 거의 보지 않는다. 정치인들이 하는 꼬락서니들을 보고 있자면 울화통이 터져 아예 안보고 후반부 스포츠 뉴스가 나올 때쯤 해서 채널을 돌린다.

즐겨보는 프로는 '우리말 겨루기' '세상에 이런 일이' '동물의 왕국' '황금 연못' 등이다.

시니어 토크인 '황금 연못'에는 50명의 패널들이 참석하는데 대개 60-70대이기 때문에 같은 시대를 살아온 사람으로서 공감대가 형성되어 있어서 마치 '내 이야기를 하고 있고나'라고 생각될 때가 많다. 그리고 어찌나 구수하게 말들을 잘 하는 지… (그래서 뽑혔겠지만)

오늘의 주제는 '앗! 나의 실수'다. 어느 출연자가 전철 안에서 여자아이를 보고 '통통하고 참 예쁘게 생겼다'고 칭찬을 했더니 동행한 엄마가 가재미눈을 뜨고 째려보더라는 것이다. 그때서야 말실수를 했다는 것을 깨달았단다. 지금은 애나 어른이나 뚱뚱하다고 말하면 그게 욕이다. 다이어트 열풍이 부는 시대인데….

더 멀리 갈 것도 없이 1950~60년대까지만 해도 너도나도 먹고 살기 힘든 때라(바로 우리들의 어린 시절), 살찌고 싶어도 먹을 것이 없어 그게 힘들었던 시대다. 살이 두툼하게 있어야, 있어 보이고 남자는 풍채가 좋다고 칭찬을 받았고 여자는 미인 소리를 들었다. 지금의 미인은 그 당시의 기준으로는 결코 미인이 아니었다.

또 어느 여자 출연자는 난생 처음 댄스홀에 갔다가 경찰에게 급습을 당해 모두 끌려가는 바람에 덩달아 파출소에서 3일간 유치장 신세를 졌다고 했다. 나온 뒤에도 '춤바람 난 여자'라고 동네에 소문이 쫙 퍼져 머리를 못 들고 다녔다고 한다.

국악인인 남상일 씨는 공연차 외국에 나가 호텔에 묵었을 때 무언가를 시켜 먹고 빈 그릇을 내놓는다고 팬츠만 입은 채 문을 빠끔히 열고 발 하나만 내밀고 그릇을 옆으로 미는데 그게 잘 안되자 얼른 나와서 빈 그릇을 치우는 순간 바람에 문이 닫혀버려 안으로 들어갈 수가 없어서 국제적인 망신을 당한 적이 있다고 털어놓았다. 이렇듯 실수가 잠시 동안의 해프닝으로 끝날 수도 있지만 치명타가 될 수도 있다.

또 한 명의 출연자는 집안에서 남편이 쓰러지자, 분초를 다투어야 하는 심근경색 환자인데 그것을 모르고 바늘로 손가락 끝을 따는 등 시간을 지체한 뒤, 늦게야 응급실로 이송해서 결국 다음날 세상을 뜨고 말았다는 안타까운, 평생의 회한이 될 실수담을 꺼내놓았다.

우리들은 이러한 실수담을 통해서 그것을 타산지석으로 삼아 그런 일이 일어나지 않도록 경계할 필요가 있다. 무지와 한 순간의 방심, 그리고 실수가 엄청난 재앙을 불러일으킬 수 있으니 말이다.

유성고 집약 구호

오늘도 대전 지역 최고 기온이 33도가 넘는다고 한다. 한낮의 더위를 피하기 위해 자전거를 끌고 일찍 나섰다. 유성 쪽으로 방향을 틀어가다가 전에 근무했었던(약 20년 전) 유성고를 한 번 둘러보고 싶었다.

학교 교문, 당시에 학생과 소속이었을 때 등교하는 학생들을 지도하기 위해 매일 아침 일찍 나와 서 있곤 했던 장소다. 봄이면 교문 양편으로 영산홍이 만발해서 눈요기 거리가 됐었는데 지금은 다른 것으로 교체되었다.

교문을 들어서면 왼편으로 소나무 동산이 있다. 동산은 변한 게 거의 없다. 유성고의 상징이라 할 수 있는 소나무 숲, 오후에 나른할 때면 자주 걷곤 했던 장소다. 그 숲 끝에 조그마한 연못이 있고, 연이 가득하다. 연꽃은 아직 피기 전이다. 헤엄쳐 다니는 물고기가 있다면 금상첨화일 텐데 확인해보진 않았다.

연못 앞에는 가로 세로 각각 2m도 넘을 것 같은 커다란 돌에 교훈인 '근면, 용기, 보은'이 선명하게 새겨져있다. 몇 백 년이 지나도 지워지지 않을 글자다. 그 내용들이 학생들 마음속에도 깊이 각인되어 있으리라 믿어본다.

소나무 숲 옆길 건너편엔 넓은 운동장이 펼쳐져 있다. 일요일이어서 일까, 운동장에는 학생 한 명도 없다. 과거 교내 체육대회 때 학생들이 달리고, 볼을 차고, 씨름 등을 하느라 법석거리던 광경이 텅 빈 운동장에 오버랩 되어 나타난다.

운동장 서쪽 끝에 테니스장이 붙어있다. 전에는 테니스장이 학교 제일 뒤편에 있었다. 그곳에 구봉관(체육관)을 세우느라 테니스장이 현재의 위치로 쫓겨 온 듯하다.

조회대 옆에 있는 늙은 매화나무 한 그루가 옛날과 다름없이 열매를 맺은 채 그 자리에 서있다. 매실이 누렇게 익어가고, 땅바닥에 떨어진 놈도 있다.

본동 건물로 들어서는 출입문 앞에서 움직일 수가 없었다.

'아!' 가슴이 벅차오른다. 영원히 잊을 수 없는 유성고등학교의 집약 구호인 '선비 정신 이어받아 웅비하는 유성고'가 유리로 된 출입문 중간에 가로로 쓰여 있다.

그곳에 재직하고 있을 때, 학교에서 집약 구호를 교직원들로부터 응모 받아 선정한 구호인데 필자가 응모했던 내용이 '계룡산 정기 이어받아 웅비하는 유성고교'였다. '계룡산 정기'가 '선비 정신'으로 바뀌어 구호가 확정되었다. 즉 2명의 공동 작품이라 할 수 있다. 소정의 상금도 받았었다.

그 구호가 20여 년을 버티어 왔고 앞으로도 계속되리라 믿어본다.

그 구호가 본동 출입문만이 아니라 모든 건물 출입문에, 그리고 구봉관(체육관) 게시판 위에도 선명하게 붙어 있다.

필자의 자부심이라 할 수 있는 그 집약 구호가 20여 년간 유성고 학생들의 가슴속에 굳건히 자리 잡아 일탈되지 않는 행동과 진취적인 기상을 꽃피워 졸업 후에도 자기 역할을 톡톡히 해내는 역군이 되었으리라 확신한다.

군대 생활을 뒤돌아보며

나이가 60대는 세월이 시속 60km로 달리는 것 같고 70대는 70km로 달리는 것 같다고들 한다. 빠른 속도로 차를 타고 가면서 차창 밖 바로 옆을 보고 있으면 어지럽다. 그래서 먼 곳을 봐야 한다.

그래서일까, 나이가 들수록 먼 옛날을 자주 뒤돌아보게 되고 특히 군대생활이 빠질 수 없다.

홍성고등학교에 처음 교사로 발령을 받아 1달 정도 지났을 때 군 입대 영장을 받았다. 1971년 4월 12일 날, 집을 나설 때 불안하다거나 그런 거 없이 그냥 담담하게 떠났다. 고향인 안성에서 버스를 타고 장호원을 거쳐 큰 고개를 넘어 원주로 향했다. 논에서 농부들이 못자리를 만들고 있었던 풍경이 그려진다.

원주에 도착하여 여관을 정하고 나서 처음 한 일이 이발소에 가서 머리를 박박 깎는 것이었다. 누구나 머리를 박박 깎으면 다른 사람처럼 변한다. 그게 사람이 군인이 되는 첫걸음이다.

다음 날 아침에 훈련 받을 부대에 들어갔다. 처음 집합하는 순간부터 정신 하나 없었다. 앞사람과 밀착을 해서 선 뒤, 뒤로 밀리지 말고 그대로 앉으라고 한다. 그건 불가능한 일이다. 그때 조교가 하는 말이 '군대란 불가능을 가능하게 만드는 것이다'라고 했다.

입고 왔던 옷들을 모두 벗어 박스에 싸고 군복으로 갈아입었다. 옷이 들어있는 박스를 고향으로 보내면 그것을 받아본 부모님들의 착잡한 심정이야 어찌 다 표현하랴! 때로는 하염없이 우는 부모들도 있었으리라.

4월 16일 날, 군번을 받고 그때부터 정식으로 국방부의 시계가 돌아갔다. 평생 자기의 군번을 잊지 않는 사람도 있다는데, 나는 이제는 잊었다. 앞자리가 6으로 시작된다는 것만 어렴풋이 생각난다.

처음 훈련은 제식훈련, 줄 맞추어 앞으로 가, 뒤로가, 좌로가, 우로가, 하루 종일 연병장에서 그것만 하니 얼마나 지루하고 따분한 일이냐!

6주간의 훈련은 제식훈련을 비롯해서 총검술, 각개전투, 사격훈련, 수류탄 던지기, 은폐와 엄폐를 이용해서 앞으로 나가며 고지 점령하기, 가스실 체험 훈련 등등 부지기수였다. 훈련장이 부대 밖이면 아무리 멀어도 총을 들거나 메고 군가를 불러가면서 구보로 뛰어갔다.

당시의 군가로는 대표적인 것이 너무나 잘 알려진 '진짜 사나이'였다. 그 군가는 들을 때마다 안에서 힘이 솟구친다. 상기하는 입장에서 1절만 적어보면

> 사나이로 태어나서 할 일도 많다만
> 너와 나 나라 지키는 영광에 살았다.
> 전투와 전투 속에 맺어진 전우야
> 산봉우리에 해 뜨고 해가 질 적에
> 부모형제 나를 믿고 단잠을 이룬다.

많지도 않은 일정량의 밥 세끼를 먹고 고된 훈련을 받자니 고생스럽고 늘 배고팠다. 힘들고 배고프니 누구나 집이 생각나고 부모님이 그리워진다. 부모님께 잘못한 것이 후회되고…… 다 그런 과정을 겪게

된다. 그래서 군대를 갔다 와야지만 사람이 된다고들 한다. 그러나 제대하고 얼마 지나면 대부분 원위치 된다, 군에 있을 때의 마음이 변치 않는다면 효자 소리 듣고도 남는다.

훈련 중에 가장 잊을 수 없는 것이 가스 체험이었다. 방독면을 쓰고 가스실로 들어가, 가스를 터트리면 방독면을 벗고 얼마동안 가스를 들어 마셔야 한다. 문을 닫아서 밖으로 나갈 수가 없다. 문이 열리면 사생결단으로 밖으로 뛰쳐나가는데 눈물 콧물에 숨을 제대로 쉴 수가 없어 그야말로 죽음의 문턱까지 가는 훈련이다. 여기저기 쓰러져서 아비규환이다.

46년 전의 체험인데 아직도 생생하다. 그때 사용했던 가스보다 더욱 혹독한 가스가 얼마든지 있고, 그런 무기를 대량으로 가지고 있는 곳이 북한이다. 화학무기뿐만 아니라 콜레라균, 탄저균 등 생화학 무기도 타의 추종을 불허하는 나라가 북한이라는 것을 국민들이 제대로 알고나 있을까?

이제는 그것도 필요 없다. 북한의 핵무기 몇 방이면 남한은 거의 초토화 되는데, 그것을 막자는 사드 설치를 반대하는 얼빠진 사람들이 전체 국민의 30%가 넘으니 어찌 통탄하지 않을 수 있겠는가? '설마, 같은 동포인데 핵무기를 사용하겠는가?' 이렇게 생각하는 사람들이 있다. 설마가 사람 잡는다고, 몰라도 너무 모른다. 고모부뿐만 아니라 이복형도 눈 하나 깜짝 안하고 죽이는 김정은인데 무얼 못하겠는가?

야간이나 일요일이라고 편한 게 아니다. 야간에는 정신교육 받기도 하고 때로는 위문공연 보러 가기도 하고 내무반에 돌아오면 점호받기 위해 관물 대 정리해야지, 잘못하면 푸샵, 원산폭격, 밴텀기 타기 등 기합을 받는다.

일요일 등 휴일엔 각종 작업에 끌려 다니기 일쑤다. 고향 생각할 틈을 주지 않기 위함이 아니었나 하는 생각이 들었다. 얼마나 시달렸으면 훈련병들 사이에서 제대하면 훈련소를 향해서 오줌도 안 누겠다는 말이 나오겠는가?

훈련소 생활이 어렵고 고달프기 때문에 6주간의 훈련을 거의 마칠 때쯤 되면 그 뿌듯함이란 이루 말할 수 없다. 특히 잊을 수 없는 것은 훈련소 퇴소하기 전 마지막 야외 훈련을 마치고 훈련병들에게 막걸리 한 사발씩을 주었다. 그때 마셨던 그 막걸리 한 사발이 내 생애 가장 맛있는 술이 아니었나 하는 생각이 든다.

훈련소 퇴소한 후, 후반기 교육을 받기 위해 도착한 곳이 대전에 있는 육군통신학교였다. 현재 괴정동 경성큰마을 아파트가 있는 자리다.

병과가 cw라 해서 말하자면 모스부호로 무전을 치는 일이다. 모스부호를 암기하여 치기도 하고 교관이 치는 것을 들어서 적고 하는 연습의 반복이었다.

우리 한글 자음, 모음 그리고 영어 알파벳과 숫자들이 돈(짧게 치는 것)과 스(길게 치는 것)의 결합으로 이루어졌다. 표시는 돈은 ·(점)이고 스는 —이다. 예를 들어 1이란 숫자를 친다면 · ————(돈스스스스)가 된다. 즉 짧게 한 번 길게 네 번을 누르면 된다. 말이 쉽지 처음에는 어느 것이 짧게 치는 것인지 길게 치는 것인지 구별이 안 된다. 반복 연습을 하다보면 귀가 열리고 손도 숙달이 된다.

외국어 공부도 마찬가지란 생각이 든다. 반복 연습이다. 단어와 문구를 외웠어도 시간이 지나면 잊고, 또 다시 외우고, 잊고, 외우고, 잊어버리고… 끈기와 시간과의 싸움이다.

육군통신학교에서의 생활은 육체적인 고통은 없었지만 간히어 통제된 생활은 마찬가지였다. 정문 옆 울타리 밖으로는 일반인이 다니는 길이었다. 울타리 밖을 내다보면서 가고 싶은 곳을 마음대로 오고 가는 일반 사람들이 얼마나 부러웠었는지 모른다.

일요일엔 빨래를 하기 위해 갑천까지 나갔다. 지금 만년교 약간 위쪽이다. 그곳을 지날 때마다 당시의 생각이 떠오른다.

부대 밖을 나갈 수 있는 방법이 또 한 가지 있었다. 화장실의 인분을 푸는 일에 참여하면 된다. 나야 한 번도 참여한 적이 없지만 그것도 서로 나가려고 안달들이었다. 얼마나 부대 밖으로 나가고 싶었으면 그랬을까….

4개월간의 후반기 교육을 마치고 보충대를 거쳐 경기도 전곡과 연천 사이에 있는, 6군단 직할 포대인 일명 쌍구포 포대(999 포병대대)에 자대 배치되었다. 이미 작대기 2개(일등병)의 계급장을 달고 배치된 것이다. 후임이 온다고 좋아하던 이등병을 실망시킨 일이 되었다.

본부 중대에 배치되고 얼마 안 되어 아마 10월 달이었을 게다. 신참이지만 같이 훈련에 나갔다. 포사격 훈련으로 우리는 통신 분야 지원이었다. 훈련은 야간에도 늦게까지 계속되었다. 훈련이 끝나고 자야 되는데 너무 추워서 잘 수가 없었다. 결국 밖에서 제자리걸음을 하기도 하고 군용차 둘레를 빙빙 돌면서 밤을 지새웠다.

이렇게 군인들이 추위를 이겨가면서 나라를 지키기에 국민들이 추운 날에도 마음 놓고 따뜻한 방에서 잘 수 있는 것이다. 이토록 고마운 일인데도 군대를 비하하고 군인들의 사기를 무참히 짓밟는 무리들이 있으니 통탄할 일이다.

눈이 많이 내리는 겨울을 대비해서 가을이 되면 산으로 싸리나무를 베러 간다. 몇 번 동참하기도 했다. 벤 싸리나무를 부대로 가지고 와서 빗자루를 잔뜩 만들어 놓고 눈이 오면 요긴하게 쓴다. 군대에서는 눈 오는 것이 낭만이 아니라 지옥이다. 눈이 오면 길은 물론이고 큰 연병장까지 눈을 다 치워야 하기 때문이다. 치워도 치워도 한이 없다. 왜 그리 또 눈이 자주 오는지….

군대는 계급이다. 서열이 뚜렷해서 하루 차이라도 맞먹을 수가 없다. 통신과 소속이 15명 정도였던 거 같은데, 무언가 고참(선임) 마음에 안 들면 장교들이 퇴근한 후 통신과 요원 전부 일렬로 집합시킨 뒤 불만을 토로하고 나서 전부 엎드리라 하고는 제일 고참이 몽둥이로 엉덩이를 한 대씩 때린다. 다음엔 2번째 고참이 그 밑으로 또 한 대씩, 결국 제일 하급자는 14대를 맞아야 되는 것이다. 일명 줄빠따라고 한다. 당시에는 맞는 게 다반사였고 맞아도 '끽'소리 못했다.

겨울에 내무반 난방은 '페치카'였다. 내부로 4각형의 돌출 벽을 만들어 밖에서 석탄가루를 반죽을 해서 불을 때면, 내부가 훈훈해진다. 잠을 잘 때는 페치카 옆에서부터 고참 순서대로 잔다. 졸병은 이래저래 고달프다. 고참들에게 시달리고 제대는 까마득하고, 그런 생활에 적응이 잘 안되어서, 잠을 잘 때는 모르다가 아침에 눈을 딱 뜨면 현실을 깨닫고 어찌나 실망스럽던지….

당시에는 내무반에 TV가 없었다. PX에 있는데 졸병들은 마음 놓고 갈 수 있는 곳이 아니었다. 또 무엇을 사먹을 만 한 돈도 없었다. 월급이라고 해봐야 그때는 몇 푼 안됐다. 그에 비해 지금은 병장 월급이 21만 6천원이라니 격세지감이 있다. 그 당시에 KBS드라마, 장욱제와 태현실이 주연인 '여로'가 인기리에 방영될 때라 PX에 가서 몇 번 본 기억이 난다.

상병쯤 되면 군 생활도 적응이 되고 밑으로 졸병들이 많이 있어서 그럭저럭 지낼만하다. CW(모스부호로 무전을 치는 담당)를 맡고 있던 사수가 제대하고 필자가 그 자리를 차지한 뒤로는 완전 열외로 건드릴 사람도 거의 없었다. 정해진 시간에 상급 부대와 교신을 하고 암호문이 나오면 그것을 받아 적어 암호실에 전달해주면 되었다.

참고로 큰 선박에는 통신실이 있어서 모스부호로 교신을 한다. 조난을 당했을 때 SOS(세계 공통)를 친다. · · · ——— · · ·(돈돈돈 스스스돈돈돈)이 바로 SOS다. 다시 말하면 짧게 3 번치고 길게 3 번치고 다시 짧게 3 번을 치면 된다. 아마 타이타닉호도 가라앉으면서 그 부호를 쳤을 것이다.

군대가 항상 괴로움만 있는 곳은 아니다. 휴일에 축구를 하면서 스트레스를 풀기도 했다. 중대 대항 체육대회를 앞두곤 연천고등학교 운동장까지 가서 연습을 하곤 했다. 본부 중대 축구선수로 뽑혀 열심히 연습을 하고 체육대회 날 브라보 부대와 붙었다. 적진 문전 앞에서 절호의 찬스가 내게 온 것을 놓치고 말았고 결국 본부 중대가 축구에서 패배했다.

제대를 2~3달 앞두곤 축구를 하다가 발목을 심하게 삐어서 한약방에 침을 맞으러 연천 시내로 오고가던 생각이 난다.

우리 부대 뒤쪽으로 한탄강 지류가 흐른다. 협곡이다. 한국의 '그랜드캐넌'이랄 수 있다. 규모야 비할 바가 아니지만 깎아지른 바위 하며, 봄철에는 그런 바위틈에서 자란 갖가지 꽃들이 피고지고 가을에는 단풍으로 채색된다. 아기자기한 멋이 있었다. 그랜드캐넌처럼 웅장하진 않아도 삭막하지가 않았었다. 지금쯤은 협곡을 내려다보면서 트래킹

할 수 있는 길이 잘 만들어지지 않았을까 하는 생각이 든다. 언제 한 번 가서 확인을 해보고 싶다.

여름철에는 강변에 텐트를 쳐놓고 군단 피서지로 장병들이 휴식을 취했던 곳이다.

겨울에는 강둑을 막아 물을 가둬 스케이트장으로 활용되었다. 대대장이 특별한 관심을 갖고 있었던 분야였다. 고향집에 스케이트를 가지고 있는, 또는 사 올 수 있는 장병들에게 특별휴가를 주기도 하였다. 나야 후임의 스케이트를 몇 번 빌려서 타봤을 뿐이었다.

이 모두가 흘러간 이야기이고 당시엔 고생스러운 것이 훨씬 많았었지만 지금은 그 모두가 그립다.

사람 이름 외우기가 어렵고, 알던 이름도 잊히기 쉬운 법인데 어찌된 일인지 43년이 넘었어도 그 당시 같이 생활했던 전우들의 몇몇 이름이 기억 속에 남아있다. 조성복, 조원희, 윤성현, 양창직, 김경덕 등이다. 희한한 일이다. 그들이 지금은 어디에서 무엇을 하고 있을까? 몹시 궁금하다.

제 2의 고향

1971년부터 2007년 퇴직을 할 때까지 홍성고, 당진여고, 당진상고, 충남고, 충남기계공고, 유성고 그리고 대전여자정보고등학교에서 근무를 했다. 7개의 고등학교로 당진여고와 충남기계공고에서는 2번 씩 근무했다. 충남기계공업고등학교에서 퇴직을 했고, 당진여고는 처음 시작한 것이나 다름없는(처음 홍성고에서 1달 근무 후 입대) 학교로 특히 정이 더 가고 그곳에서의 생활이 재미가 있었다.

당시의 당진여고 학생들은 아주 순박하고 가식 없이 깔깔대며 잘 웃고 또 잘 따라주었다. 여름철이면 선수들 훈련용으로 냇가에 임시로 만든 수영장에서 더위를 식히기도 하고 체육교사와 같이 여학생 교복을 입고 여학생들과 함께 사진도 찍고, 겨울에 눈이 오면 운동장에 나가 눈싸움도 하곤 하였다.

봄, 가을로는 체육대회와 소풍, 그리고 2학년 학생들을 데리고 설악산으로 수학여행을 갔던 일 등이 40여년이 지났건만 마치 엊그제 있었던 일 같이 느껴진다.

테니스를 치기 시작한 것도 당진여고에서다. 테니스 선수들이 있어서 운동장 한 쪽에 테니스코트 한 면을 만들어 놓았다. 당시에는 그다지 널리 유행했던 운동이 아니라 당진군 내에서 테니스장이 그거 하나 뿐이었다. 군을 제대하고 나서 1974년 3월 하순에 그 학교로 부임하면서부터 선수 학생들이 테니스공 치는 것을 눈여겨보고 때로는 그들과 같이 치면서 기초를 다져 나갔다. 그러던 차에 그해 10월 27일에 당진

군 테니스대회(챔피언컵 대회)가 처음으로 열렸다.

단식에 출전해서 1등으로 우승컵을 들어 올렸다. 축하해 주는 동료 교사들과 뒤풀이로 그 우승컵에 맥주를 따라 마셨던 기억이 생생하다. 그 우승컵을 지금도 잘 보관하고 있다.

그것을 계기로 그 후에도 열심히 테니스를 했고 몇 년 후에는 대전에서 열린 충청남도 도민체육대회에 당진 대표로 출전하여 서산군 대표와 맞붙었다. 단체전이라 4단식 1복식으로 진행되었는데 첫 번째 단식에 나가 6대 0으로 상대를 제압해 버렸다. 나머지 선수들은 지고 말았다.

이렇듯 당진은 잊을 수 없는 곳이고 제2의 고향이라 할 수 있다. 그 중심에는 당진여고가 있었다.

그동안 제자들로부터 받은 편지 대부분도 당진여고 제자들 것이다. 그 중에서도 특히 특별한 한 학생이 있었다. 교무실도 자주 드나들며 내게 관심을 끌어보려고 무척 애도 쓰고 했지만, 살갑게 대해주면 나중에 상처를 심하게 받을까봐 무관심한 척 냉정하게 대하곤 했었다.

그 학생이 내가 결혼한다는 소식을 듣고는 충격을 받아 마지막으로 보낸 편지가 있다. 지금은 나이가 환갑 전후쯤 됐을 것이다. 어디에서 무엇을 하고 있는지 알 수 없지만 손자, 손녀들 재롱 속에서 행복하게 살고 있으리란 생각이 든다.

탁구의 매력

탁구는 20세기 초 영국에서 처음 고안된 경기로, 민중서림에서 나온 국어사전을 보니 탁구를 '나무 대에 네트를 치고 셀룰 로이드 공을 마주 서서 라켓으로 쳐 넘기는 경기, 핑퐁'이라고 되어 있다. 영어로 ping pong 또는 table tennis 이고 중국어로는 '핑팡치우' 다.

이쪽에서 '핑'하고 치면 저쪽에서 '퐁'하고 받아치는 것이 연상되어 잘 지어진 이름 같다. 핑팡(乒乓)은 병사 병(兵)자에서 다리 하나씩 없는 모양새로 혼자는 어렵고 둘이 있어야 제대로 된 글자(兵)가 된다. 탁구 경기도 혼자는 할 수 없고 2명 또는 4명이 할 수 있는 경기다.

탁구를 접해본 것은 꽤 오래됐다. 중학생 때쯤으로 생각된다. 정식 탁구대는 아니고 동네 한 허름한 집에 마루가 있었다. 탁구 대 2-3배쯤 되는 크기로 바닥도 평평하지 않았다. 네트를 친 것도 아니고 정식 라켓이 있는 것도 아니었다. 송판을 적당히 잘라서 라켓으로 사용하였다. 제대로 갖춰진 것은 탁구공 하나뿐이었다.

탁구다운 탁구를 치기 시작한 것은 2007년 퇴직하면서다. 그러나 정식으로 코치를 받은 적은 없다. 테니스 치던 감으로 쳤다. 처음엔 펜홀더(라켓 잡는 방식)로 치다가 쉐이크핸드로 바꿨고, 오른손으로 치다가 왼손으로 바꿨다.

왼손으로 치게 된 이유는 당시에 테니스도 하고 있어서 테니스는 오른손으로 하고 탁구는 왼손으로 역할을 분담하기 위해서였다. 왼손으로 테니스도 오랫동안 해본 경험이 있어서 왼손으로 탁구를 치는데 어려움은 없었다. 그러다가 2년 전 테니스를 그만두면서 탁구를 오른손, 왼손으로 번갈아 치고 있다.

테니스나 탁구나 각각 장단점이 있다. 탁구의 가장 큰 장점은 날씨에 구애받지 않는다는 것이다. 실내에서 하는 운동이라 비가와도 눈이 와도 괜찮고 추운 겨울도 더운 여름도 상관없다. 그뿐인가 직장인들은 낮에 일하고 퇴근 후에 밤에 할 수도 있다. 전천후로 할 수 있는 운동이라서 좋다.

나이가 들수록 무릎이 아프기 마련인데 테니스를 계속하다 보면 더욱 무리가 가고 또 팔꿈치의 엘보로 대부분 고생하기 때문에 젊어서부터 테니스를 계속하던 사람들도 나이가 들면 자연히 부담이 덜 가는 탁구로 이동하는 경향이 있다. 필자도 그중 한 사람이다.

테니스장은 회원들이 서로 서로 관리해야 되고 치기 전에 선도 그려야 하지만 탁구는 그럴 필요 없다. 라켓과 공만 가지고 다니면 된다. 게다가 비용도 비교적 적게 드는 운동이다.

다른 운동과 달리 탁구는 힘이 세다고 또는 키가 크다고 크게 유리한 것도 아니다. 중국의 덩야핑은 키가 150cm도 채 안 되는 아주 작은 키였지만 1992년과 1996년 올림픽 여자탁구 단식, 복식 2관왕 2연패를 달성했고, 세계대회에서 금메달 18개 국내대회에서 우승은 132번, 1989년부터 1997년 은퇴할 때까지 8년간 세계 랭킹 1위의 독보적인 정상을 지킨, 일명 '탁구의 마녀'라는 별명을 가졌던 선수였다.

탁구공의 무게는 2.5g~2.7g 으로, 손에 잡으면 무게를 느낄 수 없다. 배구공, 축구공 등 운동과 관련된 많은 공 중에서 가장 가볍고 작은 것이 탁구공이다.

세계에서 가장 큰 나라는 중국이다. 탁구에서 중국은 타의 추종을 불허하는 나라다. 세계선수권대회이든 올림픽이든 우승을 휩쓰는 나라가 중국이다. 제일 큰 나라가 제일 작은 공을 다루는 탁구에 탁월하다는 것은 참으로 아이러니한 일이다.

중국의 독무대에서 우리가 우승을 차지한 것이 몇 번 있다. 우선 1973년 제52회 사라예보 세계탁구선수권대회에서 이에리사, 정현숙, 박미라가 여자 단체 우승을 차지했다. 그것이 큰 반향을 일으켜 탁구가 인기 종목이 되었고 전국 각지에 탁구장이 우후죽순처럼 늘어났다.

1988년, 우리나라에서 개최된 서울올림픽에서는 남자단식에서 유남규가 금메달을 김기택이 은메달을 획득하여 개최지의 기개를 세계에 널리 알리는 계기가 되었다.

그 뒤 2004년 아테네 올림픽에서 남자탁구 결승에서 유승민이 중국 선수와 붙었다. 유승민은 전혀 주눅 들지 않고 기량을 마음껏 발휘해 마지막 결승타인 강력한 드라이브를 중국 선수가 못 받아냈고 유승민은 두 팔을 번쩍 들어서 포효하던 장면이 정지된 화면처럼 지금도 뇌리에 남아 있다.

탁구는 스텝을 밟아주면서 하기 때문에 성장 판에 자극이 가서 어린이들에게 키 크는데 효과가 있고, 성인들에게는 다이어트에 효과가 있다고 한다.

하얀 공이 작지만 변화무쌍한 우주처럼 느껴지며, 칠 때에 울려 퍼지는 청아한 소리는 마음을 안정시켜 준다. 또 공을 잘 보아야 하기 때문에 집중력이 생기고 모든 잡념이 없어진다. 적당히 땀을 흘려 혈액순환에도 도움이 되며 숙면을 돕기도 한다.

제일 작은 공이라고 깔볼 일이 아니다. 1971년 핑퐁외교로 중국이 미국 탁구 대표 팀을 초청하였다. 이 친선경기가 갖는 정치적 파장은 엄청나 냉전의 상징이었던 두 나라가 우호적인 접근을 시작했음을 전 세계에 알리는 신호탄이었다. 그 뒤 미국 닉슨대통령이 중국 베이징을 방문해 세계 역사의 물줄기를 바꾸어 놓았다. 2.5g의 작은 공속에 세계가 들어가 있었던 것이다.

제2부

구름 따라 바람 따라

짧은 여행 긴 여운

세월이 급격히 변하다 보니 어느새 선남선녀의 입에서 외국여행에 대한 경험담이 툭툭 튀어나오는 시대가 되었다. 세계화를 부르짖고 있는 만큼 해외 나들이를 통해서 시야도 넓히고 다른 인종이나 민족의 풍습과 문화를 접하고, 풍경을 보고 우리와 다른 생활상을 눈여겨보며 우리들의 것을 돌아보는 계기도 될 수 있는 것이다.

그러나 우리가 가지고 있는 문화유산의 가치를 모르고 아름다운 자연경관을 감상할 줄 모르면서 무턱대고 해외로 나가 본들 무슨 소용이 있겠는가. 우리의 것을 아는 것이 먼저란 생각에 우리 부부는 시간적 여유가 있는 방학을 이용해 우리의 문화재, 사적지, 명승지 등을 두루두루 찾아보기로 했다.

금년에는 여름방학을 맞아 1박2일 일정으로 여행길에 올랐다. 집에 남아 있는 자시들의 끼니 걱정을 하자, 염려 말란다. 자기들끼리만 있으면 잔소리도 안 듣고 자유를 만끽할 수 있어서인지, 아니면 진정으로 우리 둘만의 멋진 시간을 갖도록 마음 써주는 것인지 알 수는 없지만 아무튼 가벼운 마음으로 출발했다.

처음 목적지는 담양에 있는 구인사다. 휴가철인지라 고속도로 톨게이트 입구부터 차들이 꼬리에 꼬리를 물고 길게 늘어서 있어 들어갈 엄두가 안 나 국도로 방향을 돌렸다. 신탄진을 지나 대청호수를 끼고 한적한 길을 달렸다. 막히면 돌아가라는 말이 실감나는 한산한 길이다.

구인사는 좁은 골짜기를 타고 올라가면서 건물이 들어서 있는데 너무 비좁아서 건물들이 앞을 향해 서 있는 것이 아니라 옆으로 늘어서 있다. 분위기가 여느 절과는 사뭇 다르다. 천태종의 총본산으로 규모는 어마어마한데 목조가 아닌 시멘트로 지어진 건물들이라 푸근함을 느낄 수는 없었다. 주로 불교 신자들의 도장 구실을 하는 사찰인 듯싶다. 유난히 더운 금년 여름이다. 그 더위도 잊은 듯 곳곳에 많은 신자들이 모여 앉아 독경하는 소리가 들린다. 합숙을 해가면서 한달기도 백일기도를 하고 있다. 자못 숙연해진다.

식당 옆과 옆 마당에는 갖가지 간장, 고추장 단지들로 가득하다. 어찌나 많은지 신기함마저 든다. 그것만으로도 이 절의 위세를 엿볼 수 있다.

구인사를 뒤로 하고 부석사로 향했다. 단양으로 다시 나와 풍기로 가는 길에 죽령(해발 689m)을 넘게 되었다. 한없이 이어지는 구불구불한 고갯길, 자동차로도 한참을 힘겹게 달려야 했다. 괴나리봇짐을 짊어지고 걸어서 넘던 옛날에는 어떻게 넘었을까….

부석사로 가는 길에 잠시 백운동 서원에 들렀다. 옆으로 내를 끼고, 숲이 우거진 평지에 위치하고 있다. 우리나라 최초로 세워진 서원이다. 풍기 군수였던 주세붕이 세웠고 그 뒤 이황이 군수로 있을 때 소수서원으로 사액을 받았다. 공기 맑고 조용한 곳, 새소리 물소리만 들리는 한적한 곳, 무아경 속에서 저절로 공부가 됐을 듯싶다.

부석사, 의상대사가 창건했다는 이 절의 명칭이 부석사인 것은 절 뒤편에 층으로 된 바위가 있는데 위층 돌이 떠 있다고 해서 부석(浮石)이라 하고 그로 인해 부석사가 된 것이란다. 부석사는 남향을 하고 있는데 앞이 탁 트인 것이 시원스럽다. 눈을 들어 멀리 바라보면 겹겹이 쌓여 있는 산봉우리들이 신비스럽게 한눈에 모두 들어온다. 마치 극락정토에서 사바세계를 내려다보는 듯하다. 불어오는 바람이 거칠 것이 없고 절까지 올라오느라 흘린 땀을 식혀준다.

국보가 5점이나 되는 유명한 사찰이다. 16세기에 사명당이 이 절을 중건한 적이 있다. 본존(本尊)을 봉안한 주불전이 국보 제18호인 무량수전이다. 고려말 세워진 목조 건축물로 전형적인 주심포(柱心包)양식을 보여주고 있고 배흘림이 많은 기둥(엔타시스식)이 특징이다. 또한 장식적 요소가 적은 단아한 모습을 엿볼 수 있다. 그 안에 봉안된 주존이 고려시대의 작품인 소조여래좌상이다. 남향한 건물 중앙에 봉안된 것이 아니라 서쪽에 불단을 만들고 안치된 점이 특이하다. 풍만한 얼굴, 두꺼운 입술 등 근엄한 느낌이 든다. 의상국사의 진영을 봉안한 조사당에 올라갔을 때는 이미 어둠이 깔려 내부가 잘 보이지 않았다. 조사당 벽화의 진품은 유물전 안에 따로 보관하고 있단다.

오랜 기간 교단에 서서 학생들을 향해 무량수전이 어떻고 소조아미타여래좌상이 어떻고 떠들어대면서도 이제야 부석사를 답사했다는 것이 어찌 보면 부끄러운 일이다.

사찰 안 곳곳에 여러 그루의 목백일홍들이 저마다 자태를 뽐내고 있다. 정열적인 꽃 색깔에 취해, 짙게 풍기는 향기에 취해 잠시 걸음을 멈췄다. 점점 어둠이 깔린다. 어둠 속에 흐릿한 흑백 사진이 된 듯한 부석사를 뒤로 하고 하산했다. 숨 가쁜 강행군으로 피로가 엄습해 왔다.

영주에서 하룻밤 묵기로 하고 여관을 찾아 들어갔다. 피로해서 잠이 잘 올 듯싶었는데 쉽게 잠들지 못했다. 막 잠이 들려고 하면 밖에서 시끄럽게 떠드는 소리에 잠을 이루지 못했다. 처음에는 그들도 열대야현상 때문에 잠 못 이뤄 그러려니 했지만 자정을 넘어 3시까지 떠드는 게 아닌가. 남의 입장을 조금도 고려해 줄 줄 모르는 그러한 행동이 우리들의 병폐다. 잠자기는 틀렸고 이 생각 저 생각 하는 중에 멀리서 닭 우는 소리가 들렸다. 오래간만에 들어보는 소리다. 그것이 바로 고향의 소리다.

잠 못 들기는 아내도 마찬가지인 듯 이리 뒤척 저리 뒤척 하다가 선풍기를 건드려 넘어뜨리는 바람에 날개 하나를 부러뜨렸다. 고물상에 갈 만한 낡은 선풍기 날개 하나 부러뜨리고 새 선풍기 사내라면 어쩌나 싶어 주인에게 말을 못하고 그렇다고 그냥 나오기도 양심상 편치 못해, 수리하는데 수 천원이면 될 듯한 생각이 들어 부러진 날개 밑에 1만원 짜리 한 장 찔러 넣고 나왔다. 아직 날이 밝기 전이다.

봉화땅을 지나 불영사에 들르니 스님들이 아침 참선을 하고 있다. 너무 조심스러워 불상을 보는 둥 마는 둥 마당으로 내려서자 절 밑에 깔려 있는 돌거북이가 고개를 쳐든 채 빠져나오려고 기를 쓰고 있는 듯한 모습이다.

특히 가을 단풍이 아름답다는 불영계곡, 흐르는 물이 적어 운치가 반감되었다. 시간이 없어 울진의 성류굴 관광을 생략하고 동해안 길을 따라 달리자 시원스런 동해 바다가 펼쳐진다. 망향휴게소에서 바라본 동해 바다, 섬 하나 보이지 않는 망망대해다. 지나가는 나그네를 반기는 듯 갈매기가 공중에서 선회한다. 바다에서 불어오는 바닷바람을 들이마시자 가슴속마저 후련해진다. 맺힌 한(恨)도 누그러질 것 같은 분위기다. 하얀 솜뭉치 같은 뭉게구름이 피어오른다. 옷이라면 하얀색과 푸른색이 조화가 이루어지지 않겠지만 자연이 만들어낸 푸른 바다와 하얀 뭉게구름은 그렇게 조화로울 수가 없다.

관동 8경 중의 하나인 월송정을 옆으로 하고 길을 재촉했다. 생선회를 파는 횟집이 수없이 많고 영덕게를 판다는 간판도 셀 수 없을 정도다. 우리 같은 서민에게는 좀 버겁다는 생각에 값을 물어볼 엄두도 내지 못했다.

영덕에 도착해서는 기수를 서쪽으로 돌려 안동으로 향했다. 어젯밤에 한숨도 못 자 눈꺼풀이 내려오고 정신마저 몽롱해져 아차 하는 순간에 엄청난 비극이 올 수 있다는 생각이 들어 쉴 곳을 찾아 잠시 눈을 붙인 뒤 출발했다.

안동댐을 거쳐 하회마을로 향했다. 낙동강 물이 하회마을에 이르러 S자 모양으로 휘돌아 흘러내린다. 그래서 하회마을이란 이름이 붙게 되었고 태극형 모양의 지형으로 풍수지리적으로 길지여서인지 유명인이 많이 배출되었다. 대표적인 이가 유성룡이다. 그의 저서인 징비록과 그가 사용했던 갑옷 등 유품들이 충효당에 진열되어 있다.

하회마을 하면 빼놓을 수 없는 것이 하회탈이다. 그곳에서의 가면극은 5백여 년 전부터 전승되어 오는데 파계승에 대한 조소와 양반에 대한 신랄한 풍자, 모욕 등을 내용으로 하고 있다. 갖가지 탈 중에서 양반탈이 대표적인 탈로 국보 제121호로 지정되어 있다. 웃고 있는 모습으로 여유가 있어 보이고 무엇이든 포용할 수 있는 관대함이 깃들어있다. 아무튼 그 탈은 보는 이로 하여금 저절로 웃음이 나오게 만든다. 그 양반탈을 집집마다 걸어 놓고 화가 날 때나 마음이 울적할 때 한 번씩 쳐다보면 어떨까 하는 생각을 해본다.

짧은 여정이었지만 많은 것을 보고 느꼈고 즐거워하는 아내를 보자 내 마음이 더욱 기쁘다. 내 머릿속에는 이미 다음번 여행 계획이 그려지고 있었다.

〈오늘의문학 1997년 겨울호〉

일본 속에 살아 숨 쉬는 한민족사

누구나 학창시절의 수학여행에 대해 아련한 추억을 가지게 마련이다. 떠나기 전에 몇 날을 두고 설렘으로 얼마나 가슴 벅찼던가. 여행을 앞둔 설렘은 나이가 들어도 변치 않는 모양이다. 더구나 처음 가져보는 해외여행임에랴!

일본 속의 한민족사(韓民族史) 탐방 단원의 일원으로서 6박 7일간의 일정으로 일본을 다녀왔다. 고등학교에서 역사를 가르치고 있는 만큼 일본에서 아직도 살아 숨 쉬는 한민족사의 자취를 찾아본다는 데에 남다른 의미와 기대를 갖고 떠났다.

전국 각지에서 탐방 단원들(대부분 교사)이 부산항 국제 페리 터미널의 2층 출국장에 속속 모여들었다. 해외여행을 처음 해보는 사람들이 많은지라 기대와 희망으로 가득 찬 부푼 마음에 출국장 안은 떠들썩했다. 출국 수속을 마치고 8천 톤이나 나가는 거대한 선샤인 후지호에 승선했다.

28명이 들어가는 방을 배정 받아 짐을 내려놓고 이내 갑판으로 올라갔다. 일본을 향해 힘차게 떠나는 배의 모습을 보기 위해서였다. 오후 6시, 드디어 큰 몸집에서 우렁찬 뱃고동 소리를 내뿜으며 선샤인 후지호는 움직이기 시작했다. 그 소리에 화들짝 놀란 듯 부산의 야경 또한 꿈틀거리기 시작했다. 하나하나 터져 나오는 불빛은 장도에 오르는 우리들을 향해 반짝이며 환송했고 우리는 손을 흔들어 화답했다. 제법 찬바람이 얼굴을 스쳤지만 싫지 않았다. 떠나가는 순간을 잡아 두려고 갑판 여기저기서 카메라 셔터 누르는 소리가 요란했다.

차를 타고 이동하면서 바라본 일본의 농촌 모습과 산천은 우리의 것과 아주 흡사했다. 산이 그렇고 나무가 그렇고 심지어 추수한 들판에서 무리 지어 노니는 까마귀들조차도 낯설지가 않았다. 그토록 닮아 있고 거리상으로 가까운 이웃나라, 그럼에도 우리는 일본을 두고 '가깝고도 먼 나라'라고 한다.

지리적으로야 가깝지만 정이 안 가는 나라, 과거에 많은 은덕을 입었음에도 불구하고 우리를 마구 짓밟는 배은망덕한 나라, 우리 민족 자체를 말살해 버리려고 발악을 했던 나라, 그래서 생긴 앙금은 지금도 사라지지 않고 감당키 어려운 무게로 짓누르고 있다.

우리나라에서 도시는 물론이고 시골 마을에서도 쉽게 볼 수 있는 것이 교회 건물이다. 그러나 그곳에서는 거의 보지를 못했다. 그 대신 곳곳에 신사가 자리 잡고 있다. 외래 신앙보다는 그들 고유한 신앙을 훨씬 더 신봉하고 있다는 것을 직감할 수 있었다. 일본정신을 심어주는 구심점이다. 반면에 우리에겐 아픈 상처를 남겨준 흔적들이기도 하다.

동양에서 어느 나라보다도 빨리 서양 문물을 받아들여 근대화를 추진했던 그들이지만 전통 문화를 지키고 이어가려는 정신 또한 강하다. 시간만 나면 신사 참배를 하는 모습이 그렇고 지역마다 행하고 있는 마쯔리(전통 축제)를 보라. 남녀노소 가릴 것 없이 마을 사람들이 한데 어울려 심취하는 마쯔리에서 집단의 끈끈한 정과 단결심을 과시하고 있다. 반면에 우리는 외래문화에 밀려 우리 전통 문화가 점점 사라지고 있음이 안타깝다.

일본이 우리보다는 덜 춥다고는 하지만 별 차이를 못 느꼈다. 눈발이 날리고 있는 날인데 지나가는 여고생들의 복장을 보니 무릎에 닿는 치마 교복을 입었고, 초등학생들은 반바지를 입고 있었다. 단련이 된 탓일까, 춥다는 내색도 없었다. 한 초등학생에게 '춥지 않니?'라 물어보니 춥단다. 과잉보호하기에 급급한 우리네 부모들 같았으면 자식이 안쓰러워 항의가 빗발쳤을 텐데, 한결같은 복장을 보면 극기정신을 심어주기 위한 교육정책의 일환인 듯싶다.

둘째 날 숙소는 온천으로 유명한 벳부의 스기노이호텔이었다. 벳부에 도착하기 전에 이미 어둠이 짙게 깔렸고 차창 밖은 아무것도 보이지 않았다. 어둠을 뚫고 산길을 한참 달리자 이윽고 벳부의 야경이 나타났다. 한눈에 내려다보이는 벳부의 야경, 색색의 불빛이 찬란했다. 짙은 어둠에 대비된 반짝임은 마치 보석을 뿌려 놓은 듯, 탄성이 절로 나왔다.

벳부는 하이힐이나 우산 끝으로 땅을 찔러도 온천물이 터져 나온다고 할 정도로 온천지로 유명한 곳이다. 차에서 내리자 달걀 썩는 냄새가 진동했다. 유황 온천지라는 것을 우선 냄새로 실감할 수 있었다.

스기노이 호텔에 여장을 풀었다. 큰 대중 목욕탕이 두 개가 딸려 있는데 하나는 유메탕이고 또 하나는 하나탕이었다. 무슨 사연이기에, '오늘 남자들이 유메탕을, 여자들이 하나탕을 사용하면 내일은 반대로 남자가 하나탕, 여자가 유메탕을 이용한다.'는 것이었다. 헷갈리는 일이었다.

온천물도 여러 종류가 있었다. 골고루 몸으로 느껴 보며 한 바퀴 돌아 휴게실로 나왔다. 옷을 주섬주섬 입는 사람, 머리를 말리는 사람, 벗은 채로 휴식을 취하는 사람 등, 그런데 이게 웬일인가. 청소하는 아줌마가 빗자루를 들고 아무 스스럼 없이 휴게실과 탕 안을 넘나들면서 청소하는 게 아닌가! 젊은 여인은 아니었다. 그래도 그렇지 거기가 어딘데…, 더욱 헷갈리는 일이었다.

호텔 정문에 '盲導犬 同伴可'라는 스티커가 붙여져 있는 것을 보았다. 맹인을 인도하는 개까지도 호텔 안으로 들어갈 수 있다는 얘기다. 장애인 학교를 세우려 해도 집값 떨어진다고 주변에 사는 주민들이 거세게 반대하는 모습만 보아오던 눈으로 볼 때 조그만 충격이었다.

나라 지방의 나라공원 안에 동대사가 있다. 건축 당시 국력의 5분의 1이나 소모됐다는 거대한 사찰이다. '나라'라는 말은 우리말 나라(國)에서 유래된 것이란다. 우리 조상들의 집단촌이었음을 짐작할 수 있었다.

공원 안에는 많은 사슴들을 방목하고 있었다. 사람들을 무서워하지 않는다. 옆으로 다가가도 도망가는 법이 없었다. 사진을 찍으려고 가까이 가면 기꺼이 모델이 되어주는, 모가지가 길어서 슬픈 짐승이라기보다는 귀공자같은 인상을 받았다.

동대사 후문으로 들어가니 제일 먼저 '부경'이 눈에 띄었다. 부경은 고구려 시대 창고인데 정작 우리나라에서는 모두 사라져 버렸다. 이렇게 일본 땅에 자취가 남아 버티고 있다는 것에 놀라움과 회한이 교차했다. 일본인들의 곱지 않은 눈매 속에서도 꿋꿋하게 오늘을 살아내고 있는 것이다.

조금 더 내려가자 길 옆에 초라하기까지 한 조그마한 가라쿠니 신사가 나타났다. 그곳은 한반도에서 건너온 이주민들이 살던 지역으로 동대사를 지을 땅을 기부했고 그에 대한 감사의 표시로 신사를 지어 가라쿠니 신사(韓國 神社)라 했단다. 훗날 한국이란 말을 없애기 위해 음이 같은 신국신사(辛國 神社)로 고쳤다. 이렇듯 그들은 일본 속에 살아 숨쉬는 한민족사를 하나하나 말살해 버렸다.

동대사도 백제, 고구려인에 의해 만들어진 만큼 우리나라 사찰 양식을 갖추고 있었다. 몇 차례 화재를 당했고 그때마다 중수를 하면서 규모가 축소되고 모양도 바뀌어 일본화 되어 버렸다. 따라서 현재 우리 양식을 찾아보기는 쉽지 않았다. 후미진 곳에 겨우 흔적이 남아 있음을 확인할 수 있었다.

후나야마 고분에서 나온 금동제 관모나 동제 신발은 익산에서 출토된 것과 똑같다. 은 상감으로 글자를 새겨넣은 칼도 발견이 되었는데 우리와 관련되어 있는 결정적인 부분은 일부러 마모시킨 흔적이 역력했다. 그들은 한민족의 흔적을 없애려고 문화재까지 서슴없이 변형시키고 있는 것이다.

교토에는 한반도에서 진출한 진하승이 창건했다고 하는 광륭사가 있다. 입구에 세워진 비석에 창건자의 이름인 진하승이 들어 있었는데 역시 누군가가 그 부분만 마모시켜 버렸다.

그러나 없애 버릴 수 없는 지고지순한 작품이 하나 있었으니, 그곳에 보관되어 있는 일본의 국보 1호인 미륵보살 반가사유상이다. 독일의 철학자 야스퍼스가 '지구상의 모든 시각적 속박을 초월하여 도달한 인간 존재의 가장 청정하고 지극히 원만하여 가장 영원한 함축된 모습의 표징'이라고 경탄하며 '만일 지구가 멸망하기 직전에 지구상의 가장 귀중한 보물 한 점을 가지고 지구를 탈출한다면 바로 일본에 있는 '미륵보살 반가사유상'이다.'라고 했다 한다. 더 이상 무슨 말이 필요하리요!

그것은 적송으로 만들어졌는데 일본에는 없는 나무란다. 또 그와 똑같은 모습이지만 금동 불상인 미륵보살 반가사유상이 현재 우리나라 국립 중앙박물관에 있는 점으로 보아 국보 1호는 우리 조상의 손으로 만들어졌음이 분명하다.

하나의 나무토막이 선조들의 손끝에서 생명으로 탄생한 것이다. 거기에는 우리의 혼이 깃들어 있고 감히 범접할 수 없는 아름다움이 배어있다. 더하고 뺄 부분이 어디에 있는가! 체구는 작지만 우주를 포함할만한 포용력과 인자함을 읽어 내릴 수 있었다.

짧은 기간이었지만 탐방 단원들은 때로는 먼 거리를 걷고 밤중까지 강행군을 하면서 아직 남아있는 우리 문화의 흔적을 찾아다녔다. 일본에 지대한 영향을 끼쳐 준 흔적들, 그러나 그 의미를 축소하고 싶은 일본인들에 의해 많이 소멸되거나 변형되었다.

처음 대하면서도 전혀 낯설지 않은, 조상들의 손길과 혼이 담겨 있는 흔적들이 오늘도 이국땅에서 외롭게 버티며 찾아오는 후손들에게 시간을 초월하여 조상들과의 만남을 주선하고 있는 것이다.

〈오늘의문학 1998년 겨울호〉

It's Daejeon과 함께 한 여행

얼마 전 중국으로 여행을 하기 위해, 인천국제공항까지 직행하는 버스를 타려고 오전 3시 반경에 대전 동부터미널로 갔다. 4식구 모두 함께 하는 해외 여행은 처음이라 들뜬 마음으로, 상당히 의의 있는 여행이 될 것이라는 생각에 뿌듯한 마음으로 대합실에 들어서니 너무 일러서인지 아무도 없이 텅 비어있었다. 열대야가 계속되는 날씨가 그날도 이어졌다.

개찰할 때까지 앉아 기다리기 위해 앞자리로 가자 낯선 잡지가 눈에 띄었다. 표지를 보자 대전광역시에서 발행하는 It`s Daejeon이란 8월호 월간 잡지였다. 보도 듣지도 못한 책이라 호기심이 가서 한 권을 집어들었다. 읽어볼 시간이 없어 일단 둘러멘 가방에 집어넣고 떠났다.

결국 나와 동행을 하여 그 책이 해외 여행을 한 셈이다. 비행기 타고 중국 상해까지 같이 가서 상해 임시정부 청사에도, 윤봉길 의사가 의거를 했던 홍구 공원(현재는 노신 공원)에 가서 물통폭탄을 던졌던 현장도 같이 보았으며 항주로 이동하여 서호에서 유람선을 탈 때도 곁에 있었다.

천하 제일 절경이라고 하는 장가계에서 낮에 구경을 하고 호텔로 돌아와 피곤하긴 했지만 특별히 밖에 나갈 일도 없고 해서 가지고 온 It`s Daejeon을 읽었다. 외국에 나와서 그것도 심심산천에서 It`s Daejeon을 읽자니 감회가 깊었고 내용도 다양하고 유익하다는 생각이 들었다.

박물관 탐방이란 기사는 여름 방학을 맞은 학생들에게 교육적 효과를 줄 수 있는 길잡이 역할을 했고, 대전동물원 앞에서 아름다운 우리꽃 전시회를 하고 있다는 정보를 알려주어 이 달이 다 가기 전에 꼭 가보아야 되겠다는 생각도 하게 되었다.

신 행정수도 이전에 따른 배후 도시로서 대전의 역할이라든지, 쾌적한 환경을 만들기 위해 3, 4공단의 악취를 이렇게 줄인다는 기사 등 등 아주 유익한 내용이었다.

앞으로 또 해외 여행을 하는 경우에는 It`s Daejeon을 몇 권 들고 나가 관광지에서 관광 관련 일에 종사하는 교포들에게 나누어 주어 그곳 사람들에게 대전에 대한 홍보를 해서 대전이 국내에서 뿐 만 아니라 세계 속의 대전으로 우뚝 설 수 있도록 조그만 힘이라도 보탠다면 어떨까 하는 생각을 해보았다.

〈It′ s Daejeon 2004년 9월호〉

우리 가족의 중국 장가계(張家界) 여행

우리 가족 4명이 함께 하는 해외(海外) 여행은 처음이다. 어디로 갈 것인가를 두고 한 달 전부터 고심해 왔다. 아시아 쪽에서 유명한 곳으로 하되 4명 모두 안 가본 곳으로 가자니 쉽지 않다. 행선지가 결정된 뒤 번복하기를 몇 차례 끝에 마침내 상해를 거쳐 장가계(張家界)로 가기로 했다.

출발하는 날(2004년 8월 11일) 새벽, 대전 동부 터미널에서 인천 국제공항까지 가는 오전 4시 차를 타기 위해 서둘러 집을 나섰다.

이른 새벽 대합실 역시 덥다. 10여 년만에 제일 덥다는 금년, 계속되는 열대야 현상으로 잠을 제대로 이루지 못하는 나날 들, 그래서 인지 극심한 경기 침체에도 불구하고 피서 차 해외 여행을 떠나는 사람들은 급증하고 있다고 한다.

어두워서 차창 밖의 풍경을 볼 수 없어서 답답하다. 천안쯤 가자 어둠이 엷어지면서 사물이 보이기 시작한다. 답답하던 마음도 사라진다. 밝음이란 이렇듯 좋은 것이다. 그러나 항상 밝을 수만은 없는 것이고 또한 어둠이 있어야 밝음이 그만큼 더 값진 것이 아닌가 하는 생각을 해보았다.

아침 이슬을 잔뜩 머금은 벼들이 더욱 싱그럽다. 푸르고 건강한 모습은 얼마 뒤의 튼실한 결실을 말해주고 있다. 뜸부기 한 마리가 날아올라 운치를 더해준다.

산기슭에는 달맞이꽃들이 여기저기 눈에 띈다. 꽃은 오므라들어 있다. 낮에는 피지 않고 밤에만 살며시 피어나서 달맞이꽃이련 가, 수줍어 수줍어 남몰래 피어나는 꽃, 아무튼 그 꽃을 볼 때마다 가련한 꽃이란 생각이 든다.

인천공항에 도착하여 하나투어 여행사의 가이드를 만났고 이번에 한 팀이 되어 움직일 32명이 출국 수속을 마치고 중국 항공사인 중화동방항공기에 탑승했다.

우리를 태운 비행기가 출발한 뒤 한참을 가서 활주로에 들어서자 속력을 내더니 이내 떠올랐다. 비행기는 이착륙할 때가 위험하다고 들었는데 역시 이륙할 때 요동이 심했다. 조금은 걱정이 됐다. 주기적으로 비행기 사고가 나곤 했는데 한동안 사고가 나지 않았기 때문에 항공기와 관련된 사람들 마음이 해이(解弛)해지고 혹시 사고가 나는 것은 아닌가 하는 불안감 때문이었다.

육중한 비행기가 그 많은 사람들을 싣고 높은 하늘에 떠 간다는 것이 참으로 신기하다는 어린애 같은 생각도 해보았다.

늘 올려다만 보던 구름들이 저 아래에 펼쳐져 있다. 여기 저기 흩어져 있는 구름들이 햇빛을 받아 마치 한겨울에 눈이 많이 내려 온산이 설화(雪花)가 피어난 모습과 흡사하다. 천상에서 내려다본 저 아래 세계가 저토록 아름다울 줄이야! 잠시 무지개가 나타나더니 곧 사라진다. 그것은 진짜 나타났던 무지개였는지 아니면 비행기 창문 밖으로 펼쳐진 풍경이 너무 황홀해서 내 마음속에 떠오른 무지개였는지 알 길은 없다.

바닷물 색깔이 점점 황토 빛으로 짙어지는 것을 보고 중국에 거의 다 왔음을 직감했고 이어 비행기가 차츰 하강하더니 요동치면서 이내 상해 포동 공항에 착륙했다.

8시 55분에 인천 공항을 출발하여 상해 포동공항에 도착한 것이 10시 30분, 약 1시간 30분 걸렸다. 그러나 포동공항에 걸려있는 시계는 9시 30분을 가리키고 있다. 중국 표준시간이 우리보다 1시간 늦기 때문이다. 내 시계도 1시간을 늦춰 중국 시간에 맞추어 놓았다.

입국 수속을 마친 뒤 우리 일행은 버스에 올랐고 상해의 가이드가 합류해서 상해에 대한 설명과 안내를 해주었다.

가이드의 설명에 의하면 상해는 중국에서 인구가 제일 많은 도시이고 중국 경제 발전의 견인차 역할을 하고 있으며 양자강 근처에 위치하고 있는 만큼 그 주변에서 산을 찾아볼 수 없을 정도로 넓은 평야 지대란다. 긴 거리는 아니지만 시속 400Km 이상 달릴 수 있는 자기 부상 열차가 있으며 겨울에도 따뜻해서 눈을 거의 볼 수 없단다.

세수간(洗手間)이 화장실이다. 말하자면 손을 씻는 곳, 한문을 아는 사람은 누구나 짐작할만하다. 그러나 이제 중국에서는 약자를 많이 쓰기 때문에 생소한 글자가 많다. 간판에 'ㅇㅇㅇㅇ'이라고 쓰여 있는 것을 보았다. 한참을 궁리한 끝에 영업시간(營業時間)을 그렇게 썼다는 것을 알아차렸다.

한편 우리와 같은 한자를 쓰면서 낱말의 뜻이 전혀 다른 것들이 많이 있다. 기차(汽車)는 우리가 생각하는 기다란 기차가 아니라 자동차를 일컫는 단어이고 주점(酒店)은 술집이 아니라 호텔을 의미하는 것이다.

상해에 있는 대한민국 임시정부 청사를 둘러보고 나서 윤봉길(尹奉吉)의사가 거사를 했던 홍구 공원(虹口 公園; 현재는 노신 공원)으로 갔다. 1932년 4월 29일 일본이 천장절(天長節)을 기하여 상해사변에서 승리한 전승 축하회를 그곳에서 할 때 물통 폭탄과 도시락 폭탄을 들고 들어가 한참 식이 무르익을 즈음 물통 폭탄을 집어던져(지금까지는 도시락 폭탄을 던진 걸로 알고 있었는데 물통 폭탄을 던졌고 도시락 폭탄은 던지기 전에 잡혀서 사용을 못했다고 함) 시라까와〈白川義則〉 대장 등을 폭살시켜 우리 민족은 물론 중국인들의 마음까지 후련하게 해주었던 그 현장을 바라보자 감회가 깊었다.

공원 안에 세워진 윤봉길 의사 기념관에서 특히 눈에 띈 것은 벽에 걸려 있는 윤 의사의 붓글씨였다. '장부 출가 생불환(丈夫 出家 生不還)', 얼마나 의미심장한 글귀인가! 결국 25세의 젊은 나이에 죽임을 당하여 암매장되는 신세가 되고 말았지만 그는 우리들 마음속에서 영원히 살아 계신다.

외탄 공원에서 황포강 넘어 바라본 높은 빌딩들은 오늘날의 중국을 상징하고 있는 듯하다. 하늘 높은 줄 모르고 치솟는 빌딩들, 무섭게 치고 올라가는 중국의 경제 발전을 보고 있는 것 같아 섬뜩한 현기증마저 느꼈다.

항주(杭州)로 가기위해 상해를 벗어나자 농촌 풍경이 펼쳐진다. 끝도 없는 평야 지대에 마을과 마을이 죽 연결되어 있다. 비슷한 모양의 집들이고 지붕은 거의 다 밋밋한 맞배지붕 뿐이며 기와는 우리와 달리 아주 작다.

상해에서 항주까지 버스로 2시간 반정도의 거리인데 산을 볼 수가 없다. 아니 변변한 언덕조차 볼 수 없는 평야 지대이다. 항주에 가까워지자 겨우 산이 나타난다. 주로 벼농사고 그 다음으로 눈에 띄는 것이 뽕밭이다. 뽕나무는 그리 크지 않다. 농산물 개방이 완전히 이루어진다면 우리 농촌은 살 길이 없다는 것을 실감했다.

한편 아무리 살펴봐도 무덤이 없다. 가이드의 말에 의하면 전에는 고속도로 변에도 무덤이 있었단다. 등소평(鄧小平)이 죽으면서 화장하도록 유언을 했고 그 뒤로 일반인들도 화장하는 풍속으로 변했단다. 과연 등소평이란 생각이 들었다. 그런데 우리의 현실은 어떤가? 좁은 땅덩어리를 가진 나라에서 권력과 부(富)를 가진 사람일수록 무덤을 크게 호화스럽게 꾸미고 있지 않은가, 모범을 보여야 할 사람들이 소인배적(小人輩的)인 사고에서 벗어나지 못하고 있다.

등소평은 흑묘 백묘론(黑猫 白猫論)을 내세우면서 경제 발전에 박차를 가했다. 공산주의니 하는 이념을 접어버리고 오직 국민들이 잘 살 수 있도록 하는데 모든 힘을 쏟은 것이다. 그 결과 오늘날 잘 사는 중국이 되었다. 너무 지나친 고도성장으로 오히려 브레이크를 밟아야만 되는 처지에 놓여 있다. 자본주의 국가보다도 더 규제를 풀고 기업을 운영하기 좋은 환경을 만들어 주어 외국 자본이 밀려들어오고 일자리도 많이 늘어나는 등 머지않아 경제적으로 우리를 추월할 것이다.

반면에 우리나라는 좌경적인 정부가 들어서서 강성 노조가 활개를 치고 기업을 운영하기는 어려워 너도나도 국외로 탈출하고 있다. 그 때문에 실업자(失業者)는 늘어 '이태백 '이라는 신조어까지 나돌지 않는가.

항주(杭州)에 도착했다. 항주는 남송(南宋) 시대의 수도였으며, 수(隋)나라 양제(煬帝) 때에 판 운하(運河)가 시작되는 곳이다. (북경까지 이어진다)

오산의 성황각(城隍閣) 4층에 올라 앞쪽으로 바라보니 전단강이 흐르고 뒤쪽으로는 서호(西湖)가 있다. 청(淸)나라 서태후(西太后)가 보고 홀딱 반했다고 하는 호수 아닌가.

항주에서 1박을 한 뒤 중국 4대 사찰 중 하나인 영은사(靈隱寺)로 향했다. 영은사 입구 전에 바위산이 있는데 그 곳에 자그마치 338기의 불상(佛像)이 새겨져 있다고 한다. 영은사에는 중국에서 제일 큰 목조좌불(木造 坐佛)이 안치되어 있다.

서호 주차장에서 선착장까지 가는 길 양편으로 나무와 잔디가 어우러져 있는 가운데 여러 마리의 공작새들이 노닐고 있다. 사람이 다가가도 도망가지 않는다. 오가는 사람들이 던져주는 먹이에 길들여져 있는 것이다.

선착장에서 배를 타고 호수를 한 바퀴 돌아본 뒤 구름다리를 지나 주차장으로 향하는데 매미 소리 또한 요란하다. 쓰름 쓰름 맴맴 하는 것이 국내에서 듣는 소리나 매 한가지다. 저만치 개구리 한 마리가 폴짝 뛴다. 개구리를 보자 올챙이가 연상되면서 요사이 한창 유행인 올챙이 송이 떠올랐다. 그 리듬에 매미를 주제로 가사를 개작을 해보면 어떨까 하는 생각이 들어 지어보았다.

얕은 땅속 굼벵이 한 마리
꿈틀 꿈틀 꿈틀대다
앞날개가 쑤~욱 뒷날개가 쑤-욱
펄럭 펄럭 매미가 됐네

여행의 주 목적지인 장가계(張家界)를 가기 위해서 상해 포동공항으로 되돌아와서 중국 국내선 비행기에 올라 약 2시간 날아서 장가계 비행장에 도착했다.

밤에 잠결에 요란한 천둥소리에 잠이 깼다. 비는 억수같이 쏟아지고 번개가 번쩍거리며 천둥소리는 왜 그리 큰지, 태산이라도 무너질 것 같은 두려움과 내일까지 이어져 내일 일정(절경을 보는 가장 중요한 날)을 망치면 어쩌나 하는 불안감이 엄습해 왔다.

날이 밝자 어제 밤의 광란은 씻은 듯이 사라졌다. 신기할 정도다. 버스에 올랐다 그곳 가이드가 하는 말이 32명의 관광객 여러분의 마음씨가 고와서 하늘이 도운 것 같다고 한다. 듣기 싫은 말은 아니다.

장가계는 우리나라 사람들이 많이 찾는 곳 중의 하나다. 80% 이상이 우리나라 관광객이란다. 그런 만큼 그곳에서 활동하는 우리교포(朝鮮族) 등이 2,000~3,000명 정도는 된다고 한다. 우리말을 할 줄 알기 때문에 사업주나 관광객이나 다 좋은 거 아닌가, 그만큼 우리가 일자리를 만들어 준 셈이다.

가이드가 장가계의 유래에 대해서, 그곳에 살고 있는 대표적인 소수민족인 토가족(土家族) 등에 대해서 자세히 설명을 해준다. 이어서 하는 말이 계림은 경치가 아름다워 눈 빠지는 관광이고 북경은 만리장성 등 많이 걸어야 하기 때문에 다리 부러지는 관광이고 항주는 서호에서 유람하며 마음을 즐기는 마음의 관광인데 장가계는 '와와 관광'이란다. 와와 관광이 무슨 뜻일까. 절경(絶景)을 바라보면 사람들 입에서 와! 와! 하는 감탄의 소리가 저절로 나오기 때문이란다. 그럴 듯하다. 몹시 기대된다.

토가족은 여자들이 밖에 나와 경제활동을 하고 대신 남자들이 집안 살림을 꾸려 간다고 한다. 여자들은 노래도 잘 부르고 수를 잘 놓는다고도 한다. 남자가 좋아하는 여자가 있으면 그 여자의 발등을 3번 밟으면 되고 그에 대한 응답으로 그 여자도 남자의 발등을 3번 밟으면 yes 이고, 마음에 안 들면 뺨을 때린다고 한다. 가이드가 토가족 여인들의 발등을 밟지 말라고 농담을 한다. 잘못하면 한국까지 따라간다고….

그들 가옥의 특징은 굴뚝이 없고 창문이 없다는 것이다. 춥지 않은 지방이기 때문에 난방을 하지 않아 굴뚝이 없고 취사 등은 연탄불로 하는데 연탄가스 때문에 창문을 달지 않는다고 한다.

절경지가 위치한 곳은 장가계 속의 원가계라는 곳이다. 입구에 무릉원 국가 중점 풍경 명성구(武陵源 國家 重点 風景 名胜區)라는 간판이 걸려있다. 원래는 무릉도원이라 했는데 복숭아나무가 없어서 도(桃)자는 뺐다고 한다. 경내에서는 소형버스를 타고 이동하기도 하고 걷기도 하면서 구경하게 되어 있다.

드디어 올 것이 왔다. 무슨 말이 필요하리요. 그저 여기저기서 '와와' 소리가 나온다. 와와 관광이란 말이 틀린 말이 아니다. 천하 제일 절경이 아닌가. 이곳이 무릉도원(武陵桃源)이 아니라면 그 어디란 말인가?

물론 세계 자연 유산으로 등록되어 있다. 어느 유명한 미술가가 장가계를 여덟 글자로 평했단다. 〈기유차리(豈有此理), 막명기묘(莫明其妙)〉 어찌 이럴 수가 있느냐, 알고도 모를 일이다란 뜻이다.

얼마나 꿋꿋하고 웅장한 자태인가! 도끼로 찍고 칼로 벤 듯한 거형의 바위, 돌 봉우리 돌기둥은 보는 이로 하여금 눈이 휘둥그레지게 하고 깜짝 놀라게 한다.

다음날 들른 곳 중에는 대표적인 곳이 황룡동굴(黃龍洞窟)이었다. 주차장에서 동굴까지는 한참을 걸어야 한다. 걷는 내내 전쟁을 치러야 한다. 토가족은 어린애들을 교육도 제대로 시키지 않고 일찍이 돈을 벌도록(먹고살기 어려워서 이겠지만) 내 몬다고 한다. 그래서 관광객을 상대로, 특히 우리 나라 사람들이 그 동굴을 많이 찾기 때문에 구름 떼처럼 몰려들어 물건을 파는 것이다. 머리를 가로 저어도 소용이 없다. 이미 가이드로부터 주의사항을 들었지만 소용이 없다. 끈질기다. 떨어져 나가질 않는다. 우리말로 4개 천 원, 5개 천 원 하면서, 때로는 아저씨 오빠라고 불러가면서 진드기 같다.

우리가 찾는 곳마다 원주민들로부터 우리말을 듣게 되고(쓰는 말이 한정되어 있긴 하지만) 우리 돈이 그대로 통용이 된다. 이게 우리 나라의 저력이 아닌가. 경제력이 있어야 가능한 일이다.

동굴 안으로 들어서니 우선 시원해서 좋다. 처음에는 그저 밋밋하고 특별난 것도 없었다. 한참을 들어가자 아주 넓은 공간에 돌기둥처럼 수백 개는 됨직한 석순이 서 있는데 국내에서는 볼 수 없는 굉장히 큰 석순들이다. 그중 제일 큰 것은 정해신침이라는 이름도 붙여주고 보험까지 들어있다고 한다. 약 20m나 된다니 상상해 보라. 게다가 색색의 조명을 비춰서 환상의 세계로 만들어 놓았다.

장가계의 토가풍 정원에 갔다. 토가족의 모습을 직접 체험할 수 있는 민속 박물관이다. 우리가 입구에 다다르자 악기와 북소리가 우리를 환영한다. 여자들이 토가족 의상을 하고 죽 늘어서서 술 한 잔씩 나누어준다. 그것이 손님을 맞아들이는 그들의 전통 풍속이란다. 마당에는 남녀 여러 명이 전통 복장을 하고 도열해 있다. 각양 각색의 전통 복장을 갖추어 입었는데 꽤 화려하다는 느낌을 받았다. 이어서 그들은 제사 의식을 행하고 춤을 추었고 우리들은 건물 회랑에서 편히 앉아 그것을 감상했다.

그 뒤 그 곳 가이드를 따라서 민속 박물관을 둘러보았다. 진열된 농기구 등에서는 우리 것과 흡사한 것도 볼 수 있었다.

상해로 가기 위해 장가계 공항에서 밤 9시 30분 비행기에 오르는데 비가 억수같이 쏟아진다. 우리가 관광을 마치고 나니까 비가 쏟아진다. 여기 까지 와서 날씨 때문에 절경을 보지 못하고 돌아간 사람들이 많다고 들었다. 아닌게 아니라 우리가 선택된 사람들일까. 날씨도 이토록 배려를 해주니 말이다.

우리 4식구에게 아주 귀중한 추억거리가 되었다. 가족이 함께 한 해외여행이라 더욱 뜻 깊었고 만족스러운 여행이었다.

〈문학사랑 2004년 겨울호〉

대만여행

이번 겨울 해외여행은 대만으로 가기로 했다. 동남아 쪽으로 생각하던 중 인도네시아 수마트라 북부 아체주 근처에서 아주 강력한 지진이 발생했고 그 여파로 생긴 쓰나미(해일)로 인해 대부분 지역에서 많은 피해를 보았기 때문에 여행지 선택의 폭은 좁아졌고 결국 대만행이 결정됐다.

5개월 만에 다시 찾은 인천공항은 왠지 정겹고, 대전을 출발할 때 눈발마저 날리더니 활짝 개여서 이 번 여행의 좋은 징조인 것만 같아 마음이 들떴다.

쓰나미로 인해 인도네시아 아체주는 물론 태국 푸켓, 인도양 너머 멀리 스리랑카와 인도까지 엄청난 희생자가 생겨 들뜬 마음을 들어낼 수는 없었고 이런 판국에 남의 나라 일이긴 해도 외국 여행을 한다는 것이 조금은 미안했다.

한편으로 그러한 천재지변이 적은 우리나라, 매장된 부존자원은 별로 없어도 그런 면으로 혜택이 있다는 것이 얼마나 다행인지 모른다.

롯데관광 주선으로 가는 여행, 우리 부부를 포함해서 15명이지만 동행하는 가이드가 없어 서로 누구인지도 모른 채 오후 1시 50분발 아시아나 비행기에 올랐다.

비행기 덩치가 작아서인지 조금 심하게 흔들려 마치 자동차를 타고 비포장 시골길을 달리는 기분이다. 구름 위를 나는 비행기에서 밖을 내다보니 글자 그대로 구름바다(雲海)다. 솜사탕을 쫙 깔아놓은 듯 도

하고 어찌 보면 많은 눈으로 덮인 설산(雪山)과 설화(雪花) 같기도 하다.

타이페이 공항에 도착하여 수속을 밟고 난 뒤 현지 가이드를 만났고 4일 동안 같이 움직일 15명의 여행객이 그때서야 한자리에 모였다.

우리도 적은 나이는 아닌데 지팡이를 짚은 할아버지(나중에 알고 보니 76세란다)까지 눈에 띄었다.

부부 팀이 3팀, 자매 팀이 1팀, 중학교 자모회 7명 1팀으로 구성되었고 40대로 보이는 자모회 7명과 할아버지를 빼고는 60세 전후로 짐작되었다.

노부부는 딸이 보내주어서 왔단다. '아들을 둔 부모는 승용차 타고 딸을 둔 부모는 비행기 탄다.'는 말이 있는데 틀린 말이 아닌 것 같다.

대만은 겨울(1월~2월)이 우기(雨期)라더니 공항을 나서면서 처음 만난 것도 비였고 그 뒤 4일 내내 햇빛 구경을 못했다.

대만에 대한 가이드의 설명이 시작되었다.

'대만은 마치 고구마처럼 생겼고 과거에 네덜란드의 통치를 32년간 받았고 또한 52년간 일본의 통치도 받았습니다. 현재 온도는 섭씨 17도 이고 북부는 아열대성 기후로 2모작이, 남부는 열대성 기후로 3모작도 가능합니다.

한국보다 훨씬 따뜻해서 열대 과일이 많이 나니까, 오신 김에 이것저것 맛보시기 바랍니다.

대만 대추는 상당히 커서 한국의 자두만합니다. 여러분들이 잘 아시는 바나나, 파인애플 등은 물론 무화과나무 이파리처럼 생겼지만 열매는 고구마 같이 생긴 파파야도 있고, 팽이처럼 생긴 연무라는 과일도 있지만 더운 지방이라 사과는 수입품입니다.'

가이드의 친절한 설명이 계속 이어진다.

물론 직업이니까 그렇겠지만 한국에서 오래 살던 화교이고 지금도 어머니와 형님이 한국에 살고 있어서 자주 한국을 들른다고 하니 우리들이 남달리 반가운 모양이다.

설명이 이어진다.

'땅덩어리는 작지만(경상남북도 정도) GNP는 13,500달러이고 4분의 3이 산지로 3,000m 이상 되는 산도 많습니다.

그리고 여기 사람들은 먹는 것과 조상숭배를 아주 중요하게 생각합니다.'

작은 고추라고 깔보다가는 큰 코 다치기 십상이다. GNP도 우리보다 위이고 땅 넓이는 작아도 높이는 한 수 위다. 따라서 해안선도 우리처럼 개펄이나 모래사장으로 되어있는 것이 아니라 대부분 절벽으로 되어있어 그 또한 장관이다.

중국인들의 음식문화야 과거부터 전 세계적으로 알아주는 거니까 재론할 필요가 없다.

중국 본토에서는 무덤을 보지 못했는데(화장) 대만은 작은 집처럼 만들어 봉안하고 있다. 어는 곳을 지나다가 멀리 산비탈에 마치 우리의 판잣집처럼 보이는 것이 널려 있어 가이드에게 물어보니 그게 바로 공동묘지란다. 부자들은 묘지도 화려하게 꾸며놓고 장례식도 어마어마하게 치른단다.

대만 사람들은 삘랑이라고 하는 열매를 잘 사먹는다고 한다. 일종의 피로회복제라 할 수 있는데, 밖으로 돌출되어 있는 가게에서 주로 젊은 아가씨들이 경쟁적으로 삘랑을 팔고 있다. 고객은 주로 남자들인 모양이다.

어딜 가나 빈랑나무를 많이 볼 수 있지만 야자수 나무와 비슷해서 낯선 이방인은 쉽게 구별이 가지 않는다.

어둑어둑할 무렵 용산사를 들렀다. 불교 사찰이라기보다는 불교와 도교가 어우러져 있는 사찰이다. 신앙의 대상이 아주 다양하고 여기저기서 향을 피우고 촛불을 밝히며 복을 기원하는 장면을 많이 볼 수 있다.

용산사를 돌아 나와 젊음의 거리 야시장으로 향했다. 역시 먹을거리가 많고 심지어 뱀탕집까지 있다.

다음날 아침엔 서둘러 양명산 국립공원으로 향했다. 들판엔 지금도 옥수수가 자라고 산자락엔 진달래꽃이 보인다. 겨울도 그리 춥지 않다는 것을 말해주고 있는 것이다.

대나무도 눈에 많이 띈다. 가이드가 대나무에 관해 이야기한다. 대나무 숲에는 대나무처럼 생겨 구별이 잘 안 되는 청사라는 뱀이 살고 있으며, 대나무는 100년에 한번 꽃을 피우는데 그리고 나서는 죽는단다.

산으로 오를수록 유황 냄새가 진동을 한다. 분화구(휴화산)에서 내뿜는 유황온천수를 보자고 올라갔지만 비는 주룩주룩 내리고 앞이 제대로 보이지 않아 냄새만 맡고 소리만 들었다. 다만 길옆에 손가락만큼 치솟는 새끼 유황 온천수가 있어서 손을 대보니 뜨겁다.

그 곳 화장실에 가보니 남자 소변기 앞에 '向前 一步 保持 淸潔'이라 쓰여 있다. 나라는 달라도 문제점은 같구나 하는 생각에 저절로 웃음이 나왔다.

되짚어 내려오다 산중턱에 있는 노천 유황 온천탕에 들어갔다. 열탕을 피해 온탕에 몸을 담그고 시간을 낚고 있자니 그 순간만은 부러운게 없다. 빗줄기는 더욱 굵어지고 나비 한 마리가 처량하게 처마 밑에 매달려 퍼덕이고 있다.

점심을 배불리 먹고 난 뒤 버스 안에서 가이드가 대만 대추를 하나씩 돌리면서 우스개 소리를 한다.

'중국말로 따꺼란 주먹 세계에서 부르는 형님 정도의 말입니다. 김씨 성을 가졌으면 김따꺼, 박씨 성을 가졌으면 박따꺼, 그렇다면 조씨 성을 가졌으면 무엇입니까?' 하고 묻자, 우리들은 합창하듯이 '조따꺼'라 했다.

'예 맞습니다, 그것을 빠르게 해보십시오.'

'......'

자연히 조자 밑에 ㅅ받침이 붙게 되어 있다.

'( )따꺼, 씨팔노마.'

입에 담기 힘든 욕 같지만 우리말로 풀이해보면, 조씨 형님 배불리 드셨습니까? 하는 내용이란다. 배꼽을 잡지 않을 수 없었다.

세계에서 해양 지질 공원은 3군데 밖에 없단다. 따라서 대만의 야류 해양 공원에 대한 기대가 컸었는데 역시 기대에 어긋나지 않는 곳이다. 대만 해협을 낀 해안가가 사암(砂岩)으로 이루어진 곳이라 오랜 동안 파도에 깎이고 깎여 기묘한 형상을 한 바위들이 즐비하다. 여왕의 머리 모양으로 생긴 것이 있는가 하면 공룡 알, 신데렐라의 구두라고 일컫는 것도 있다. 끝없이 펼쳐진 바다에서 거침없이 불어 대는 바람을 맞으며 자연의 신비를 만끽할 수 있는 장소다. 여름철이라면 더욱 좋을 듯하다.

대만 여행하면 빼놓을 수 없는 곳이 국립고궁박물관이다. 장개석이 본토에서 대만으로 쫓겨 올 때 어마어마한 양의 유물을 갖고 왔단다.

약 72만점의 유물 중에 상설 전시는 1만 2천여 점이고 나머지는 3개월마다 교체하는데 모두 보려면 15년 정도 걸린다니 그 규모가 상상조차 힘들다.

그러나 유감스럽게도 건물 보수공사 중이라 3분의 1 정도의 전시관만 관람했고 아쉽지만 훗날을 기약할 수밖에 없었다.

관광버스 중에는 상하이 관광단을 싣고 온 버스도 있다. 본토 중국인들도 관광차 대만을 드나들 수 있는 것이다.

뿐만 아니라 대만 인구 2,300여 만 명 중에 약 10% 정도는 중국 본토로 들어가 장사나 사업 등을 한다니 두 나라 사이에 장벽은 별로 없는 셈이다.

그에 비해서 우리의 현실은 어떤가?

본의 아니게 남북으로 헤어진 이산가족조차 마음대로 만날 수 없지 않은가! 가끔가다 가물에 콩 나듯이 100~200여 명 씩 사람들의 시선을 끌기 위해 이벤트 행사로 잠깐 동안 만나는 게 전부다. 북한 당국의 비위를 거스르면 그나마 없다. 우리 쪽은 항상 비굴하게 매달리고 북한은 생색을 내며 실리까지 챙기고 있다. 상설 이산가족 면회소를 설치하자는 우리의 제안에는 모르쇠로 일관하고 있다. 집채 만 한 코끼리에 비스킷 하나 던져주는 것과 다를 바가 없는데 우리는 감지덕지하고 있으니…….

셋째 날은 기차로 타이페이를 벗어나 화련으로 가는 날이다. 산이 많은지라 터널도 많고 그리 멀지 않은 거리임에도 2시간 40여 분 걸렸다. 원주민이 많이 살고 대리석, 장미석, 옥 등으로 유명한 도시다.

세계 7대 절경 중 하나라고 일컬어지는 태로각 협곡을 보러 가는 길이다. 골짜기로 흐르는 물이 오랜 세월 대리석을 침식해 만들어 낸 장대한 대자연의 창조물이다. 밑을 내려다보면 깎아지른 절벽, 아찔하다. 길은 매우 험하다.

1950년대에 군사상 목적으로 동서 관통로가 뚫렸다. 바위를 깎아내고 때로는 바위에 굴을 뚫고 해서 만든 길이다.

장개석이 깊은 관심을 가졌었고 부인(송미령)과 함께 자주 공사 현장을 방문했었단다.

얼마나 난공사였으면 공사 도중 200여 명이 사망하고 700여 명이 부상을 당했을까! 그들의 넋을 위로하기 위해 협곡 위에 장춘사(長春祠)라는 사당을 지었고, 그 밑으로 폭포가 흐르는데 원혼들의 눈물인 듯 바라보는 마음이 숙연해진다.

마지막 날 아침 소인국을 보기 위해 출발했다. 출근 시간쯤 되었을 게다. 교차로에서 교통 신호를 대기하고 있는 굉장히 많은 오토바이를 볼 수 있다. 자동차 앞쪽으로 오토바이들이 무리를 지어 늘어서 있고 그 뒤쪽으로 자동차들이 대기하고 있다. 많은 만큼 오토바이의 파워가 대단하다. 건물들 앞에는 질서정연하게 오토바이들이 주차되어 있다. 오토바이 천국이다. 대도시의 교통체증을 줄이는 역할도 톡톡히 하리란 생각을 해본다.

대만의 또 한 가지 특징은 도로변 건물을 지을 때 도로 쪽으로 1층의 일부분을 공간으로 만들어 사람들의 통행로로 이용되고 있다는 것이다. 좁은 도로를 넓게 쓸 수가 있고 비가 올 때 비를 맞지 않고 다닐 수 있어 편리할 것 같다.

소인국은 건물들을 25분의 1로 축소해서 만들어 놓은 곳이다. 거기에는 중국 본토의 자금성, 만리장성, 소림사도 있고 인도의 타지마할, 일본의 오사카 성, 우리나라의 덕수궁 등이 있다.

그러한 곳에 놀이시설이 빠질 리 없다. 몇 가지 타본 것 중에서 제일 재미있어 한 것은 자동차놀이다. 여행지인 만큼 76세 노인까지 어린애가 되어 이리 치받고 저리 치받고 하면서 유쾌한 시간을 보냈다. 계속 비가 내려 구경을 하면서도 왠지 표정들이 밝지 못했는데 그 먹구름을 한 방에 날려버렸다. 너무들 좋아하니까 가이드가 once more를 외친다.

돌아오는 타이페이 공항 대합실에서 이종범 야구선수를 만났다. 반가운 마음에 휴식 차 대만에 왔냐고 먼저 말을 걸었다. 그게 아니라 2월 달에 대만에서 야구 시합이 있는데 인터뷰를 하러 왔단다.

작은 나라 대만, 별로 기대를 하지 않고 떠났지만 4일 내내 비가 와서 그렇지 기대 이상으로 보고 느끼고 왔다.

〈문학사랑 2005년 봄호〉

제주도여행

결혼 30주년을 기념하여 해외여행을 생각했었지만 여의치 않아 제주도로 행선지를 바꿨다. 제주도로 가자는 아내의 제안에 주저하지 않고 동의했다. 아내는 아직 그곳에 가보지 못했기 때문에 해외여행보다도 더 의의가 있으리라 생각했다.

자가용을 배에 싣고 가려고 완도항에 알아보니 이미 예약이 끝난 상태라 목포항으로 향했다. (2월 1일)

5천 톤 급의 카페리 레인보우호에 차를 먼저 선적시키고 난 뒤 개인별 표를 따로 끊어 승선했다. 제주까지는 거의 5시간이나 걸리는 긴 시간이지만 다행이 2등 객실이라 20여명이 들어가는 칸막이 방이므로 조용하고 맨 바닥에 누울 수도 있어 그렇게 지루한 줄 몰랐다.

비교적 큰 배인데도 파도에 흔들린다. 수년전 홍도에 갈 때 배 멀미로 혼이 났었던 아내는 미리 귀밑에 배 멀미 방지 약을 붙여 무사히 항해를 끝낼 수 있었다.

제주항에 도착하여 차가 선적된 곳으로 가보니 모든 차가 4귀퉁이씩 쇠사슬로 묶인 채 바닥에 고정되어 있는 것을 보았다. 배가 파도에 흔들려 차들이 서로 부딪힐 수 있기 때문에 취한 조치란 생각이 든다.

용두암 근처에서 1박을 하고 먼동이 트자마자 제일 먼저 용두암을 찾았다. 10여 년 전에 왔을 때는 해안가 길에서 수십m는 떨어져 있다고 생각했었는데 지금 와서 보니 용두암 바로 앞까지 건물이 들어서 있다. 사람들의 욕심 때문에 해안선이 잠식되어가고 용두암의 위용이 초라한 모습으로 전락하고 있어 몹시 안타깝다.

신비의 길, 도깨비 길이라고도 한다. '신비의 길 출발점' 이라고 하는 곳까지 가서 차의 시동을 끄고 기어를 중립으로 놓자 차가 굴러가는데, '어라, 신기하게도 비탈길로 내려가는 것이 아니라 오르막길을 올라가고 있다. 물론 착시 현상으로 일어나는 일이지만 눈으로 볼 때는 분명히 올라가고 있다. 이렇듯 직접 눈으로 보아도 진실을 못 볼 수가 있는데 , 귀로만 전달해 듣는 소문이라는 것이 얼마나 허망한 것인가.

한림공원은 제주도의 특징을 잘 보여주고 있다. 지난번 여행에서 받은 이국적이라는 인상이 아직도 내 뇌리에 남아 있는 곳으로 아내에게 꼭 보여주고 싶은 곳 중의 하나다.

1971년에 황무지였던 모래밭에 수천 트럭의 흙을 운반하여 토양을 개량하고 야자수 씨앗 등을 심어 가꾸었다고 한다. 그 야자수 들이 지금은 하늘을 찌를 듯 우뚝 솟아있다.

야자, 소철, 제주에서 자생하는 문주란과 손바닥 선인장을 비롯하여 이름도 들어보지 못한 와싱토니아, 카나리엔시스 등 남국의 정취가 물씬 풍기는 광경하며 제주 전통 초가의 모습을 보여주는 재암 민속마을, 거기에 신비스러운 자연석들과 500여 점의 분재까지 전시되어 있다. 200~300 년도 넘은 분재들도 여럿 있다. 누대를 이어 내려온 것일텐데 그 아름다움도 아름다움이지만 뒤에 숨어 있는 정성에 감탄하지 않을 수 없다.

대정읍 송악산 밑에 있는 유람선 선착장에서 마라도행 배에 승선했다. 이내 가파도와 마라도가 눈에 들어온다. 어떤 뜻에서 가파도라고 이름 지어졌는지는 모르겠지만 웬지 몹시 쓸쓸한 섬처럼 느껴진다. 빚을 갚아도 갚아도 빚이 남아 있는 서민들의 빈곤한 삶이 연상 되어서 일까, 아니면 보다 작고 남쪽에 붙어있는 막내 섬인 마라도 에는 연중 많은 사람들이 찾아오지만 가파도에는 그런 발걸음이 별로 없어서 일까.

가파도를 지나자 파도가 더 높게 인다. 배의 심한 요동에 짜릿함을 느끼기도 하지만 한편으로 겁이 나고 두렵기도 하다. 오랜 시간이 아니라 다행이다. 30분만에 (대정읍 모슬포에서 12km)마라도 선착장에 도착했다.

역시 제일 먼저 우리들을 맞이 해주는 것은 바람이다. 제주도의 삼다(三多) 중에 하나가 바람이 아니던가, 그것도 맨 끝에 외롭게 떠 있는 작은 섬, 사방이 거칠 것이 없으니 그 바람이 오죽 하겠는가, 여기서는 그 무시무시한 태풍을 어떻게 견뎌내는지 그것이 몹시 궁금하다. 장갑을 끼고 마스크까지 중무장을 하고 섬으로 올랐다.

북쪽으로 가파도가 지척에 보이고 그 너머로 제주도의 산방산이, 저 멀리 흰 눈을 덮어쓰고 우뚝 서 있는 한라산이 눈에 들어온다.

동.서.남쪽을 바라봐도 수평선 뿐, 섬조차 하나 없는 그야말로 망망대해다. 가슴도 뻥 뚫린 느낌이다. 남쪽 어딘가에 제주인들의 마음속에 자리 잡고 있는 이어도만이 수평선 밑에서 일렁이는 파도에 시달림을 받고 있겠지.

1883년 이전까지는 무인도였다는 섬, 지금은 40여 가구가 살고 있고 둘레가 4.2km 밖에 안 되는 작은 섬이지만 '기원정사'라고 하는 절도 있고 교회도 있고 초등학교도 있다. 아담하고 그림 같은 학교, 방학중이라 학생들은 없고 '가파 초등학교 마라분교' 라는 간판만이 멀리서 온 관광객을 맞이하고 있다.

처음보지만 결코 낯설지 않은 '자장면 시키신 분' 이란 상호가 달린 자장면 집이 있어 그 앞에서 기념으로 사진 한 장 찍었다. 대정읍 선착장에서 점심을 먹고 출발했기 때문에 마라도에서 자장면을 시켜 먹어 보지 못한 것이 못내 아쉽다.

갈 길이 바빠 산방산 석굴에 오르는 것은 포기하고 용머리 해안으로 향했다. 산방산 쪽에서 내려다보면 마치 용이 머리를 쳐들고 바다로 뛰어들려는 자세를 취하고 있는듯하다 하여 용머리라는 이름이 붙은 것이다. 1653년 하멜 일행이 일본의 나가사끼를 향해 항해하다가 표류한 곳이기도 하다. 기념비가 있고 더 내려가면 하멜이 타고 왔었던 배를 재현시켜 놓은 것이 있고 기념관도 세워 놨다.

용머리 해안은 수 천년동안 사암층이 쌓이고 쌓여 이루어진 것이라는데 각양각색의 모양으로 오묘하기 이를 데 없는 바위 절벽으로 되어 있다. 해안 절벽의 절경을 바라보며 돌아가는데 감탄사가 절로 나온다. 전북 부안의 채석강이 멋지다고 하나 그것에 비하면 차라리 초라하다(?)는 표현이 옳을 듯하다. 제주도 여행할 사람이라면 용머리 해안을 빼놓지 말고 꼭 감상하도록 추천하고 싶다.

중문 관광단지에서 1박을 하고 외돌개, 서귀포 잠수함 관광, 천지연 폭포. 정방폭포를 보고 멀리서만 바라보는 한라산이 아니라 가까이 느끼고 싶어 5.16 도로로 접어들었다.

얼마를 가자 경찰이 가는 길을 제지하고 있다. 눈이 많이 내려서 체인 같은 장비가 없으면 못 간다는 것이다. 이렇게 햇빛이 내리 쬐이고 있는데 이해가 잘 안 됐지만 성판악 휴게소 까지만 갔다가 다시 내려오겠다고 하고는 올라갔다. 설마 설마 했는데 좀 더 올라가자 아닌 게 아니라 눈발이 내리기 시작했고 성판악 휴게소를 2km 정도 남겨 놓고는 길에 눈이 쌓이는 것이다. 안 되겠다 싶어 차를 되돌려 내려오고 말았다. 햇빛이 나는가 하면 금방 눈발이 날리고 또 어느 샌가 날이 개고, 좀처럼 날씨를 종잡을 수 없는 한라산, 그게 바로 남한에서 제일 높은 산의 위용이 아니겠는가, 산을 다 내려와 눈 덮인 산꼭대기를 바라보니 햇빛에 반짝반짝 빛나고 있었다.

성읍 민속 마을에서 성산으로 가는 길에 한겨울인데도 감귤이 나무에 매달려 있는 광경을 보니 제주도이구나 하는 실감을 할 수 있었고 또 특징이라면 수없이 많은 말 목장과 말들, 군데군데 있는 무덤 주위에 둘러쳐진 돌담이 그렇고 유채꽃 또한 빼놓을 수 없다. 항상 사진 배경으로 등장하는 유채꽃 밭이 성산 일출봉 근처에 많이 있다.

성산 일출봉 밑에 이르니 이미 저녁때가 되었다. 추운 바람이 몹시 불어대지만 일출봉에 올라갔다 오는 것이 의무라도 되는 양 아내를 앞세워 한걸음씩 떼었다. 추워서 목도리로 얼굴을 잔뜩 싸맨 아내의 모습을 뒤에서 한 컷 찍었다.

거금(?)을 들여 저녁 식사로 황돔 생선회를 먹은 뒤 숙소를 잡았다. 일출봉도 바라다보이고 앞쪽으로 바다가 펼쳐져 있는 해안 절벽위의 그야말로 그림 같은 집이다. 따끈따끈한 방바닥에 누우니 낮에 추위에 떨며 쌓였던 피로가 싹 가신다.

새벽에 커튼을 걷고 해가 떠오르기를 기다렸다. 몇 년 전 완도에서 보길도 가는 도중에 배에서 맞이했던 해돋이에 비길 바는 아니지만 수평선에 걸친 구름위로 붉은 해가 떠오른다. 많은 사람들의 소망을 품고 힘차게 솟아오르고 있다. 해돋이 장소로 유명한 성산 일출봉, 그곳에 올라 일출을 맞이하는 사람들의 모습이 실루엣처럼 보인다. 숙소에서 힘들이지 않고 해돋이를 맞이하는 것도 그리 나쁘진 않다. 이런 명당자리에 터를 잡은 그림 같은 집에서 며칠간 푹 쉬었으면 하는 생각도 해본다.

오래전부터 퇴직 후의 한 가지 소망을 가지고 있다. 관광지를 짧은 기간 동안에 휘둘러보는 것이 아니라 그 때가 되면 시간적으로 여유가 있으므로 서두를 필요 없이 제주도에 가서 마음 내키는 동안, 일주일이 될 수도 있고 한 달이 될 수 도 있고 경우에 따라서는 1년이 될 수도 있고, 살다가 떠나고 싶을 때 떠나와서 또 울릉도에 가고 싶으면 거기에 가서 살고 싶은 만큼 살다가 그런 식으로 살아봤으면 하는 소망이다. 아내가 원치 않으면 이루어질 수 없는 꿈이긴 하지만 결코 불가능한 꿈이라고는 생각지 않는다.

성산포항에서 우도에 가는 배를 탔다. 우도까지는 불과 10여분, 도착하자 관광버스가 대기하고 있다. 비수기라 몇 명 되지 않는 손님이긴 하지만 반갑게 맞이한다. 기사 분께서 운전하면서 관광안내를 하고 있다. 소가 누워 있는 형상이라 우도란다. 그리 높은 산은 아니지만 꼭대기에 등대가 있다. 목표는 등대까지다. 역시 바람은 세다. 절벽에는 고드름이 매달려 있다. 우도에서는 보기 드문 광경이란다. 그 만큼 추운 날씨임을 입증해주는 것이다. 중부지방은 영하 15℃까지 내려갔다니 그럴 만도 하다.

산등성이에 올라서자 바람은 한결 강하다. 성산 일출봉을 비롯해서 성산읍 일대는 물론 저 멀리까지 훤하게 내려다보인다. 올라온 반대편 분지에는 빗물을 가두어 식수원으로 쓰는 저수지가 보이고 그 위쪽으로는 희한하게 공동묘지가 있다.

우도 박물관. (폐교가 된 초등학교 교실을 진열실로 이용하고 있다) 조그만 섬에 있는 박물관이라고 우습게보아서는 안 된다.

어디서 구했는지 많은 양의 운석을 비롯해서 각종 광석, 제주 지방에서 사용하던 생활용품, 옛날 교과서, 나비를 비롯한 곤충 등 상상외로 다양한 분야의 물건들이 진열되어 있다. 우도 박물관이 바로 우도의 보배란 생각을 지울 수 없다.

국립 제주 박물관 현관 앞 광장에 투호, 팽이, 굴렁쇠 등을 진열해 방문자들이 직접 활용해 보도록 하고 있다. 한 쌍의 젊은 남녀가 굴렁쇠를 갖고 어떻게 하는 것인지 몰라 어리둥절한 기색이다. 어릴 적에 많이 해본 터라 여봐란 듯이 여유만만하게 굴렁쇠를 굴리면서 광장을 몇 바퀴 돌았다. 솜씨가 아직 녹슬지 않았다. 수 십 년 만에 잡아 보는 것인데도 제대로 된다.

조상 대대로 내려오는 전통놀이들이 이제 사라져 가고 있다. 과거 우리들 어렸을 적엔 거의 누구나 다 하던 놀이 들이다. 자치기, 제기차기, 비석치기, 굴렁쇠 굴리기, 썰매타기 등등 헤아릴 수 없이 많다. 겨우 명맥을 유지해 가고 있는 것도 있지만 주변에서 전혀 볼 수 없는 것도 많다. TV 나 컴퓨터에 아이들을 빼앗긴 것이 가장 큰 이유일 듯하다. 그런 풍습이 사라지는 것이 아쉽고 안타까울 뿐이다.

삼성혈과 자연사박물관을 끝으로 제주항으로 향했다. 제주도의 봄, 가을, 겨울 풍경을 한 번씩 보았으니 앞으로는 여름철에 와 봐야겠다는 다짐을 해본다. 결혼30주년을 맞아 우리들의 뜻 깊고 멋진 여행이었고, 먼 훗날 이글을 보면서 제주도여행을 상기 할 수 있도록 아내를 위해서 이렇게 기록으로 남긴다.

〈문학사랑 2006년 여름호〉

싱가포르 태국 홍콩여행

아침 6시 40분 인천공항 대합실에 들어서자 이른 시간인 데도 붐비고 있는 인파가 제일 먼저 눈에 뜨인다. 시도 때도 없이 붐비는 공항, 국내 경기는 불황인데 해외여행은 성황이라는 말이 실감난다. 국내에서의 돈 씀씀이는 인색하지만 해외로 나가면 펑펑 써대는 현상을 어떻게 설명해야 할까?

여행사의 인솔자가 따라가는 이번 여행은 모두 18명, 우리 팀이 6명(부부 3쌍), 모자 1팀, 모녀 1팀, 그리고 중년 여인들 8명이다.

10시 20분에 인천공항을 출발하여 2070km 떨어진 홍콩을 3시간 반 정도 걸려 도착한 뒤 비행기를 갈아타고 2565km를 더 날아서 싱가포르까지 갔다.

싱가포르는 작은 나라여서 지도상으로는 섬나라인 줄 몰랐는데 현지 가이드의 말을 듣고서야 알게 되었다. 인구는 400여만 명에 끝에서 끝이 겨우 42km이지만 1인당 국민소득이 3만 달러이니까 우리보다 훨씬 잘사는 나라다.

아침 7시 30분에 해가 떠서 저녁 7시 30분에 지는데 1년 내내 변함이 없단다. 참으로 신기하다. 이렇듯 세상은 요지경이다.

첫인상이 아주 깨끗하고 깔끔한 나라다. 큰 거리는 각종 꽃으로 장식되어 있다. 공장이 거의 없고 농산물은 물론 물조차 수입해서 먹는 나라, 의외로 교통 체증이 없다 생각했는데 알고 보니 싱가포르 정부에서 자동차의 증차는 폐차된 만큼만 허용하기 때문이다. 따라서 승용차 값이 무척 비싸단다. (현대자동차의 아반떼가 7천여 만 원, 소나타가 1억 원 이상, 오토바이조차도 5천만 원 정도) 아닌 게 아니라 자동차를 마음대로 사게 한다면 좁은 땅덩어리에 넘쳐나는 자동차로 옴짝달싹 못할 것이다.

어느 나라를 가든 가이드가 재미있는 그 나라의 말을 한 두 마디는 가르쳐주게 마련이다. '최고다'라는 말이 싱가포르에서는 '이부자리 까르르'란다. 우스운 외국어 한 마디 중 뭐니 뭐니 해도 금메달감은 역시 중국어 '조따꺼 시팔로마'다.(조형 식사하셨습니까? 란 뜻) 가이드 입에서 그 말이 나오자마자 차내의 모두가 까르르 웃었으니까.

거리뿐 아니라 정치도 깨끗한 나라다. 엄한 법 때문에 부정부패가 거의 없다. 담배꽁초도 아무 곳에나 버릴 수 없고 침조차도 함부로 뱉을 수 없는 나라다. 엄격한 법 규정과 예외 없는 법 집행이다. 이런 일화가 있다. 수 년 전에 미국인 소년이 남의 차를 긁어놓아서 태형을 당하게 되었다. 미국 대통령까지 나서서 선처를 요청했지만 결국 태형을 당했다.

우리나라였다면 어떠했을까? 말로만 법 앞에 평등이고 법대로인 나라다. 오죽하면 '유전 무죄 무전 유죄'란 말이 나돌까. 또 툭하면 국민화합이라는 미명하에 음주 운전자를 수시로 사면해 주니 누가 음주 운전을 두려워하겠는가. 법을 무서워하겠는가.

하기야 노무현 대통령 자체가 '그 놈의 법'이라고 우리의 법을 우습게보고 조롱하고 있으니 더 말해 무엇 하랴. 그러면서도 대통령 특별사면법을 들먹이며 죄를 저지른 자기 측근들을 사면해 주니 몰염치가 극에 달해 있다.

다음 날 아침 싱가포르 국경에서 그리 멀지않은 말레이시아의 조호

바루도로 이동하여 회교 사원과 원주민 마을을 둘러보았다. 원주민 마을에 도착하자 알콜롱(길이가 다른 대나무 대롱을 이어 붙여 만듦)이란 악기로 우리나라의 유행가 '돌아와요 부산항에'를 연주하고 민속 춤을 보여준다.

말레이시아 나라꽃이 우리와 같은 무궁화란다. 생김새가 우리의 것과는 조금 다르지만 친근감이 든다.

매일 7만여 명의 말레이시아인들이 일자리 때문에 싱가포르로 출퇴근을 한단다. 과거에는 같은 나라였는데 지금은 갈라져 있고 두 나라의 경제적인 차이가 그렇게 만든 것이다.

짧은 시간의 말레이시아 여행은 말레이시아 땅을 한 번 밟아보았다는데 의의가 있다.

싱가포르로 돌아와 쥬롱새 공원엘 갔다. 트램이라는 괘도차를 타고 한 바퀴 돌았다. 말로는 신비롭고 아름다운 새들의 천국이라지만 보기 쉽지 않은 새들도 아니다. 새 공연을 관람하는 많은 사람들, 대부분이 우리나라 사람들이다. 공원 밖에서 대기하고 있는 대절 버스들이 거의 우리나라 관광사 이름이 적혀있는 점을 통해서 알 수 있다.

국립식물원 보타닉 가든 풀밭에서 추억에 남을 포즈로 사진들을 찍기도 하고 땅에 떨어진 천리향 꽃을 주워 여자들은 머리에 꽂아보기도 한다. 꽃잎 색깔이 아름답고 향기가 짙다.

센토사 섬으로 이동하였다. 미국의 디즈니랜드처럼 어마어마한 놀이 공원을 현재 조성하고 있다. 작고 자원이 없는 나라, 관광객을 끌어 모으기 위해서 그처럼 애를 쓰고 있는 것이다.

Under water world 수족관에서 특별하다는 것 두 가지를 눈여겨보았다. 수영을 하지만 물고기가 아니고 날개가 있지만 날 수 없으며 투명해서 내장이 다 보이는 씨엔젤, 바다 달팽이란다. 또 하나는 용 모양으로 생긴 해룡이다.

센토 섬에서 돌아올 때는 케이블카를 이용하였다. 해협에 걸쳐 있는 줄에 매달려 밑을 내려다보니 아찔하다. 멀리 정박해 있는 대형 선박들이 눈에 들어온다.

어둑어둑할 무렵 트라이쇼(삼륜 자전거)를 타고 주로 인도 계통 사람들이 사는 지역과 재래시장을 보았다. 동력으로 가는 것이 아니고 발로 페달을 저어서 가기 때문에 힘들어하는 모습에 안쓰럽기까지 하다. 한 바퀴 돌고 내리자 가이드가 서비스라며 열대 과일을 내놓는다. 두리안은 냄새가 고약해서 접근조차 꺼려진다. 그래 봐도 고급 과일이란다. 열대 과일의 왕이라나 뭐라나! 이름이 아깝다. 그 중에서 우리 입맛에 맞는 맛있는 과일은 망고다.

서울은 섭씨 영하 8도라는데 싱가포르는 28도라니 추위를 피해서 신선놀음을 하고 있는 듯하다. 구경시켜주고 때 되면 밥 주고 밤에 잠 재워주고 물론 공짜는 아니지만 기분은 좋다.

밤이 되자 배를 타고 싱가포르 근대 역사의 발상지인 싱가포르 강(실제는 바닷물)을 따라 화려한 유럽풍의 카페와 초현대식 금융가 빌딩의 야경을 보았다. 양 쪽 강변을 따라 포장마차가 줄지어 있고(다른 곳에서는 허용이 안 됨) 많은 사람들이 모여 술을 마시며 담소를 나누고 있는 모습이 보인다. 우리나라의 쌍용건설이 지은 쌍둥이 빌딩의 모습도 보인다. 싱가포르를 찾는 한국인들의 어깨를 으쓱하게 만드는 건물이다.

싱가포르의 상징물인 머라이언(사자 머리에 몸은 물고기)이 입에서 물을 계속 뿜어내고 있다. 불빛에 반사되어 아주 역동적이다. 쉼 없이 발전하는 싱가포르의 오늘을 보여주는 모습이 아닐까!

가로수로 많이 심은 나무가 레인트리 라는 것, 여자들이 살기에 지상 낙원이라는 것, 영어가 공용어이고 77%가 중국계이고 다음이 말레이시아 계통과 인도 계통 사람들이라는 것, 12월부터 2월까지가 우기철이라 스콜 현상이 있다는 것, 레프리스 총독이 싱가포르의 기초를 닦아놓았다는 것, 가장 높은 산이 고작 165m라는 것 등을 현지 가이드로부터 들어 알게 되었다.

방콕 공항에 도착하자 버스를 타고 파타야로 직행하였다. 3시간 이상 걸리는 거리다. 가는 도중 창밖을 내다보니 야자나무가 많이 보인다. 쭉 뻗은 줄기 끝에 열매와 잎이 붙어 있어 바라보기에 시원스런 나무다. 드넓은 들판, 놀리는 땅이 상당히 많고 가도 가도 산하나 보이지 않는다. 중국 땅만 넓은 줄 알았더니 태국의 들판도 만만치 않다.

현지 가이드의 설명이 이어진다. 태국은 동남아 중에서 유일하게 식민지가 아니었던 나라, 그래서 1인당 국민 소득이 비록 6-7천불 정도지만 자부심이 대단한 나라라고 한다. 땅은 우리나라 남, 북한을 합친 것보다 2.5배 정도, 물가는 1/3 정도다. 우리나라의 드라마 대장금이 방영된 뒤 한류 열풍이 대단하여 한국, 한국인에 대해 매우 호의적이란다. 그래서일까 요즈음 유행하고 있는 은퇴 이민을 생각하는 사람들의 선망의 대상국이 바로 태국이다.

집안에서 아버지보다 어머니의 권한이 강한 모계사회란다. 그래서인지 유독 게이들이 많고, 성전환 수술과 성형수술이 성행하는 나라란다. 파타야의 알카쟈쇼(게이쇼)가 유명한 것도 그와 무관치 않으리란 생각이다.

저녁에 세계 3대 쇼 중에 하나라는 알카쟈쇼를 보러갔다. 화려한 의

상과 머리 장식을 갖추고 무대에 나와 춤을 춘다. 큰 키에 쭉쭉 뻗은 다리하며 여성의 특징이라고 할 수 있는 볼륨 등 진짜 여성들 뺨 칠 정도의 미모와 몸매를 갖추고 있다. 아! 저들이 남자란 말인가! 얄궂은 운명들이여!

한복을 입고 나와 부채춤을 추는가 하면 장구와 소고의 장단에 맞춰 '도라지'를 부르는 장면도 있는데 그만큼 한국 손님들이 많다는 것을 입증해 주는 것이다.

다음 날 이른 아침을 먹고 쾌속선을 타고 산호섬으로 이동하였다. 자유 시간을 주었지만 흐린 날씨 탓인가, 추억이 될직한 바나나보트, 제트스키, 패러세일링을 타는 사람은커녕 물속에 들어가는 사람조차 없었다. 가이드가 하는 말이, 그런 경우는 처음이란다.

사시사철 수영을 즐길 수 있다는 것 빼고는 우리나라 해수욕장과 별반 다를 게 없다. 기대가 크면 실망도 큰 법이다. 조개 안주에 소주 한 잔 들이키는 것으로 위안을 삼고 예정 시간보다 앞당겨 철수하였다.

오후에는 농눅빌리지에서 선인장과 난 등 각종 열대 식물을 관람하고 태국의 전통춤과 코끼리 곡예 쇼를 보았다. 덩치 큰 코끼리들이 어쩌면 그리 날렵한지 … 자전거 타기, 축구, 농구, 볼링, 풍선 터뜨리기 등 구색을 갖추어 재미있게 꾸몄다. 먼 거리에서 코로 공을 잡고 농구골대로 집어넣는데 그 익살맞은 몸짓하며 거기다 정확성까지, 감탄하지 않을 수 없었다. 관중들이 눈물이 날 정도로 웃고 환호하고 몰입했다. 관중 중에 몇 사람을 뽑아 안마를 해주는데 사람을 눕혀놓고 앞발 하나로 배를 자근자근 밟아 안마를 해주다가는 장난기가 발동하면 남자 거시기 있는 곳을 툭 건드리기도 한다.

태국 여행에서 결코 빼먹어서는 안 되는 것이 코끼리 쇼라고 자신

있게 말할 수 있다. 코끼리 곡예 쇼 대단히 코쿵가(감사합니다란 태국말).

저녁에는 희망에 따라 안마를 하는 팀과 일명 알까다 쇼(라이브 쇼)를 보는 팀으로 나뉘었다.

다음 날은 악어 쇼를 보러 갔다. 조련사가 악어를 능숙하게 다루긴 하지만 실수하여 미끄러지면 어쩌나 하는 걱정도 들었다. 악어가 한 번 물면 뼈다귀가 으스러질 정도인데 벌린 입으로 조련사(남, 녀)가 머리까지 집어넣으니 아연실색할 수밖에 없었다.

악어 쇼 장 옆에는 돼지 쇼 장도 있다. 돼지 달리기 경주가 있고 숫자 맞추기가 있는데 1부터 6까지 숫자를 늘어놓고 6 이내의 숫자로 +, −, ×, ÷ 중 어느 것이나 정답을 맞추어낸다. 그러고 보니 돼지 머리도 꼴통은 아닌 모양이다.

어미 돼지가 돼지 새끼와 호랑이 새끼를 같이 젖을 먹이고 있는 장면, 또 반대로 호랑이 어미가 호랑이 새끼와 돼지 새끼를 같은 우리에서 키우고 있는 광경도 볼 수 있다. 세상은 참으로 요지경이다.

세계 유명 건축물을 축소한 소인국(미니시암)은 대만에서도 보고 제주도에만도 두 곳이나 있는 만큼 흥미를 끌기는 역부족이다. 다만 거기에서 망고가 매달려 있는 망고나무를 보았다는데 의의가 있었다.

방콕으로 돌아와 민소매, 슬리퍼, 반바지 차림으로는 입장불가라는 왕궁으로 향했다. (현재의 왕은 다른 곳에 거주) 왕궁에 들어서자 사람 천지다. 관광 대국이란 말이 실감난다. 태국에 들어오는 외국인 관광객이 1년에 천만 명이라니, 우리나라의 60여만 명은 명함도 못 내민다. 환경오염과도 관련이 없는, 굴뚝 없는 산업이고 엄청나게 일자리 창출도 가능한데 왜 우리는 그렇게 뒤처져 있는 것일까? 남과 북으로 갈려 있는 위험 지역이라는 인식 때문일까? 정부의 의식과 의지의 부족일까? 아니면… 문화유산이 적은 것도 아니고 경관이 안 좋은 것도 아닌데, 봄이면 꽃 피고 가을이면 단풍 들고 겨울이면 눈이 오고 오히려 성하의 나라인 태국보다도 조건은 좋을 수도 있다.

왕궁을 나와 시장을 가로지르니 곧 강이 나온다. 유람선을 타고 수상 가옥도 보고 빵을 사서 강물에 던지니 팔뚝만한 고기들이 달려든다. 모처럼 한가로움을 맛보는 시간이다.

홍콩 공항에서 입국 수속을 할 때 1명의 여권에 문제가 생겼다. 사진이 붙어있는 페이지가 뜯어져 있는 것이다. 여행객들 대부분 대수롭지 않게 생각할만한 것인데 그들은 여권 위조로 의심하는 것이다. 가이드의 도움으로 원만히 해결되었다. 시간은 약간 지체되었지만 팀원 모두에게 좋은 경험이었다.

홍콩은 200개가 넘는 섬(유인도는 9개)과 구룡 반도로 구성되었단다. 비행장이 있는 섬에서 현수교를 지나 구룡 반도로 다시 수중 터널(해저 땅 밑이 아니다)을 지나 홍콩 아일랜드(본섬)로 이동하면서 현지 가이드의 설명이 계속된다.

85%가 중국 민족이고 광둥어를 사용하며 인종 차별이 없는 나라, 골프장이 하나뿐인 나라, 학교 유급제가 있는 나라, 도교 사원이 600개가 넘는 나라, 지금은 중국에 반환되어 1국 2체제가 된 나라, 싱가포르와 비슷하여 모든 것을 거의 수입해서 쓰며 큰 건물 모양이 다 다른 나라다. 같으면 허가를 안 내준다고 한다. 그러니 도시 전체가 아름다울 수밖에 없다.

아파트들도 초고층이다. 평균 65-70 층이고 최고층 아파트는 82층이란다. 평수는 대개 작고 3평짜리도 있다니 큰 평수 좋아하는 우리나라 사람들은 갑갑해서 못 살 듯싶다. 땅덩어리도 좁고 사람 살기 좋은 곳은 못 된다는 생각이 든다.

홍콩의 민간 신앙들이 모여 있는 리펄스베이에서는 여러 동상들 앞에서 사진 찍느라 모두들 난리다.

산 정상에 있는 오션파크, 올라갈 때는 1.5km나 되는 거리를 케이블카를 타고 갔다. 선 허리를 돌아서 가는데 내려다보이는 전망이 장관이다.

수족관은 크기도하거니와 터널을 빙글빙글 돌아 내려가면서 각종 물고기들을 볼 수 있도록 하였다. 200m 높이의 타워에 올라가 보기도 하고 내려올 때는 225m나 되는 옥외 에스컬레이터를 이용하였다.

바다사자 쇼로 유명한 '위스커스 시어터', 세계에서 단 하나뿐인 '판다 회전목마', 돌고래의 습성을 가까이에서 관찰할 수 있는 '돌고래 대학' 등이 있다는데 우리는 관람하지 못하였다.

한국에 온 마티아스 리 홍콩 오션파크 부사장 인터뷰(2008년 1월 21일자 한국 경제 신문)에 의하면 지난해 홍콩을 찾은 70만 명의 한국인 중 30%가량인 20만 명이 오션파크에 들렀는데 한국인이 외국인 관광객 중 가장 많다고 한다.

이렇듯 동남아시아 어느 관광지를 가든 한국인의 숫자가 으뜸이다. 그로인해 엄청난 여행수지 적자를 보고 있지만 개개인들이 느끼고 배운 점이 국력이 되어 국가의 경제적 어려움이 극복되고 한 단계 발전되고 성숙되어가는 우리나라가 되었으면 하는 바람을 가져본다.

홍콩 관광의 백미가 야경인데 빅토리아 산정에서 픽트램(급경사를 오르내리는 궤도 열차)을 타고 내려오면서 시내를 바라보는 야경이 백만 불짜리라며 으뜸으로 친다.

어둠이 깔린 후 버스로 빅토리아 산정에 올라가 픽트램을 타기 위해 거의 2시간을 가다렸다. 잔뜩 기대하다 타고 보니 안개비 때문에 밖이 잘 보이지 않아 실망이 이만저만 아니었다. 내려온 뒤 배를 타고 또 2층 버스를 타고 야경을 감상하는 것으로 위안을 삼을 수밖에 없었다. 어디선가 '별들이 소곤대는 홍콩의 밤거리…' 라는 노래가 들려올 것만 같은 밤이었다.

다음 날 동양 최대 도교 사원인 웡타이신 사원을 둘러보는 것으로 이번 여행의 대미를 장식하였다.

〈문학사랑 2008년 봄호〉

회갑 여행

옛날에는 '회갑'이라고 하면 장수를 축하할 만한 일이고, 그래서 이웃과 친지들을 대접하는 잔치를 베풀었지만 지금은 61세면 노인 축에도 들지 못한다. 따라서 회갑입네 하고 바쁜 사람들을 초대하는 것은 눈총을 살 만한 일이어서 잔치를 하는 대신 부부동반 회갑 여행하는 것이 유행처럼 되었다.

일찍부터 회갑 여행으로 외국을 생각해 오다가 경기침체와 개인적인 사정도 여의치 않아 국내 여행으로 돌렸다.

가능하면 우리부부가 가보지 않은 곳으로 행선지를 잡다보니 쉽지 않았고 더구나 떠나는 날 경기, 강원도 지방에 눈이 온다는 예보이고 보니 안전을 생각해 남쪽으로 향할 수밖에 없었다.

2008년 11월 20일 아침에 경부고속도로 대전IC로 들어섰다. 여행이란 언제나 설레게 하는 법이지만 이번 여행은 특별한 의미를 지닌 만큼 여느 때보다도 더욱 마음이 들떴다.

가고 있는 남쪽은 날씨도 맑고 낮에는 기온도 많이 올라간다니 좋은 여행이 되리라는 예감이 든다.

첫 번째로 찾아간 곳은 고령이다. 대가야가 자리 잡았던 지역으로, 삼국 문화에 비해 그다지 알려지지 않은 가야 문화를 접해보고 싶어서다.

대가야 왕릉이 모여 있는 주산 기슭에(지산동 고분군) 자리 잡고 있는 대가야 박물관으로 들어섰다. 철 생산으로 유명했던 가야, 철 생산

과정은 물론 석기와 토기 제작 과정도 재현되어 있다.

일본에까지 영향을 끼친 가야 토기, 곡선미와 안정감이 엿보이며 금귀걸이와 목걸이 등은 지금 착용해도 손색이 없을 듯하고 금관은 신라의 금관처럼 화려하진 않지만 소박한 면이 오히려 친근감을 느끼게 한다.

지금까지 가야는 6가야였다고 알고 있었는데 창녕 지방을 중심으로 비화가야가 더 있었다는 사실을 대가야 박물관을 보고서야 알게 되었다.

박물관을 나와 언덕에 있는 왕릉 전시관을 찾았다. 지산동 44호분을 재현해 놓은 전시관으로 군데군데 관람대까지 만들어 놓아 무덤 내부를 훤히 볼 수 있도록 하였다. 특히 눈길을 끄는 것이 순장의 모습이다. 인골이 남아 있어서 당시의 참상을 가감 없이 느낄 수 있다. 중앙의 큰 구덩이에는 무덤의 주인공과 머리 위와 발밑에 각각 한 명 씩 순장된 자가 들어가 있다. 둘레에는 여러 기의 작은 구덩이들이 있는데 한 명 또는 두 명 씩 이다. 어느 구덩이에는 30대 남성과 8세 여아(부녀 추정)가 위 아래로 겹쳐 순장되었고, 부부인 듯한 남녀가 반대로 겹쳐져 있기도 하고, 10대 소녀 두 명이 나란히 누워 있는 모습도 보인다.

이렇듯 30여 명이나 순장되었고 그것을 보고 난 후 아내가 충격을 받은 듯하다.

우륵 박물관을 둘러보고 가야금 소리의 여운을 남긴 채 통영(충무)으로 향했다.

충무공의 영정을 모신 충렬사, 전시관에는 명나라 신종 황제가 충무공에게 내려준 여덟 가지의 물품인 명조팔사품 진품이 진열되어 있다. 단체 여행객 등 찾는 이들이 의외로 많다.

통영에 간 목적은 한려수도 조망 케이블카를 타기 위해서다. 미륵산에 설치된 케이블카는 8인승 캐빈 47대가 연속적으로 순환하며 관광객을 실어 나른다. 총길이가 1975m나 된다. 개통된 것이 6개월 남짓인데 벌써 50만 명이 넘었다니 인기를 알 만 하다. 평일인 데도 사람들로 북적인다. 마감 시간을 얼마 남겨놓지 않고 도착한 것도 행운이다.

밑에서 볼 때는 여느 케이블카와 다를 바 없다고 생각했고 뭐 그리 야단들인가 의아해 했다. 올라가면서 아름다운 미항이 보이고 바다가 보이고 섬이 보이고 의구심이 풀려나갔다.

케이블카에서 내리면 미륵산 정상이 그리 멀지 않다. 까악 까악 까마귀들의 반김 속에 정상에 발을 디디자, 아! 어느 방향을 보든 한 폭의 그림이다. 우리나라에서 가장 전망이 좋은 케이블카라는 데 전적으로 공감한다.

정상에서 각 방면으로 사진을 찍어 크게 전시를 해놓아서 관광객들이 앞에 보이는 섬의 이름을 알 수 있도록 하였고 뿐만 아니라 올라오는 층계도 신경을 써서 잘 만들어 놓는 등 당국의 정성을 엿볼 수 있다.

내려다보이는 산기슭에 '토지'의 작가 박경리 선생님의 묘소가 있다. 봉분은 보이지 않지만 어림짐작을 해본다. 불후의 명작인 '토지'를 남기고 고향 땅, 토지로 돌아갔다.

사방이 확 트이고 아름다운 경치가 더해져 눈이 시원하다. 내려가야겠다는 생각마저 잊게 만든다. 케이블카 마감 시간이 야속할 뿐이다.

시간이 촉박해서 해저 터널은 입구만 들여다보고 통영을 떠났다.

고성을 지나자 날은 이미 어둑어둑해졌다. 한참을 더 달려 사천시

(삼천포시)에 닿았고 앞만 보고 삼천포 대교로 향했다. 섬과 섬을 연결해 삼천포에서 남해 섬까지 5개의 다리가 놓여있다. 삼천포 대교 야경을 보기 위해 달려온 것이다. 마지막 다리를 건너자마자 한 눈에 들어오는 모텔에 들어가 전망이 좋은 방을 부탁해 투숙했다. 모텔 창문에서 바라보는 야경은 환상적이다. 여러 개의 아취에서 빛이 번쩍거린다. 불빛 색이 수시로 변한다. 우리 부부는 창가에 앉아 가져간 매실주를 홀짝거렸다. 매실주에 취하고 야경에 취해서인지 어디선가 '곤드레 만드레'라는 노래 소리가 환상으로 들려오는 듯하다.

아침에 일어나 커튼을 젖히자 펼쳐진 바다, 해는 이미 떠올랐다. 조금만 일찍 일어났다면 바다 위로 떠오르는 해를 볼 수 있었는데 못내 아쉽다. 언젠가는 다시 오리라 마음먹고 모텔 이름을 꾹꾹 눌러 적어 놓았다.

다음 행선지는 남해군 남면 가천마을 다랑이 논이다. 따뜻한 남쪽이라 곱게 물든 단풍이 남아 있고 밭에는 난데없이 마늘과 시금치로 뒤덮여 있어 신기하기까지 하다. 들판이 온통 초록 바다다. 11월 21일, 겨울철로 접어드는 시기에 이미 봄기운이 느껴진다.

가는 길목에 있는 용문사에 들렀다. 산으로 삼태기 모양으로 에워쌓인 곳에 자리 잡았다. 통나무로 말구유처럼 만든 엄청난 규모의 유물이 나그네를 반긴다. 옛날 천명의 스님들 밥을 담았었다고 하니 그 크기를 미루어 짐작할 수 있다. 임진왜란 때 승병들이 활약했던 곳이기도 하다.

비탈길을 내려오는데 뜻밖에 운전 교습 차량이 올라오고 있다. 흘깃 쳐다보니 스님이 운전대를 잡았다. 그러고 보니 용문사의 스님이 운전 연습을 하는 것이고 용문사에 오가는 길을 익히고 있는 듯하다.

옛날에는 높은 산에 있는 절에 가자면 가파르고 힘든 길을 걸어서 올라가야 했고 스님일지라도 때로는 짐도 지고 올라야 했을 것이다. 힘들게 오르내리는 것이 고행이었고 그 자체가 수행의 길이기도 했을 터인데….

남면 면사무소 근처에서 해안을 따라 가천마을에 이르는 길이 '한국의 아름다운 길'로 선정되어 있다. 보고 난 후 이의를 달 사람은 아무도 없으리라 확신한다.

검푸른 남해 바다, 끝없이 펼쳐진 망망대해, 해안선에 바짝 붙어서 꼬불꼬불 난 길, 때로는 절벽 위를 달리기도 하고 조용한 어촌 마을을 감싸 돌기도 한다. 달려 내려가는 길 오른쪽으로는 산이 있다. 바다와 절벽과 길이, 또 녹색의 들판과 산이 잘 어우러져 있다. 그 풍광을 어찌 말이나 글로 표현하랴! 직접보고 느낄 수밖에, 그래서인가 유독 펜션이 많다.

가천마을은 남해의 거의 끝자락에 있다. 마을을 빙 둘러 다랑이 논들이 첩첩이 쌓여 있다. 소위 말해 손바닥만 한 논을 얻기 위해 논둑을 돌로 쌓아 올렸다. 얻을 수 있는 수확에 비해 노력이 너무 많이 들어갔다는 생각이 든다. 하기야 그것이 오늘날에는 관광 자원이 되었으니 손해는 아닌 셈이다.

마을 쪽으로 내려가자 암, 수 바위가 있다. 우뚝 솟은 바위는 발기했을 때의 남자 성기를 닮았다. 강한 힘이 느껴진다. 옆에는 임신을 한 여인이 누워있는 듯한 바위가 있다. 그래서 암, 수 바위라 한다. 지금도 아이를 갖고 싶은 사람들이 찾아와 기도를 한다고 한다. 그들의 뜻을 이루어 줄 것만 같은 기운이 그곳에는 감돌고 있다.

호남고속도로 장성IC에서 빠져 나와 영광 백수 면사무소를 지나 백

수 해안 관광 도로로 접어들었다. 그곳도 멋진 해안도로로 유명세를 타고 있는 곳인데 썰물로 갯벌이 드러나 있고 더구나 남해섬의 '한국의 아름다운 길'을 보고 난 뒤라 눈에 들어오지도 않는다.

법성포에 다다르자 그 많은 가게들이 온통 굴비 파는 곳이다. 영광 굴비의 본고장임을 실감할 수 있다. 눈요기만 하고 법성포에 붙어 있는, 백제 불교의 최초 도래지를 찾았다. 이미 날은 어두워지고 있었다.

고창하면 생각나는 것이 고인돌, 읍성, 선운사, 풍천장어, 복분자 술 등이다. 밤에 고창 읍성을 찾는 것도 그런대로 운치가 있다. 조명 장치가 되어 있어 멀리서 감상하기에 안성맞춤이다. 더듬더듬 성위에 올라가 조금 걷다가 이내 내려왔다.

숙박을 하기 위해 석정 온천을 찾았는데 온천 지역이라는 느낌은 전혀 나지 않는다. 실망이었지만 그 지역에서 국화꽃 축제가 열리고 있다니 위안이 되었다. 더구나 폐막을 하루 앞두고 보게 되어 행운이 아닐 수 없다.

'한 송이의 국화꽃을 피우기 위해 봄부터 소쩍새는 그렇게 울었나보다…'라고 한 시, '국화 옆에서'의 저자인 서정주 시인의 고향이 고창이요, 그래서 국화 축제를 구상한 듯하다.

30만평에 300억 송이의 국화, 세계 최대라니 우선 그 규모에 압도당한다. 차를 타고 돌면서 감상 할 수 있도록 했고 비닐하우스 안에는 전국 국화 경진 대회에 출품 된 작품들이 갖가지 모양으로 진열되어 있다.

세계 문화유산으로 등록된 고창 고인돌, 그것을 기리기 위해 얼마 전에 박물관을 지었다. 고인돌에 대해 모든 것을 보고 배울 수 있는 곳이다. 박물관 옥상에 올라가면 그리 멀지 않은 산기슭에 널려 있는 고인돌들이 눈에 들어온다. 맨 눈으로도 어렴풋이 볼 수 있고, 그곳에 설치되어 있는 망원경을 통해서 가지 않고도 뚜렷이 볼 수 있어 참 편리하다.

고인돌이 많다는 것은 그 당시에 그곳에 사람들이 많이 살았었다는 증거고 먹고 살기에 아주 좋은 장소였음을 알려주기도 한다. 고인돌을 바라보면서, 선사 인들이 움집을 짓고 도구를 만들며, 또 한 편에서는 농사를 짓고 고인돌을 만드는 모습들을 상상으로 그려보기도 했다.

다음 목적지는 부안이다. 고창에서 부안으로 가다가 부안 못 미처 원숭이 학교가 있다.

도착하자 마침 중국 기예단 공연이 있어 마음 졸여가며 보았다. 끝나자마자 장소를 옮겨 원숭이 공연을 보았다. 우등상을 받기 위해 열심히(?) 공부하는 30여 명의 원숭이 학생들이 펼치는 산수 시간, 체육시간, 진로 상담 시간 등으로 구성되어 웃음과 때로는 폭소를 선사하는 동시에 초등학교 시절의 아련한 추억과 향수를 불러일으키고 있다.

원숭이 학교에서 내국인뿐만 아니라 외국인 관광객들을 끌어 모을 수 있는 방법을 모색해 보면 어떨까 하는 생각을 해본다.

그밖에 악어 동물원과 파충류, 가금류 그리고 태초의 신비가 가득한 화석, 원석, 보석들이 진열된 자연사 박물관도 있고 여러 가지 체험 학습장도 있으니 가족 나들이로 적격이다.

변산 반도를 돌아 새만금 방조제(일부 구간)를 거쳐 김제에 있는 망해사에서 바다로부터 불어오는 해풍을 맞으며 여행의 대미를 장식하였다.

〈문학사랑 2009년 봄호〉

하롱베이와 앙코르와트 사원

퍽 기대되었던 베트남과 캄보디아 여행길이다. 여행사 가이드를 만나 같이 떠날 여행객은 모두 19명, 그 중에 우리 팀이 6명이다. 6명은 우리 부부와 아내친구 4명으로 남자는 나 혼자다. 이 나이에도 좀 쑥스럽다.

시속 약 800km로 10,400m 상공을 날고 있는 비행기에 몸을 싣고 4시간 30여분 후에 하노이 노이바이 국제공항에 도착하였다.(시차는 2시간 늦다.) 남북으로 길게 뻗어 있는 나라, 한 때는 남과 북으로 갈려 있었던 나라, 인구 8,500만에 면적은 우리나라 남북한의 1.6배에 달한다.

눈에 보이는 풍경은 낯설지만 심정적으로는 그렇지가않다. 1970년을 전후해서 이루어진 월남 파병으로 우리와 인연이 깊은 것도 한 이유이리라.

그 당시 우리 또래의 젊은이들이 파병되어 자유 민주주의를 수호하기 위해 베트콩과 전투를 하다 피를 흘리고 심지어 목숨을 흘린 장병들이 그 얼마이던가! 월남 파병을 갔다가 살아 돌아온 친구들의 무용담은 언제 들어도 실감 나고 스릴 넘치는 영화 한 편을 보는 듯 했다. '월남에서 돌아온 김 상사'란 노래도 꽤나 유행했었다.

공항을 벗어나자 제일 먼저 눈에 뜨이는 것이 오토바이다. 어찌나 많은지 거리가 온통 오토바이 물결이다. 그러나 하노이에 교통 신호등은 10여개뿐이다.

베트남은 젊은 나라다. 30세 이하가 전체 인구의 60% 이상이라니 앞으로 경제 성장의 큰 원동력이 될 수 있는 것이다. 지금도 눈부신 경제 성장을 하고 있고 제 2의 중국이 될 것이란 말이 나돌 정도로 장래가 밝다. 석유도 나고 자원도 풍부하다. 우리나라를 벤치마킹해서 경제 성장을 하고 있다. 베트남에 자본을 가장 많이 투자하고 있는 나라가 바로 우리나라다. 길거리를 지나다 보면 삼성전자나 LG전자의 간판도 심심찮게 볼 수 있다. 한류 열풍도 어느 나라 못지않게 불고 있다. 그래서인가 비자 없이 베트남에 입국 할 수 있는 몇 안 되는 나라들 중 하나다.

하롱베이를 가기 위해 하노이를 벗어났다. 한없이 넓은 평야가 펼쳐지고 1월인데 모를 심고 있는 광경을 볼 수 있다. 북쪽에선 벼의 이기작이 가능하고 남부 지방은 4기작까지도 가능하다니 얼마나 축복받은 나란가! 그런 만큼 쌀 생산이 많고 쌀이 주요 수출품이다.

달리다 보면 국화꽃도 많이 볼 수 있다. 길옆에 관상용으로 심은 것이 아니라 수확해서 팔 목적으로 밭에 심은 것들이다.

또 특이한 것은 들판에 군데군데 비석들이 모여 있는 모습이다. 한눈에 무덤임을 직감할 수 있다. 사람이 죽으면 매장한 뒤 3년 후에 화장을 해서 들판에 뿌리고 비석을 세워준다고 한다. 조상신을 아주 중요하게 여기는 나라다.

한가하게 풀을 뜯고 있는 소들도 눈에 많이 뜨인다. 우리가 보기에 낯익은 소도 있지만 물소도 있고 목 뒤가 낙타봉의 혹처럼 불쑥 튀어나온 이상하게 생긴 소들도 있다. 그 목가적인 풍경을 보고 있자니 마음이 푸근해진다.

농촌 마을, 집 둘레에 바나나 나무가 많다. 가이드의 말에 의하면 뱀이 많은 나라인데 뱀들이 바나나향을 싫어하기 때문에 의도적으로 바나나 나무를 심어 놓은 것이란다. 때로는 엄청나게 쏟아지는 비 때문에 1층에는 사람이 살지 않는다고 하지만 뱀과도 무관치 않으리란 생각이 든다.

하롱베이가 영화 '인도차이나'의 주요 촬영 무대였다는데 그 영화를 본 적은 없다. 3천여 개가 넘는 크고 작은 섬들, 세계문화유산으로 지정된 곳이다. 기암괴석 등 자연의 신비를 고스란히 간직하고 있다. 눈에 보이는 섬을 끼고 돌면 다른 섬들이 나타나고 또 다시 나타나고 끝을 알 수 없는 미로 같다. 가파른 산으로 되어 있어 거의 무인도다. 그 많은 섬들 중에 꼭대기에 전망대가 있는 곳은 오직 하나 뿐이다.(티톱섬) 가쁜 숨을 몰아쉬며 400여 계단을 올라가야 된다. 탁 트인 전망대에서 사방 어느 곳을 보나 섬. 섬. 섬… 보는 눈이 시원하고 삶에 찌들어 쪼그라진 가슴이 풍선처럼 부풀어 오르는 느낌이 든다. 섬들을 배경으로 사진 찍기에 안성맞춤인 장소다.

어두워진 뒤 수상 인형극을 관람했다. 오직 베트남에서만 볼 수 있다. 하롱베이를 비롯해서 전국에 6개의 공연장이 있다고 한다. 한동안 전통악기들의 연주가 이어지더니 막이 올랐다. 공연은 각종 인형들이 물 위에서 하지만 검은 천으로 가려진 천막 뒤에 있는 사람들이 조종하는 것이다.

등장인물(인형)은 물소도 나오고 물고기, 꽃, 뱀, 사람 등등 다양하다. 긴 막대에 연결되어 뒤에서 조종하는 대로 수면에서 행동이 이루어진다. 밤이라 그런지 관람하기에 한기를 느낄 정도인데 물속에서 조종하는 사람들이야 오죽하겠는가 하는 생각이 든다.

하노이로 돌아와 시내 관광을 하였다. 호치민 영묘는 호치민 사망 후 시신을 안치한 곳이라 매우 엄숙한 분위기다. 시신과 똑같이 밀랍으로 만들어 일반에게 공개하고 있고 실제의 시신은 지하에 안치되었다고 한다.

하노이 주석궁에는 호치민이 한때 살던 집, 집무실 그리고 지하 벙커도 있다. 벙커 옆에 작은 호수가 있는데 그 가장자리에 반목나무라는 특이한 나무가 있다. 뿌리가 땅속으로 뻗어가는 것이 아니라 지상위로 뾰족뾰족 나와 있다. 어미 나무가 죽으면 그 많은 뿌리들 중에 하나만 나무로 자라고 나머지는 죽는다고 한다. 일명 불효나무라고도 한다는데 왜 그런 이름이 붙게 된 것일까? 주석궁을 뒤로하고 '한기둥 사원'으로 향했다. 건물을 떠 받친 기둥이 가운데 한 곳 뿐이라 붙여진 이름이다. 베트남의 마지막인 이 왕조 시대에 후사가 없던 왕이 이 사원에 와서 빌고 난 뒤 8명의 자식을 두었다는 전설이 내려와 지금도 자식을 얻고자 하는 사람들의 발길이 끊이지 않는 곳이다.

이 왕조가 망하고 마지막 왕자가 우리나라로 망명하였다. 이유야 알 수 없지만, 많고 많은 나라 중에 더구나 가까운 곳도 아닌 우리나라로 망명하였다는 것은 대단한 인연임엔 틀림없다. 그 왕자가 현재 화산 이 씨의 시조가 되는 셈이다.

캄보디아 씨엡립 국제공항에 도착한 것은 이미 어둠이 내린 뒤다. 어느 나라를 여행하든 가이드들이 재미있는 그 나라 말을 한두 마디씩은 알려 준다. 캄보디아 말로 '업군 지랄 지랄'이 매우 감사하다는 뜻이고 '섭섭하이'는 안녕하세요? 라는 의미란다. 캄보디아 사람을 만날 때마다 '섭섭하이'

공항을 벗어나자 밤인데도 후끈한 열기가, 하노이보다 훨씬 덥다는 것을 느끼게 된다. 캄보디아 제 3의 도시 치고는 밤거리가 너무 어둡다. 하기야 GNP가 300불도 안 되는, 우리나라 1950년대 수준이라니 그럴 만도 하다.

앙코르 유적을 빼놓은 캄보디아 여행은 생각할 수조차 없다. 앙코르 유적은 9 - 15세기 인도차이나 반도 중앙부를 차지했던 크메르족의 앙코르 왕조 때에 만들어 졌다. 왕조의 멸망과 더불어 밀림 속에 잊혀져오다가 1860년 프랑스 동식물 학자인 앙리무어에 의해 발견되어 세상에 알려지게 되었다.

여의도의 90배에 해당하는 지역에 200여개의 사원이 분포되었다고 하니 쉽게 상상이 안 된다. 그 많은 사원 중에 앙코르와트 사원(힌두사원)이 으뜸이다. 12세기 초 수리야바르만 2세가 30년에 걸쳐 지었다. 5.5km의 성벽으로 둘러싸인 직사각형의 터 한 가운데에 자리 잡고 있다. 전생, 현생, 내생을 뜻하는 3층 대칭 구조의 사원으로 중앙부 5개의 원뿔형 탑으로 이루어져 있다.

성벽 둘레의 해자는 넓이가 100-200m로 마치 호수 같다. 해자 밖에서 앙코르와트를 바라보면 물에 비친 물그림자와 더불어 더욱 아름답게 보인다. 세계 7대 불가사의 중 하나로, 세계 문화유산으로 지정된 보물 중의 보물이다. 앙코르와트 사원을 프랑스와 바꾸자고 해도 안 바꾼다는 말이 있을 정도로 캄보디아인들의 가슴 속에 새겨진 자부심이기도 하다. 캄보디아 국기에 앙코르와트 사원이 들어가 있다. 국기 안에 건축물 그림이 들어가 있는 것은 캄보디아뿐이다.

해자의 물은 고여 있기 때문에 썩을 수밖에 없는데 그 곳은 예외다. 가이드의 말에, 자외선이 통과되어서라는데 언 뜻 이해가 안 된다. 아무튼 물을 떠서 냄새를 맡아보아도 이상이 없다.

사원에 들어서면 오른쪽으로 이어지는 회랑 벽면의 부조들이 눈길을 끈다. 벽면에 빈틈이 없다. 정교하고 세련되며 생동감이 넘친다. 권

선징악의 교훈을 담은 라마야나 등의 이야기가 거기에 새겨져 있다. 1700명 이상의 춤추는 무희(압살라)도 있다.

앙코르와트 3층에는 신의 세계를 묘사해 놓았다. 관람객은 동쪽 계단으로 올라간다. 계단 폭이 좁고 가팔라서 엉금엉금 기어서 올라갈 수밖에 없다. 인간이 신의 세계로 가는데 어찌 걸어서 갈 수 있겠느냐! 그래서 일부러 그렇게 만들었단다. 경사가 완만한 서쪽 계단은 신과 동격인 왕만 다닐 수 있었다.

앙코르 사원보다 36년 늦게 세워진 어머니 사원에는 커다란 수퐁나무 뿌리가 잔뜩 뻗어 있어서 사원을 복원할 수 없다고 한다. 그 곳에는 보석의 방이 있어 벽에 각종 보석을 박아 아름답게 장식을 했는데 왕국의 멸망과 더불어 도난당하고 지금은 보석들을 빼간 자리에 무수히 구멍만 남아 옛 영광을 말해주고 있을 뿐이다.

해질녘이면 관광객들이 몰려드는 곳이 있다. 프놈바켕이란 사원 터로 67m 높이의 언덕이라 해넘이 광경을 볼 수 있기 때문이다. 그 곳 계단 역시 가팔라서 올라가는 것을 포기하는 사람들도 있다. 사방이 나무숲으로 펼쳐져 있고 저 멀리 앙코르와트 탑이 보인다. 그 반대편으로 하루 종일 이글거리던 해가 휴식을 취하려는 듯 나무숲 바다로 가라앉고 있었다.

그 날 저녁 식사는 압살라 민속 디너쇼를 하는 곳에서 했다. 뷔페식으로 골라 먹을 수 있고 생각보다 맛도 있었다. 무대 위에서는 연이어 캄보디아 전통 음악에 맞추어 민속춤이 공연되었다. 마치 앙코르 사원 회랑 벽에 새겨진 압살라들이 살아 돌아와 춤을 추듯 황홀경에 빠져보기도 하였다.

다음 날 아침, 씨엡립을 벗어나 톤레삽 호수로 향했다. 호수가 가까워지자 가옥들이 원두막 형태로 1층은 공간이고 살림집은 2층에 있다. 가난이 뚝뚝 떨어지는 그러한 초라한 집들이 대부분이다.

아시아 최대의 호수로 움직이는 호수이기도 하다. 우기에는 그 면적이 서울의 12배 정도인데 건기에는 4배가량이다. 호수가 늘었다 줄었다 하는 것이다. 따라서 선착장의 위치도 우기 때와 건기 때가 다르다.

호수 위에 수상 가옥들이 늘어서 있기도 하고 우체국, 파출소 심지어 학교까지 있다. 관광객을 상대로 물건을 팔려고 노를 젓는 보트들이 벌떼처럼 몰려들기도 한다. 그 중에는 손가락만한 바나나를 파는 어린이들도 있다. 측은한 마음에 관광객들이 사주곤 한다. 그런 점을 노리고 어린이들을 동원시키는 듯싶다.

비극의 캄보디아 하면 폴포트의 킬링필드가 생각난다. 그 당시 수백만 명의 사람들이 희생되었고 그 인골들로 탑을 만든 사원도 있다.

내전이 끝난 뒤에도 지뢰 때문에 계속 희생자들이 발생하는 것을 안타깝게 생각해서 크메르루즈 출신인 '아키라'라는 사람이 개인적으로 수많은 지뢰를 제거하고 그것들을 자기 집 근처에 모아 지뢰 박물관을 만들었다. 지뢰의 종류가 그렇게 다양한지 그 곳을 보고 나서야 알았다. 엄청난 양에 모두들 혀를 내두르고 계속해서 지뢰 제거를 해달라는 염원으로 성금을 내는 관광객이 적지 않았다.

베트남과 캄보디아는 오랜 전쟁으로 경제 발전을 할 수 없었고 그 여파로 아직도 가난에 허덕이고 있지만 서서히 기지개를 펴고 있음을 보고 느낄 수 있었다.

〈문학사랑 2009년 여름호〉

필리핀 여행

우리 팀(부부 4쌍)에 다른 팀 3명이 추가되어 11명이 함께 마닐라 공항에 도착한 뒤 가이드를 만났다. 차를 타고 가면서 가이드로부터 필리핀에 대한 개요를 들었다.

인구는 약 8500만 ~ 1억 명 정도이며 따갈로그 말을 사용하고 영어가 공용어로 되어 있다. 화폐는 페소로 1달러당 45페소다. 가장 큰 루손섬을 비롯해서 7107개의 섬으로 구성된 나라인데 그 중에 2천여 개가 유인도 이다. 인구의 85%가 카톨릭이며 10% 정도가 이슬람교도 이다.

석회가 들어있어서 물을 함부로 마시면 안 되고 생수를 사서 먹어야 된단다. 필리핀뿐이랴! 동남아 여러 나라, 심지어 지리적으로 가까운 중국 여행 때도 들어본 말이다.

그에 비해 우리나라 물은 얼마나 좋은가! 어지간하면 그냥 먹을 수 있으니 우리의 물이 보물임을 새삼 깨닫게 된다. 그 귀중한 물, 하지만 우리나라도 물 부족 국가에 해당된다고 하니, 헤프게 쓰는 비유로 '물 쓰듯 쓴다.'는 말이 앞으로는 귀하게 쓰이는 말로 '물 쓰듯'이란 의미가 되도록 관심을 갖고 아껴야 되겠다.

팍상한 폭포를 보기 위해 호텔을 나섰다. '지푸니'라는 시내버스가 눈에 많이 뜨인다. 과거에 우리가 보던 지프차처럼 생겼다. 길이가 좀 길 뿐이다. 겉은 다채로운 색으로 화려하고 차내는 양쪽으로 긴 의자를 놓아 서로 마주보고 앉게 되어 있다. 옛날에 고장이 잦았고 그 때마다 조랑말이 끌었다는 점에서 지푸니가 되었다. 즉 지프와 포니(조랑말)의 합성어다.

'팍상한'이란 우리말 어감으로는 좀 꺼림칙해서 한 번 들으면 잘 잊히지 않는 지명이다.

'팍상한'이란 필리핀 말로 갈라진 곳이란다. 깊은 계곡임을 암시해준다. 세계 7대 절경 중의 하나라니 기대 또한 크다.

우리 교포가 운영하는 식당 안을 거쳐 강변으로 내려가면 바로 카누 보트를 탈 수 있는 선착장이다(선착장은 여러 곳). 우비와 헬멧을 쓰고 부부 2명씩 한 보트에 올랐다. 그 자체만으로도 마음이 들뜨고 동심으로 돌아간 듯하다.

보트맨 두 명이 앞뒤에서, 오직 사람의 힘만으로 거친 강물을 거슬러 올라간다. 힘겨워하는 그들이 보기에 안쓰럽긴 하나 숙달된 행동으로 강바닥에 솟아오른 바위를 요리조리 발로 힘차게 구르면서 잘도 올라간다. 보트에 느긋하게 앉아 양쪽에 펼쳐진 절경을 감상하는 관광객과 얼마 안 되는 수입을 위해 온 힘을 쏟아 붇는 보트맨의 차이는 결국 돈이 아닌가….

올라가는 도중에 보트맨들이 힘들다며 멈춰서 팁을 달란다. 심정적으로야 주고 싶지만 끝난 뒤에 팁으로 1달러 씩 주기로 사전에 교육을 받고 약속했기 때문에 모른 채 절벽만 바라보자 그들도 눈치 챘는지 이내 다시 출발한다.

수없이 오르내리는 보트에서 들려오는 말은 거의 우리말이다. 서로 반갑게 인사하면서 밝은 미소를 주고받는다. 강변에 있는 여관들도 우리나라 관광객을 유치하려고 한글로 된 플래카드를 걸어놓기도 했다. 국력을 보여주는 일면들이다.

드디어 목적지인 팍상한 폭포에 도착했다. 다른 배로 옮겨 타고 들어가 폭포수를 맞는데 물줄기가 어찌나 센지 뼈가 부러지는 것은 아닌가, 두렵기까지 하다.

팍상한 폭포수를 머리에 맞으면 아들을 낳는다는 전설이 있다고 한다. 이미 우리팀원들에게는 해당되지 않는 사항이지만….

보트맨이 힘든 직업이지만 하고 싶다고 매일 할 수 있는 것도 아니다. 경쟁이 심해서 1주일에 고작 한 번 밖에 할 수 없단다.

마닐라 시내의 리잘 공원에는 여권 신장과 관련이 있는 '모자의 상'과 독립투사인 '호세 리잘' 동상이 있다. 호세 리잘은 스페인의 식민지 시절에 독립운동에 앞장섰던 인물로 필리핀 사람들로부터 가장 큰 존경을 받고 있고 그래서 공원 이름도 그의 이름을 따온 것이다.

리잘은 결국 잡혀 샨티아 요새(감옥으로도 사용)에 감금되었다가 사형장으로 끌려가게 된다. 그가 끌려갈 때 걸어갔던 길 위에 현재 발자국 표시를 죽 해놓았다. 발자국을 따라 걸어보는 필리핀 사람들의 마음은 어떤 것일까? 우리나라도 겪어보았기 때문에 그 마음을 조금은 알 것 같다.

그 요새를 태평양 전쟁 때에는 일본군이 점령했었다. 지하에 수중감옥을 만들어 필요 시 강물과 연결시킬 수 있도록 해 놓았다. 수문을 열면 죄수들이 일시에 강물에 휩쓸려 떠내려가도록 말이다. 쥐도 새도 모르게 몽땅 수장시키는 잔인한 방법이다. 그 당시에 그곳에 갇힌 죄수들이란 다름 아닌 일본군에 저항했던 필리핀의 애국자들이었다. 이렇듯 일본은 우리나라뿐만 아니라 동남아 곳곳에서 만행을 저질렀었다. 그 증거물 중 하나가 바로 샨티아 요새다.

아시아 최초의 성당이라는 '마닐라 대 성당' 안으로 들어가 보았다.

엄숙함이 느껴진다. 필리핀에서는 따로 예식장이 없고 성당에서 결혼식을 하는데 마닐라 대 성당에서는 1억 정도의 헌금이 들어간다니 일반 서민들은 그림의 떡일 수밖에 없다.

따가이따이 화산 지대로 가면서 가이드가 필리핀에 대해 몇 가지 더 알려준다.

사람이 죽으면 피를 뽑아내고 배를 갈라 내장을 빼낸 뒤 솜 등으로 채우고 땅에 묻지 않고 석관에 넣어 땅위에 놓아둔다. 도시 한가운데에 공동묘지가 있다. 우리와 달리 묘지에 대한 거부감이 별로 없는 듯하다.

우리나라에서 소싸움이 유명하듯이 필리핀은 닭싸움이 유명하다. 때로는 TV 중계도 한다니 그 열정을 느낄 수 있다. 우리가 흔히 보는 닭싸움이 아니다. 발에 칼날을 달고 싸운다. 때로는 목숨까지 잃는다. 돈을 걸고 내기도 한다. 그래서 오백만원도 넘는 쌈닭도 있단다.

차창 밖으로 보이는 이국의 풍경, 파인애플 농장이 나타나는가 하면 어느새 또 야자나무(코코넛) 농장이 이어진다. 야자나무는 신이 내린 축복의 나무란다. 버릴게 하나도 없는 나무다. 뿌리는 달이면 가스 활명수 같은 맛이 나는데 천식과 가래에 효험이 있는 약재다. 잎사귀는 지붕으로, 기둥은 수상 가옥 재목이나 가구 만드는데 사용하고 열매 껍질로는 '비롱'이라는 옷을 만들기도 하며 말려서 땔감 또는 숯으로 만들어 정수기 필터로 사용한단다. 코코넛 비누와 오일도 유명하다.

벼농사도 일 년에 3번을 지을 수 있는 자연의 혜택이 듬뿍 주어진 나라인데 못사는 이유가 무엇일까? 1970년대 초까지만 해도 우리보다 잘 살던 나라다. 가장 큰 이유가 지도자(대통령)를 잘못 만난 탓이라고 나름대로 생각해본다.

따가이따이 전망대에서 바라보는 경치는 가히 일품이다. 누구나 별장을 짓고 살고 싶은 곳이다. 화산으로 생긴 따알 호수, 호수 중앙에 산이 솟아오르고 다시 그 산속에 호수가 생겨난 곳이다.

선착장이 딸린 식당, 역시 우리 교포가 운영하는 식당이다. 배를 타고 잔잔한 호수를 건너니 조랑말들이 대기하고 있다. 우리들은 조랑말을 타고 현지인 마부들이 고삐를 잡고 걸어서 끌고 올라간다. 처음 타보는 조랑말, 산비탈이 가팔라서 겁도 난다. 한편 재미도 있다. 콧노래를 부르는 이가 있는가 하면 짧은 영어이지만 마부와 한 마디씩 주고받으며 화기애애한 모습을 보이는 이도 있다. 그렇게 넉살이 좋아야 하는데….

다음날, 행선지는 '히든 벨리'다. 루손 섬 남쪽 라구나 주에 위치한 숨겨진 계곡이다. 열대 우림 속에 노천 온천으로 유명하다. 군데군데 풀장처럼 되어 있는데 그게 모두 온천수다. 깊은 곳은 피하고 물이 어깨 정도 차는 곳으로 찾아 들어갔다. 남자 팀원들은 수영을 좀 할 줄 안다. 필자도 어려서 동네 개울을 막아 만든 보에서 배운 실력 정도다. 물론 족보도 없는 개헤엄이다. 여자들은 글자 그대로 전혀 수영을 못하는 맥주병 신세다. 부부끼리 손을 잡아 이끌고 발장구를 치게 하는 등 노력 끝에 1m, 2m 전진한다. 박장대소도 하며 모두 동심으로 돌아간다. 수십년 된 연인들이지만 어제 만난 연인처럼 가는 시간이 아쉽기만 하다.

열대 우림속의 온천수 풀장에서의 추억은 아무래도 오래 남을 듯싶다. 히든 벨리야! 쌀라 마뽀(고맙다는 필리핀 말).

베이징 여행

금년 여름은 유난히 덥다. 베이징 여행을 앞두고 제일 큰 고민거리가 더위다. 베이징이 위도 상으로는 서울보다 위에 있지만 오히려 더 덥다. 8월 초에는 섭씨 40도가 넘었었다니 내심 걱정이 된다.

우리나라보다 시원한 곳으로 가야 피서인데 되레 더 더운 베이징으로 가니 피서가 아니라 영서(迎暑)인 셈이다.

비행기가 인천공항을 박차고 떠올라 점점 고도를 높여간다. 흐린 날씨 탓에 거무스레한 구름들이 펼쳐져 있다. 아들 2명을 대동하고 해외여행은 6년 전의 장가계에 이어 두 번째다. 날씨와는 달리 마음은 환하게 밝아 있다.

서해 상공으로 접어들어 한참을 가니 햇볕이 쨍쨍 내리 쬔다. 창밖으로 내려다보이는 것은 온통 뭉게구름이다. 눈이 많이 내려 온 세상을 뒤덮어 눈외에는 보이지 않는 눈의 나라 같다.

3박 4일의 여행 일정을 갑자기 잡는 바람에 부득이 천진 공항으로 날아가 거기서 버스로 북경(베이징)까지 가게 되었다.(일행 12명) 올 때도 같은 코스다.

북경까지 2시간가량 가는 동안 산이라곤 보이지 않는다. 그 넓은 평야 지대에 작물을 심지 않고 놀리는 땅도 상당하다.

다음날 서태후의 여름 별장이었던 이화원으로 갔다. 유네스코에서 세계 문화유산으로 지정한 곳이다.

눈앞에 펼쳐진 호수만도 꽤 넓은데 안 보이는 곳이 전체의 2/3 라고 한다. 그토록 넓은 호수가 인공호수라니 놀라지 않을 자 그 누구더냐! 파낸 흙을 쌓아 산을 만들었고, 그 중턱에 라마교 사원이 있다. 서태후는 많은 사람들을 죽였고 말년에 회개하는 의미로 지은 절이다.

서태후의 악독한 일면을 보여주는 일화가 있다. 황후를 몰아내기 위해 자기가 난 어린 딸을 죽이고 그것을 황후의 소행으로 꾸며 결국엔 쫓아내고 자기가 황후가 되었다.(청나라 문종 함풍제의 비). 후에는 조카를 황제(광서제) 자리에 앉혀 허수아비로 만들고 막강한 권력을 휘둘렀다.

다음날, 세계 7대 불가사의 건축물 중 하나인 만리장성을 보러 가는 길이다. 사진이나 TV를 통해서 많이 보긴 했지만 직접 올라가 본다는 데에 마음이 설렌다.

안전 점검과 부품 교체 작업으로 팔달령 케이블카가 운행 중지되어, 도보 관광이 가능한 거용관으로 갔다.

평야 지대를 지나 만리장성 근처에 오니 산이 험하다. 그 높은 산에 산등성이를 따라 산성이 끝 간 데 없이 이어져 있다.

절반 정도가 이미 춘추전국 시대에 만들어진 것을 BC 3C 경에 진시황이 북방 흉노족의 침입을 막기 위해 간쑤성 남부로부터 랴오허강 하류에 이르는 장성을 이어 논 것이다. 현재 그 길이가 약 2700km이지만 중복된 부분을 합치면 그 2배 가까이 된다.

팔달령 근처의 장성 높이가 8.5m, 두께는 5.7~6.5m 이며 120m 간격으로 돈대를 만들어 군사의 주둔과 감시에 이용하였다니 상상이 가지 않는다. 그 높은 산에 그 무거운 돌들을 어떻게 운반했으며 얼마나 많은 사람들이 동원되었고 희생자들은 또 얼마나 많았을까? 의문이 꼬리를 문다.

거용관에 도착하여 장성을 올려다보니 돌계단을 오르내리는 사람들로 빽빽하다. 필자도 그 일원이 되어 한 계단 한 계단 올랐다. 땀이 비 오듯 쏟아져 주체할 길이 없다. 첫 번째 만나는 돈대까지만 올라가 안으로 들어가니 사방으로 뚫려 있고, 불어오는 바람이 시원하다.

만들 당시에는 백성들에게 많은 고통과 심지어 목숨까지 앗아간 원수 같고, 길고 긴 징그러운 장성이었지만 지금은 아주 귀중한 관광 자원이 되어 문화적으로나 경제적으로 중국에 많은 보탬이 되는 화수분 같은 존재가 되었다.

북경의 명동이라 불리는 번화가인 왕부정에 갔다. 먹자골목에 들어서자 역한 냄새가 진동한다. 우리에게는 거부감이 가는 냄새지만 중국인들에게는 익숙하고 친숙한 냄새인지 사람들로 발 디딜 틈이 없다.

끝이 보이지 않는 길 양편으로 점포들이 늘어서 있고, 음식도 각양각색이다. 낙지, 오징어 등 우리가 흔히 볼 수 있는 것은 물론 굼벵이, 전갈 등 몬도가네 식 음식도 엄청 많다. 먹고 싶은 생각이 나질 않아 되돌아 나왔다.

저녁에는 세계 최고라는 북경의 서커스 관람을 했다. 남자들은 역동적이다. 한 사람이 겨우 빠져나갈 정도의 굴렁쇠를 4~5단으로 쌓아 놓고 바닥에서 3~4차례 재주를 넘은 뒤 굴렁쇠를 빠져나가는 묘기라든지, 하나의 장대를 세워놓고 오르내리면서 묘기를 부리는데 혹시 원숭이가 아닌가 할 정도로 자유자재다. 원숭이도 구경하다가 놀라 자빠질만하다. 또한 공중에 지면과 평행으로 외줄을 느슨하게 매놓고 그 위에서 자전거를 탄 채 묘기를 부리기도 한다.

반면에 여자들은 아름다움을 풍기는 묘기다. 접시돌리기라든지 자전거 하나에 15명 정도 올라타는 묘기 등이다.

다음날 행선지는 천단이다. 명, 청 황제들이 하늘에 제시를 지내던 제단이다. 주변은 측백나무 숲으로 둘러싸인 꽤 넓은 공원이다. 공원을 찾은 중국인들이 삼삼오오 모여 우슈도 하고 또는 음악을 틀어놓고 남녀가 어울려 춤을 추는가 하면 편편하고 매끄러운 돌바닥에 붓으로 맹물을 찍어 조용히 글씨를 쓰는 사람도 있다. 곧 물이 증발되어 사라지지만 또 쓰면 되고 글씨 연습하기에는 안성맞춤인 듯싶다. 아주 자유분방한 중국인들의 모습을 엿볼 수 있는 곳이다.

중국에서 3번째로 크다는 수도박물관을 거쳐 2008년 올림픽이 열렸던 주경기장으로 갔다. 안으로 입장은 안 되고 조금 떨어진 곳에서 외관만 볼 수 있다. 그것을 보는 순간 2년 전에 활약했던 우리나라 선수들의 감격스러운 장면들이 떠오른다. 이제는 주경기장이 웅장한 모습을 자랑하며 중요한 관광 자원으로 자리매김하고 있는 것이다.

새와 귀뚜라미 기르기를 좋아하는 중국인들, 그들의 모습을 볼 수 있다기에 인력거 투어를 선택 관광으로 선정했다.

구경 중에는 싸움 구경이 보기에 쏠쏠하다고 하지 않는가! 우리나라의 소싸움, 필리핀의 닭싸움, 중국은 귀뚜라미싸움이 유명하다. 덩치가 큰 중국이 작은 귀뚜라미싸움에 열광하는 모습은 참으로 아이러니하다.

저녁에는 역시 선택 관광인 연극 '금면왕조'를 관람했다. 중국 고대 전기에서 영감을 얻어 제작된 사극으로 미국에서 최우수 연출 상을 받은 작품이라기에 약간의 기대를 했다.

춤과 노래와 대사가 어우러진 작품으로 내용은 잘 알 수 없지만 그 웅장함과 화려함에 관객들이 압도당한다.

무대 장치도 대단하다. 무대가 갈라져 밑으로 꺼지기도 하고 솟아오르기도 한다. 홍수가 나는 장면에서는 천둥과 함께 바위 언덕이 솟아나더니 실제로 엄청난 물이 쏟아지면서 사람들이 쓸려 내려가는 장면이 아주 리얼하다. 관객들의 혼을 빼놓을 정도다.

마지막 날은 천안문 광장이다. 천안문 사태 때에 밀려오는 탱크를 한 시민이 가로막는 장면을 TV를 통해서 보았었는데 바로 그 장소에 필자가 서있다니 감격스럽다. 천안문 맞은편 건물에는 모택동 시신이 안치되어 있다. 휴일도 아니건만 참배객의 줄이 끝이 안 보인다. 모택동을 향한 중국인들의 마음은 아직도 식지 않고 불타고 있는 것이다.

우리 일행은 그곳을 비껴 천안문(자금성의 정문)으로 향했다. 자금성으로 들어가려는 사람들로 인산인해다. 사람들이 구름처럼 몰려온다는 표현이 이럴 때 하는가 보다. 표를 사서 들어가려고 기다린 시간이 1시간도 넘는다. 일일이 세어볼 수도 없는 수많은 전각들, 어찌 다 볼 수 있으랴! 일직선으로 가면서 눈에 들어오는 것만 주마간산 식으로 훑어볼 뿐이다.

그 거대한 자금성의 주인이었던 황제들, 마지막 청나라 황제였던 부의는 신해혁명으로 쫓겨나 정원사 등으로 전전하게 되고, 말년에 자기가 주인으로 살았던 자금성을 보기 위해 입장료를 지불해야만 했다는 일화가 있어 야릇한 인간사를 다시 한 번 생각하게 된다.

중국인들뿐만 아니라 외국의 예술가들도 몰려와 활동한다는 798 예술의 거리를 돌아본 뒤 비행기를 타기 위해 천진으로 향했다.

인도여행

우리 팀 10명(부부 5쌍)과 다른 지역에서 온 12명이 여행 가이드의 인솔 하에 아시아나 비행기에 올라 인도로 향했다.

9시간 정도 날아서 목적지 근처에 오니 이미 날이 어둑어둑하다. 비행기에서 바라보는 저녁노을이 아름답다. 지평선을 경계로 안쪽은 옅은 검은색이라 강줄기만이 희미하게 눈에 들어오고 반면에 지평선 넘어는 노랗게 물든 밝은 노을이 인도의 미래를 암시해 주는 듯하다.

중국이 현재 미국과 더불어 세계의 2강이 될 줄 누가 알았겠는가! 마찬가지로 중국의 뒤를 이어 강국이 될 수 있는 나라가 바로 인도라고들 말한다.

델리 인디라 간디 국제공항에 도착해 현지 가이드와 합류했다. 버스에 오르자 우리들을 환영해 준다고 꽃목걸이를 하나씩 목에 걸어 주는데 향기가 너무 짙고 익숙한 향기가 아니라 하나 둘씩 꽃목걸이를 벗어놓는다.

현지 가이드가 대전의 충남대학교에서 한국어 어학연수를 받았다기에 더욱 친근감이 간다. 우리말도 잘하고 위트도 있다.

가이드의 인도에 대한 대략적인 설명이다. 면적은 우리나라 한반도 전체의 16배 정도고 신의 나라요 축제의 나라다. 나라가 넓고 지역이 다양하기 때문에 인도를 한마디로 단정할 수 없다.

IT 강국으로 청소년들은 취직보다는 개인 사업을 선호하는 편이다. 대통령은 외교를 담당하고 내정은 수상이 맡는다.

델리 시내 관광에 나섰다.

1차 세계대전에서 전사한 9만 여명의 인도 병사를 위해 세웠다는 인도문, 프랑스의 개선문을 닮았다. 지나가면서 차창으로만 바라보고 다음 목적지로 향했다.

무굴제국의 승전을 기념하기 위해 세워진 구뜹은 본래 104m 이었는데 지진으로 상부가 파괴되어 현재는72m다. 탑을 배경으로 기념사진을 찍느라 한바탕 난리들이다.

인도에서 가장 큰 이슬람 사원인 자마 마스지드로 들어가자니 신발과 양말까지 벗으란다. 그만큼 신성시 여기는 장소다. 광장에 2만 여명이 동시에 모여 예배를 볼 수 있다. 언덕 위에 자리하고 있어 그 위용이 잘 드러나 있고 남과 북 양쪽에 세워진 뾰족탑은 높이가 40m로 전망이 좋아 기부금을 내고 올라가면 델리와 뉴델리의 경관을 한 눈에 볼 수 있다는데 우리 일정에는 없어 아쉬움을 남기고 다음 목적지로 향했다.

라즈가트는 비폭력 평화 운동으로 인도의 독립운동을 이끈 마하트마 간디가 화장된 곳이다. 푸른 잔디밭 가운데에 검은 대리석으로 만든 제단이 놓여 있고 제단의 정면에는 간디가 죽으면서 마지막으로 남긴 '오! 신이여.'라는 글귀가 새겨져 있다. 제복을 입은 학생들이 많은 것으로 보아 소풍이나 현장 교육 장소로 손꼽히는 듯하다

간디 기념관에는 그 유명한 물레와 간디가 짚고 다니던 지팡이, 총에 맞아 흘린 피가 묻은 옷과 간디의 육성을 들을 수 있는 녹음 장치도 있다.

델리 시내를 돌면서 인상적이었던 것 중 하나는 외국 대사관들이 여기저기 흩어져 있는 것이 아니라 한 장소에 길 양편으로 죽 붙어 있다

는 것이다. 보기에도 좋고 편리한 점도 있겠다 싶다.

갠지스 강가의 바라나시와 아고라의 타지마할 묘를 보지 않고는 인도 여행을 했다고 할 수 없을 것이다.

바르나시를 비행기 타고 가면 빠르고 어렵지 않지만 농촌 풍경도 볼 겸 열차를 이용하기로 되어 있다. 야간열차를 장장 12시간을 타야하니 쉽지 않다. 가면서 1박을 해야 되기 때문에 침대칸으로 되어 있다. 칸칸으로 나누어져 있는데 4명 또는 6명이 정원이다. 침대는 양쪽으로 3단씩이다. 맨 아래와 맨 위 칸은 고정되어 있고 가운데 칸은 내려져 있다가 잠잘 때 들어 올려 걸기만 하면 침대가 된다. 바쁠 것이 없는 기차는 느릿느릿 달린다. 자다가 기차의 요동으로 가끔 깨기는 하지만 그럭저럭 잘만하다. 경험하기 쉽지 않은 값진 경험이다.

바라나시는 힌두교 인들이 가장 성스럽게 여기는 갠지스 강을 끼고 형성된 도시로 3천년 이상 힌두교 성지로 번성한 곳이다.

현지 가이드가 하는 말이 바라나시의 지명이 기억이 잘 안나면 바나나를 연상하란다. 그 방식대로 하니 쉽게 떠오른다.

갠지스 강가에서 매일 저녁 행해지는 힌두 종교 의식을 보기 위해 릭샤(자전거 인력거) 1대에 2명 씩 올라탔다. 릭샤가 다른 나라와 달리 의자가 경사되어 있어 앉기에 불편하다. 왜 그리 만들었는지 이해가 안 된다.

많은 사람들과 자전거, 릭샤, 오토릭샤(삼륜차), 오토바이, 자동차 등이 서로 뒤엉키는 거리는 무질서의 극치를 보는 듯하다. 그런데도 충돌하는 일이 거의 없으니 신기할 따름이다.

길가에는 소들이 엎드려 있기도 하고 소똥을 비롯한 각종 오물과 아기를 안고 적선을 요구하는 아주머니 등, 세계적으로 유명세를 타는 도시라고는 전혀 생각이 들지 않는다.

숙소로 돌아오는 길에 현지 가이드가 '짜이'라고 하는 인도 전통차를 사 주었다. 엉성하게 만든 도자기 잔에 따라 먹고, 먹고 난 뒤 그 잔을 내리쳐 깨버리는 풍습이 있다.

다음 날 새벽 일행은 일출을 보기 위해 다시 갠지스 강가로 갔다. 배를 타고 조금 거슬러 오르자 강가에서 연기가 피어오른다. 그곳이 바로 노천 화장터란다. 가이드가 사진을 찍지 말라고 당부한다.

시체를 화장한 다음 뼈 가루를 갠지스 강에 뿌릴 뿐 아니라 심지어 계율 상 화장할 수 없는 시신들은 그냥 강에 버리기도 한단다. 또한 갠지스 강은 바라나시의 온갖 더러운 생활하수를 받아들이며 흘러간다. 오염된 물이건만 인도인들은 성스러운 물로 여기고 목욕을 하고 때로는 마시기까지 한다니 신기할 따름이다.

일출을 보기 위해 관광객을 태운 배들이 수없이 많다. 물건을 싣고 와 파는 장사배들도 상당수다. 잘 팔리는 물건 중 하나가 초다. 우리가 흔히 보는 초가 아니고 바람과 물결에 넘어지지 않도록 납작하게 만들어졌다. 초에 불을 붙여 강물 위에 띄우고 소원성취를 빌면 이루어진다는 말에 너도나도 불을 붙인다. 불꽃이 춤을 추며 흘러간다. 한 두 개가 아니라 많다보니 그 또한 장관이다.

날씨 탓에 유감스럽게도 일출 광경은 보지 못 했다. 돌아오는 길에 시내 변두리에 있는 힌두대학을 버스로 한 바퀴 돌았다. 아시아 최대의 대학으로 캠퍼스 내에 극장까지 있고 둘레가 15km나 된다니 그 규모를 상상만 할 뿐이다.

사르나트(녹야원)로 가는 길이다. 거리의 이발사가 보인다. 담장에 거울을 걸어 놓고 이발을 한다. 비오는 날은 공치는 날일게다. 시내 변두리로 가자 도로 포장이 안 되어 먼지는 풀풀 날리고, 그런 속에서도 길옆에 원두막 같이 생긴 곳에서 물건을 진열해 놓고 장사를 하고 있다. 손님은 거의 보이지 않는다.

소들이 거리를 점령하기도 한다. 제지당하지 않고 거리를 자유롭게 활보하는 소들이 상팔자다. 돼지도 풀어놓고 먹이는지 집 앞에서 어슬렁거린다. 그들로부터 보호하기 위함인가 길가에 심어놓은 어린나무 둘레는 어김없이 벽돌로 막아놓았다.

녹야원은 석가모니가 35세에 성도한 후 최초로 설법을 개시한 곳으로 불교 4대 성지 중 하나다. 석가가 앉아 설법했다는 석대 앞에서 지그시 눈을 감고 당시의 정경을 상상해 본다.

마우리아 왕조의 아소카왕이 세운 석주(石柱)가 그곳에 있다. 주두(柱頭)에는 4마리의 사자상이 동서남북을 바라보고 새겨져 있다. 인도 미술의 걸작 중의 하나로 손꼽히는 작품이다.

많은 사원들이 그곳에 밀집해 있었는데 지금은 거의 다 허물어졌고 다만 다멕스투파 탑만이 비교적 온전하게 남아 있다. 엎어진 팽이 모양으로 생긴 탑으로 부처님 사리탑이다.

바로 옆 야산 언덕 울타리 안에는 지금도 사슴들이 유유히 놀고 있다. 녹야원을 지키는 상징물이다.

바라나시에서 국내선 비행기로 카주라호(호수가 아니라 지명)로 날아갔다. 버스로는 9시간이나 걸리는 곳을 비행기로 이동하여 시간을 많이 절약했다.

카주라호에는 찬델라 왕조가 서기 950년부터 불과 100 여년 사이에 무려 85개의 사원(주로 힌두교 사원으로 시바와 비슈누 신을 모심)을 조성해 놓았는데 지금은 22개만 남아 있다. 그 사원들을 유명하게 만든 것은 다름 아닌 사원의 신전들을 둘러싸고 빽빽하게 새겨져 있는 조각들이다. 신전의 벽에다 여신을 비롯하여 요정이나 신화속의 동물 등 눈에 보이지 않는 것들을 묘사했을 뿐 아니라 병사와 연극인 그리고 당대의 사람들의 일상을 새겨놓아 생생한 감동을 주고 있다.

그 중에서도 사람들의 시선을 끄는 곳이 락시마나 사원에 새겨진 성행위 장면들이다. 여러 형태의 성행위가 적나라하게 묘사되어 있어 놀라서 입이 벌어지는데, 1000 여 년 전의 작품이라니 벌어진 입이 쉽게 다물어지지 않는다.

다음 날은 오르차로 향했다.

도로 옆에 집이 있는 경우에는 어김없이 소똥을 말리고 있는 풍경을 목격할 수 있다. 연료로 쓰기위해서다. 소똥을 다듬어서 마치 손바닥 선인장 모양으로 만들어 늘어놓기도 하고 또는 여러 가지 형태로 쌓아 올렸다. 어느 것은 탑처럼 예쁘게 쌓아놓은 것도 있다.

가도 가도 평야 지대다. 그 넓은 들판이 거의 노란색이다. 유채꽃이 만개했기 때문이다. 봄철이면 제주도의 유채꽃이 관광 테마로 자리잡고 유명세를 타지만 인도와는 비교가 안 된다. 오르차에 가는 내내 유채꽃이다. 보이는 주위가 온통 유채꽃이다. 노란 바탕에 군데군데 초록색의 나무가 서 있는 형국이다. 조용하면서도 활력을 얻을 수 있는 정경이다. 오래도록 잊을 수 없을 것 같다.

인도의 숨은 비경으로 꼽히는 도시, 오르차는 서기 1531년에 세운 분델라 왕조(무굴제국의 제후국)의 수도로 명성을 떨쳤던 곳이다. 지금은 작은 규모의 마을로 축소되어 명맥만 유지하고 있다.

쉬시마할 궁전은 제항기르마할의 부속 건물로 현재는 숙소와 레스토랑으로 운영되고 있다. 궁전 유지비를 마련하기 위한 궁여지책인 듯싶다.

오르차의 유적지 중 가장 훌륭하고 거대한 건물이 제항기르마할 궁전이다. 3층으로 올라가면 오르차의 전경을 바라볼 수 있다. 내려오는 길을 몰라 한참을 헤매기도 한다. 네모반듯한 광장을 가운데 두고 사방이 건물로 쌓여 있다. 광장 가운데에는 목욕탕이 있어 당시에 왕비나 시녀들이 목욕하는 장면을 왕이 2층에서 내려다보았다고 한다. 바라보면서 그날 밤 수청들 여인을 점찍지 않았을까….

잔시로 이동하여 기차역에 도착하였다. 출발 시간이 되어 승강장으로 나갔으나 아무리 기다려도 기차가 오지 않는다. 1-2시간 연착도 부지기수라니 와야 오는 거다. 철로 변에는 엄청 많은 쥐들이 쥐구멍을 들락거리고 있다. 크기는 왜 그리 큰지, 통통하게 살 찐 놈들이 많다. 지구상의 생물들이 멸종할 때 끝까지 남을 놈들이 쥐가 아닐까 하는 엉뚱한 생각을 해본다.

기차를 탄 뒤 뒤쪽에서 일본말이 들리기에 용기를 내서 찾아가 일본말로 대화를 나누었다. 일본인 관광객인데 우리와 거의 같은 코스다. 일본말을 하자 무척 반가워하고 우리나라 젊은 가수들 이름도 필자보다 많이 알고 있다. 그를 통해 일본에서의 한류 열풍을 짐작할 수 있다.

마침내 인도 여행의 하이라이트라 할 수 있는 아고라에 도착하였다.

세계 7대 불가사의 중 하나인 타지마할 묘를 사진으로만 보다가 마침내 그 앞에 서게 되었다.

황제 샤자한이, 황비인 뭄타지마할이 14번째 자녀를 출산한 후 죽자 그녀를 위하여 지은 건물이다.(전에 있던 건물을 리모델링한 것이

라고도 함)

많은 도안 중 터키 출신인 우스타드이사이환디의 작품이 선정되어, 1631년부 22년간 2만여 명을 동원하여 최고 품질의 하얀 대리석뿐만 아니라 붉은색, 황색, 검정색 대리석과 금, 은, 각종 보석을 사용하여 만든 것이다.

건물 중앙에 황제와 황비의 무덤이 있고 지하에는 시바신의 사원이 있다. 인도와 페르시아 건축술이 융합된 건물로 뒤편으로 야무나 강이 흐르고 있어 경치도 아름다운 곳이다.

'매일 마다, 매순간 마다, 그리고 매번 바람이 불 때마다 타지마할은 타지마할의 특별한 색을 발한다. 돔(dome)이 광대한 진주 같이 별들 속에 매달릴 때 새벽의 부드러운 꿈으로부터 그리고 오후의 눈부신 순백함을 지나 달빛에 광채를 더하는 냉기까지 아름다운 색을 발하는 타지마할'이라고 묘사한 이도 있다.

백옥 같은 피부에 아름다운 문양이 새겨져 있고 달덩이 같은 돔이 올라 앉아 자태를 뽐내니 보는 사람의 애간장이 녹는다. 앞에 있는 연못에 그림자 비치니 상하좌우 대칭이 되어 더욱 조화롭다. 400 여년 된 건물이지만 마치 엊그제 완성된 듯 깔끔하고 흠 잡을 데 없는 천상의 작품이라 할 만하다. 타지마할의 자태를 그 무슨 말로 표현하리오! 그저 바라보고 눈 속에 마음속에 담아두는 수밖에 없다.

타지마할에서 그리 멀지 않은 곳에 아그라 성이 있다. 야무나 강을 배경으로 높이가 50m에 이르는 성벽은 머리카락 한 올도 낄 수 없도록 악바르 대제부터 아우랑제브 왕대까지 쌓았다.

성 외곽에는 두 개의 도랑을 파고, 거기에는 악어들이 가득하여 적들이 쉽게 건너지 못하였다.

8각형으로 된 무삼만버즈(쟈스민 타워)는 샤자한이 말년에 아들인 아우랑제브에 의해 유폐되어 살았던 곳이다. 그곳 테라스에 서면 멀지 않은 곳에 타지마할이 보인다. 샤자한은 그곳에서 타지마할을 바라보며 죽은 아내를 그리워했다고 한다. 샤자한이 사랑하는 딸 자한아그라의 무릎을 베고 마지막 숨을 거둔 장소이기도 하다.

델리로 돌아가기 전 마지막 기착지가 자이푸르다. 도시가 잘 정돈되어 있고 깨끗하다는 인상을 받았다. 바라나시의 풍경과는 아주 대조적이다.

해가 지기 전에 도착하여 숙소로 가는데 군데군데 사람들의 행렬이 눈에 띄고 북소리 하며 시끌벅적하다. 알고 보니 결혼식 행렬이다. 마침 일요일이라 그런지 여러 건을 보았다. 인도의 결혼식은 밤에 한단다. 우리가 묵은 호텔에서도 그날 4쌍의 결혼식이 있었다.

어두워진 뒤에 호텔 야외에서 무대장치와 번쩍거리는 장식들을 해놓고 하객들이 모여서 밤늦도록 이루어지는 축제다.

다음날 아침에 암베르 성 관광에 나섰다. 카츠츠와하 왕조 때, 1600년에 시작하여 18세기에 완성된 성으로 힌두교, 이슬람교, 기독교 문화가 잘 조화된 건축물이다.

성이 산 위에 있어 코끼리나 지프를 이용하여 올라간다. 코끼리 택시를 타보지 못한 것이 못내 아쉽다.

8박 9일 간의 여행인데 바라나시 외에는 거의 다 사원이나 궁전, 성 등 석조 건물 일색이고 여러 곳을 보았지만 그게 그거 같고 머릿속에서 정리가 잘 안 된다. 좀 더 다양성 있게 프로그램이 바뀔 필요가 있다는 생각을 해본다.

북유럽 5개국 여행

일상을 탈출해서 여행을 한다는 것은 기분 좋은 일이다. 해외여행은 더욱 설레고 그것은 반복되어도 나이가 들어가도 변함이 없다.

대절해준 우등버스를 타고 대전에서 인천공항까지 편히 갈 수 있었다. 일행 15명이 동행하는 가이드를 만나 수속을 마치고, 5월 30일 오전 10시 20분에 이륙하는 핀란드 항공기에 탑승했다. 9시간 35분이 소요되는 비행시간, 길고 긴 지루한 시간을 어떻게 보내야 할 지 막막하다.

비행기 표에 적힌 좌석을 찾아 앉았다. 바로 옆자리에 외국인이 앉아 있다. 중후한 남자로 인상이 좋아 보인다. 간절히 원하면 뜻이 이루어진다더니 틀린 말이 아니다. 15명 일행 중에 나만 외국인 옆자리라니….

이번 여행에 여행 외에 또 한 가지의 목표를 가지고 있었다. 외국인과 영어로 대화를 해보는 것이다. 수 십 년간 영어 공부를 했어도 외국인을 만났을 때 말 한 마디 못하는 것이 우리나라 영어 교육의 현실이고 나 또한 예외가 아니다. 길을 물어 와도 우물쭈물 제대로 대답 못한 경험도 있고 외국 여행 때 불편을 많이 느껴 '이 번만은'하고 다짐했다. 북유럽 여행이 결정되고 나서 1997년에 구입해서 공부하던 영어 회화 책을 다시 꺼내 소리를 내면서 열심히 반복 연습을 하고, 영어 방송도 보면서 따라하며 결전의 날을 기다리고 있었다.

반갑게 맞이하는 옆자리 외국인과 인사를 나누었다. 핀란드 인이다. 우리나라 삼성전자에 비즈니스 출장을 왔다가 돌아가는 길이란 다. '어느 곳에 얼마 동안 여행을 하느냐'고 물어 오면 그에 대한 대답을 해주고 반대로 필자가 핀란드에 대해서 질문을 하면 성심껏 설명해 준다. 이렇게 대화하다가 쉬다가를 반복했다.

핀란드 상공 쯤 왔을 때 농담으로 '당신 집으로 뛰어내리고 싶지 않느냐?'(가족을 빨리 보고 싶은 마음에) 하니까 박장대소를 하더니 그런 일은 없을 것이라고 맞받아친다.

덕분에 9시간 반의 비행시간이 그리 길다고 느끼지 못했다. 이것을 계기로 외국인 기피증이 없어지고 외국인과의 영어 대화에 어느 정도 자신감을 얻었다는 것이 큰 수확이다.

헬싱키 반타 국제공항에서 코펜하겐으로 가는 비행기로 갈아탔다. 핀란드는 인구는 적지만 각 나라와의 비행기 연락망이 잘 되어있기로 정평이 나 있다.

덴마크 상공에서 내려다본 첫 인상은 노란 융단 같은 것이 여기 저기 깔려 있는 모습이다. 유채꽃 밭이다. 초록색 바탕(숲)에 노란색이라 눈에 더 잘 띈다. 인도에서 보았던 끝없이 펼쳐진 유채꽃만큼은 아니지만 하늘에서 내려다보이는 유채꽃 밭은 색다른 면이 있다.

코펜하겐 거리의 가로등은 우리와 다르다. 길 양쪽에 가로등을 세운 것이 아니라 끈으로 연결해서 도로 중앙 상공에 하나씩 달았다. GNP 6만 불로 아주 잘 사는 나라임에도 전기 절약을 위해서란다. 우리도 그렇게 아끼고 절약하는 정신을 배워야 하지 않을까! 더운 여름과 추운 겨울에 전력이 모자라 비상사태로 공장 가동까지 중단시키는 마당에 도시 인근 산(공원)에는 한밤중에도 가로등이 꺼질 줄 모른다. 밤중에 누가 그리 산을 찾는다고….

건물 외관의 디자인이 멋지고 독특한 디럭스 급의 BELLASKY 호텔에서 일박을 했다.

덴마크에 대한 현지 가이드의 대략적인 설명이다. 환경을 아주 중요시 여기는 만큼 자동차와 관련된 비용이 비싸서 가능하면 자전거를 많이 이용하는 나라, 부정부패가 없고 부자도 가정부를 두지 않는 나라, 복지 정책이 잘 되어있는 만큼 세금을 많이 내야하는 나라, 강과 산이 없으며 오래된 건물도 보수하여 사용하는 나라, 레고(장난감 블록쌓기)와 풍력 발전이 유명한 나라, 돼지, 말 등을 많이 키우는 낙농국가 등등 발틱해 해안을 따라 차를 타고 이동하면서 보이는 정경들이 깨끗하고 아름답다. 마침 꽃이 피는 시기이고 보기 드물게 햇빛이 쨍쨍 내려 쪼여서 더욱 아름답게 보였는지도 모르겠다.

덴마크 뿐 만 아니라 북유럽 여러 나라 공통으로 햇빛을 볼 수 있는 시간이 적어 과일 농사가 별로 없고, 햇빛이 나왔다 하면 남이 보면 민망할 정도로 옷을 벗고 해변이나 공원에 벌렁 누워 햇빛을 쪼이는 광경을 쉽게 볼 수 있다.우리처럼 햇빛을 가리기 위해 모자를 쓴다든지 양산을 받쳐 든 사람은 거의 볼 수 없음은 환경 탓에 생긴 그들 문화로 이해를 하면 된다.

개개인이 소유한 요트가 많으며 공기 좋고 물 좋고 쾌적한 생활환경도 공통점이다. 도시를 벗어나면 넓은 초지 위에 그림 같은 집이 있으며 때로는 말이나 양 들이 한가하게 풀을 뜯고 있는 목가적인 광경이 끝없이 펼쳐져 있다. '저 푸른 초원 위에 그림 같은 집을 짓고 사랑하는 우리 님과 한평생 살고 싶네….' 하는 유행가가 있다. 그런 정경들이 널려있는 나라가 덴마크, 노르웨이, 스웨덴이다.

한때는 서로 싸우고 식민지로 삼기도 했었던 나라들이지만 같은 뿌리를 가지고 있는 세 나라는 이제는 이웃사촌으로 정답게 자유롭게 왕래하면서 생활한다. 언어마저 비슷해서 자기 나라 말로 각자 말을 해도 서로 통할 정도라니 금상첨화다.

안데르센의 동화 '인어공주'를 테마로 1913년에 조각가 에드바르트 에릭슨이 제작한 인어공주 동상을 보았다. 널리 퍼진 명성으로 사람들이 구름떼처럼 모이지만 기대가 크면 실망도 크다고 하지 않던가, 왔다 갔다는 '인증샷'을 찍고 조그마한 인어공주 조각상을 하나 사서 허전한 마음을 달래 본다.

크론보그 성을 향해 달렸다. 발틱해를 끼고 달리는 길이다. 길 가에 집들은 단조롭지만 집집마다 정원을 잘 가꾸어 놓아 아름다운 꽃들이 지나가는 나그네의 마음을 형형색색으로 물들여 준다. 가끔 덴마크 전통 가옥인 갈대 지붕 집들도 보인다. 크론보그 성은 '햄릿'의 무대가 된 성인데, 정작 작자인 셰익스피어는 한 번도 와 본 적이 없었다니 아이러니하다.

코펜하겐에서 오슬로 까지는 크루즈 배인 DFDS SEAWAYS호를 이용하였다. 오후 5시 덩치 큰 배가 뱃고동을 울리더니 서서히 움직이기 시작한다. 경치를 감상하려고 갑판으로 올라갔지만 바람이 어찌나 센지 날아갈 것 같아 겁이 난다. 게다가 비까지 내리고 있다. 조금 전만 해도 햇빛이 났었는데, 변화무쌍한 날씨가 실감이 난다.

저녁밥은 선상 뷔페식이다. 밖이 잘 보이는 좋은 자리를 차지하려고 서둘렀지만 늦었다. 빈자리에 앉고 보니 옆자리는 일본인 부부다. 이번에는 일본어로 그들에게 말을 걸었다. 들어보니 그들의 일정도 러시아 관광만 빼고 우리와 같다. 부인이 더 상냥스럽게 대답을 해준다. 일본인을 골라 일부러 옆에 앉은 것도 아니고 앉고 보니 옆이 일본 사람이다. 참으로 신기한 일 아닌가?

비가 오던 날씨도 서서히 개고 있다. 선창 너머로 보이는 밖은 어디나 한 폭의 그림이다. 섬이 많고 거기에는 어김없이 별장들이 들어서 바다를 향해 각양각색의 자태를 뽐내고 있다. 마치 지나가는 선객들을 유혹하듯이….

선상에 올라가 기다리다 오후 9시 47분 마침내 해지는 광경을 목격했다. 여운으로 남은 햇살이 하늘에 뻗혀 붉게 물들었다. 짙은 노을 속에 무언가 희망이 깃들어 있는 듯하다. 우리나라 같으면 한밤중 컴컴할 때인데 오후 10시가 넘어도 훤한 것은 백야 현상 때문이다. 완전 백야일은 6월 27일로 그날은 24시간 어두워지지 않고 훤하다고 한다. 반대로 12월 24일은 흑야로 24시간 어둡다니 이방인들은 적응하기가 쉽지 않을 것 같다. 또 몹시 추운 지방 아닌가! 춥고 어둡고, 그걸 생각하면 아무리 자연 경관이 뛰어나고 경제적으로 풍족하고 복지가 잘 되어 있다고 하더라도 눌러 살기는 좀 그렇다. 역시 우리나라가 살기 좋은 나라라는 것을 다시 한 번 느껴본다.

가장 기대되는 노르웨이에 도착하였다.

노르웨이는 인구 500만 명에 땅은 남한 면적의 5배 정도다. 수산업이 발달했고 산이 80%를 차지하며 농토는 3%에 불과 하지만 GNP가 9만 달러나 되는 나라다. 많이 생산되는 원유가 큰 몫을 차지한다. 부자나라라 대학교육도 무료다.

먼저 바이킹 박물관에 들러 그 당시의 배를 보았다. 빙글빙글 돌린 용머리 조각이 특이하고 배 폭이 좁다. 빨리 도망갈 수 있도록 하기 위해서 배 폭이 좁은 것이라고 현지 가이드의 설명이다. 재료는 재질이 단단한 참나무다. 침상도 있고 발굴 당시 인골도 나왔다 한다.

바이킹은 9-10C 경 발틱해와 북해를 주름잡으며, 프랑스 서북 지방에 침략하여 노르망디 공국을 세우고 잉글랜드에 노르만 왕조, 더 나아가 지중해로 진출하여 이탈리아에 시칠리아 왕국까지 세운 노르만족의 별칭이다. 원주지에 세운 나라가 덴마크, 스웨덴 그리고 노르웨이다.

노르웨이 관광의 백미라 할 수 있는 피요르드(빙하로 인해 침식되어 만들어진 U자, V자 형태의 계곡) 관광을 위해 중서부 쪽으로 방향을 틀었다. 꽤나 먼 거리다. 요트하임 산맥을 지나는데 군데군데 눈이 많이 쌓여 있다. 1천m 내외의 고원이 끝없이 펼쳐져 있다. 그 높은 곳에 호수도 있다. 이 길은 눈이 많이 와서 겨울에는 통행금지 되는 길이란다. 작년에는 6월 중순 경이 되어서야 통행이 허락되었는데 올해는 고온으로 눈이 일찍 녹아 우리가 가기 수 일 전에 통행 허가가 났단다. 운이 좋아 이런 광경을 볼 수 있는 것이다. 어제 저녁 낙조 때 보았던 서광이 여기까지 연결된 것은 아닐까!

그 산 기슭, 통나무로 만든 호텔에서 1박을 하고 게이랑에르 피요르드로 들어섰다. 길 양쪽으로 바위산이 우뚝 솟아 위용을 자랑한다. 일반인들이 올라갈 수 없는 감히 범접할 수 없는 산들이다. 여기 저기 폭포수가 떨어지는 장관도 펼쳐진다. 폭포의 나라다. 하도 폭포가 많으니까 나중에는 그냥 폭포가 있나보다 할 정도지 감탄하는 사람도 없다. 때로는 구절양장 고갯길을 아찔하게 차가 달린다.

유럽 최대의 빙하 지대인 브릭스달로 이동하였다. 비가 추적추적 내리고 있다. 비속에서 트롤카(전동차)를 타고 꼬불꼬불한 길을 한참을 올라가 다시 도보로 더 올라가니 협곡의 꼭대기 쯤 삐죽이 내민 빙하가 보인다. 약간 푸른색이다. 전에는 밑에 있는 조그만 호수까지 내려와 있었는데 지구 온난화로 빙하가 점점 녹아서 지금은 상부에 조금 남아 있는 상태고 그나마 언제 다 녹아 없어질 지 알 수 없다.

다음 행선지는 세계에서 가장 길고 깊다는 송네 피요르드다. 도로를 달리다가 만헬라- 폰네스 구간을 15분 정도 FERRY를 타고 바다를 건너는데 버스도 함께 동승한다. 배에서 내린 뒤 버스가 다시 달려 구드방겐에 도착하여 석식 후 휴식을 취하였다.

숙소는 특이한 방이다. 천정을 유리로 만들어 하늘을 볼 수 있게끔 하였다. 저녁엔 날이 흐려 시커먼 구름만 보일 뿐이었는데 아침에 깨어보니 날이 맑고 뭉게구름과 날아다니는 새들도 보이고 풍뎅이도 유리 지붕에 앉았다 날아간다. 지금까지 경험해보지 못한 이색적인 체험이다. 옆방에서는 누운 채로 폭포수까지 보였다니 부러울 따름이다.

아침 산책에 나섰다. 숙소 옆 조그마한 개울에는 높은 산에서 눈 녹은 물이 흘러내려 양은 많고 깨끗하다. 바닥이 훤히 보여 마음속까지 상쾌하다. 낯익은 것들이 눈에 뜨인다. 민들레, 버들강아지, 까치가 보이고 멀리서 뻐꾸기 울음소리가 들린다. 국내서 듣던 소리와 똑같아 반갑다. 가던 걸음을 멈추고 한참을 들었다.

노르웨이는 폭포의 나라요, 동시에 터널의 나라다. 높은 바위산이 많아 터널도 많다. 그 중에 가장 긴 것이 라르달 터널이다. 길이가 무려 24.5km로 자동차가 시속 80km로 달려도 18분이나 걸리는 터널이다.

여행자들의 사랑을 듬뿍 받고 있는, 플롬역에서 뮈르달까지 왕복하는 로맨틱 열차 플롬라인이 있다. 20km 거리를 50분 정도 달려갔다가 되돌아오는 코스다. 송네 피요르드의 지류인 아우를란즈 피요르드의 장관을 볼 수 있도록 산기슭을 따라 기차길이 놓여 있다. 무슨 이유인지 출발 시간이 훨씬 지나서야 기차가 서서히 움직이기 시작한다. 얼마 지나지 않아 여기저기서 감탄의 소리가 들린다. 깎아지른 절벽, 쏟아지는 폭포수, 아름다운 나무와 숲 등 뭇사람들의 눈길을 사로잡는다. 중간에 역이 하나 있는데 효스 폭포가 있는 곳이다. 단지 그 폭포수를 보기 위해서 만들어 졌다. 쏟아지는 물의 양이 엄청나다. 물보라가 일면서 가장자리에 무지개가 뜬다. 너도 나도 사진 찍느라 정신이 없다. 바로 그 때 폭포 옆에 요정이 나타나더니 춤을 춘다. (연출 된 장면) 남자들을 유혹하는 요정이란다.

노르웨이에서의 마지막 날, 구스타프 비겔란의 조각 작품이 있는 아름다운 비겔란 조각 공원을 관람한 뒤 오슬로 시청사로 향했다.

노벨상 중에서 유일하게 노르웨이가 수여하는 상이 평화상이다. 바로 오슬로 시청사에서 노벨 평화상 수여식이 거행된다. 수여식이 열리는 홀을 더욱 주의 깊게 둘러보았다. 우리나라에서 유일하게 받은 노벨상, 그것을 받은 김대중 전 대통령이 있기 때문이다. 어디쯤 서서 받았을까, 상상도 해본다. 자랑스럽기도 하지만 한편 씁쓸하다. 2000년 평양에서 김대중 대통령과 김정일이 만나 6.15선언을 했고, 남북한 평화의 기틀이 마련됐다고 해서 그 공로로 받은 상이다. 많은 돈을 갖다 바치고 이루어진 가짜 평화였다. 그 뒤에도 북한은 남한에 대한 도발을 계속하여 김대중 정부 때 연평 해전이 일어났고 이명박 정부 때는 천안함 폭침 사건과 연평도 포격 사건으로 많은 우리 장병들이 희생당했다. 그게 평화인가?

그 뿐만 아니라 3대 세습 김정은이 등장하고 나서 장. 단거리 미사일 발사, 제 3차 핵실험까지 감행하여, 온 세계의 분노를 사고 있는 것

이다. (우리나라 전교조와 좌파 세력을 빼고)

좌파정부 10년간 햇볕 정책을 실시했지만 북한은 변한 게 하나도 없다. 남남 갈등만 초래되고 좌파세력이 곳곳에 스며들어 아직도 막강한 힘을 과시하고 있다.

최근 이루어진 여론 조사에서 청소년의 69%가 6.25전쟁은 북침이라고 응답했다는 것이다. 이것이 바로 학교에서의 전교조들의 절대적인 힘과 좌파세력들의 인터넷 장악으로 나타난 현상이라 생각된다.

6.25 전쟁이 남침이라는 것은 이미 러시아의 비밀문서가 공개되어 100% 드러난 사실임에도 이럴 진데 다른 것은 말해 무엇 하겠는가? 국가가 거덜 날 정도로 사회적 혼란에 빠졌던 '광우병 난동'이 바로 좌파세력들의 작품이다.

오슬로 시청사 홀 옆에 조그만 방이 있는데 노르웨이 화가로(특히 '절규'라는 작품이 유명함) 명성을 얻은 뭉크의 작품 하나가 벽에 걸려있다.

국립 극장 앞에 세워진 '인형의 집' 작가 입센의 동상을 둘러보고 버스에 올라 스웨덴으로 향했다. 국경을 넘을 때 아무런 조사도 없다. 가이드가 알려주지 않았으면 국경인지 알지도 못했을 것이다. 서로 이웃집 드나들듯이 넘나든다.

오슬로에서 스톡홀름까지 오는 길에는 산이 거의 없다. 평지나 언덕 정도에 숲이 많이 우거져 있고 목가적인 주택이 들어서 있는 것은 노르웨이와 같다. 노르웨이에서 많이 보았던 면양 떼는 보이지 않고 소나 말이 보인다.

영세 중립국인 스웨덴은 인구가 930만 명에 그 중 80여 만 명이 스톡홀름에 산다. 땅 넓이는 남북한의 2.4배 정도다. 노르웨이와 같이 복지, 양성 평등, 환경 등이 아주 우수하고 6.25전쟁 때 우리나라에 의료진을 파견했던 고마운 나라다.

스톡홀름은 많은 섬으로 이루어진 물의 도시다. 멜라닌 호수(바다)를 배경으로 들어선 스톡홀름 시청사, 20C 초에 세워진 건물로 노벨상 만찬장으로 사용된다. 1900만 개의 금박 모자이크로 벽을 장식한 '황금의 방'은 노벨상 시상식 후 무도회장으로 사용된다. 앞 벽면에는 커다란 '호수의 여신상'이 그려져 있다.

스톡홀름은 중세 도시의 면모를 그대로 간직하고 있다. 17-18C에 세워진 중후한 건물들이 지금까지 상당수가 남아 있다. 그래서 일까, '네온사인'을 못하게 한단다. 우리처럼 크고 어지러운 간판도 볼 수가 없다.

왕궁 앞, 피의 광장을 지나면 '달을 보는 철의 소년'이란 작은 동상이 있다. 세계에서 가장 작은 동상이란다. 몸통에 머리는 있지만 눈.코.입은 없다. 머리를 쓰다듬으면서 소원을 빌면 이루어진다는 말에 너도 나도 쓰다듬어 머리가 반들반들하다.

바사 박물관에는 18C 초 '30년 전쟁' 당시 구스타프 왕 때 만들어졌다는 왕정 군함이 330년 만에 인양되어 전시되어 있다. 폭 26m에 길이가 69m이니까 상당한 규모였었다는 것이 짐작이 간다.

시내가 시끌벅적하다. 무슨 일인가 살펴보니 트럭같이 생긴 차에 탄 사람들이 소리를 지르고 있다. 가이드의 설명을 들으니 고등하교 졸업식 후 학생들의 뒤풀이란다. 차 위에서 춤추고 소리 지르고 도수가 아주 낮은 맥주를 마시며 시내를 돈다고 한다. 스웨덴에서는 고등학교 졸업식을 가장 중요하게 여기고 그래서 졸업식 후 약간의 그러한 일탈 행위를 인정하고 학생들은 하루를 마음껏 즐기는 것이다. 오늘이 바로 가장 많은 고등학교 졸업식이 있는 날이라 한다. 수 십대를 목격할 정도다.

다음 행선지는 핀란드의 헬싱키다. 어마어마하게 큰 크루즈선인 실자라인을 타고 스톡홀름을 출발하였다. 선내에는 레스토랑, 각종 바와 면세점, 쇼핑 아케이드, 카지노, 가라오케, 사우나, 미용실 등 여러 시설이 갖춰져 있다. 물론 유료다. 그러한 시설을 이용하지 않는다면 크루즈 유람은 긴 시간 따분하기 이를 데 없는 여행 방법이다.

러시아, 스웨덴 등 강대국에 둘러싸인 핀란드는 우리나라와 비슷한 운명의 나라다. 700여 년 간이나 스웨덴의 지배를 받다가 19C에는 러시아의 지배를 받고 1917년에야 독립이 이루어진 나라다.

겨울에는 발틱해 조차 얼기 때문에 쇄빙선을 잘 만들고 더불어 호화 유람선(크루즈 선)을 잘 만들어 내는 나라다. 또 유명한 것이 자일리톨 껌이다. 북유럽 추운 지방의 대표적인 나무인 자작나무에서 추출한 '자일리톨'을 이용해 껌을 만든다. 충치 예방에는 물론 치매 예방과 집중력 증강에도 효과가 있다고 알려져 우리나라 기업에서도 만들어 내고 있다.

핀란드의 유명한 음악가인 시벨리우스를 기리기 위해 만든 시벨리우스 공원에서 마치 파이프 오르간처럼 된 작품을 보았다. 오로라를 표현한 것이라는데 겨울에 바람이 강하게 불면 소리가 난다고 한다.

화강암으로 된 산을 다이나마이트로 폭파하여 만든 암석 교회와 루터파의 본산으로 30년의 세월을 들여 만든 대성당을 관람한 뒤 고속열차로 러시아 최고 예술의 도시인 상트 페테르부르크(옛 지명은 레닌그라드)로 이동하였다.

우선 러시아에 대한 대략적인 내용을 현지 가이드로부터 들었다.

인구는 1억 5천만 명에 땅은 남북한의 80배, 3번 째 산유국이며 GNP 18,000불이다. 서쪽 끝 페테르부르크에서 동쪽 끝 블리디보스토크까지 기차로 가면 7박 8일, 비행기로도 12시간 걸린다니 놀랍고 부러울 따름이다.

상트 페테르부르크는 사방 400km 이내에 산이 없는 평야 지대다. 18C 초 로마노프 왕조의 표트르 대제가 늪지대를 메워서 도시를 건설하고 수도로 정하였다. 수로가 많아 365개의 다리가 있는 북방의 베네치아로 불린다.

그 당시에 미음자(ㅁ) 형태로 지은 건물들이 지금도 대부분 남아 있다. 추운 겨울의 외풍을 막기 위해서 건물과 건물 사이는 공간이 거의 없다. 도시전체가 문화유산으로 지정되었으며 성당의 높이보다 높지 않도록 규제를 하여 5층 이상의 건물이 거의 보이지 않는다.

여름 궁전 5개와 겨울 궁전 1개가 있는데 겨울 궁전은 현재 박물관으로 사용하고 있다. 세계 3대 박물관으로 꼽히는 국립 에르미따쥐 박물관이다. 1056개의 방에 70만 점이나 된다니 한정된 시간에 몇 군데만 볼 수밖에 없다. 개개인에게 수신기가 지급되어 가이드의 설명을 잘 들을 수 있다. 가이드의 취향 때문인지는 알 수 없으나 주로 본 것은 그림이다. 내로라하는 화가들, 레오나르드 다빈치, 미켈란젤로, 고흐, 고갱, 피카소 등의 작품이 걸려 있다.

보석으로 모자이크 한 그림이 있는가 하면 에카테리나2세 여왕의 초상화를 비롯하여 여러 황제들의 초상화가 나란히 걸려 있기도 하다.

여러 그림 중에서 가이드가 가장 자세하게 설명해 준 그림이 네덜란드 화가 렘브란트의 작품 '돌아온 탕자'다. 돈을 갖고 집을 나가 모두

탕진하고 거지가 되어 돌아와 아버지 앞에 무릎 꿇고 용서를 비는 작은 아들을 두 손으로 감싸 안는 모습이다. 빛과 어둠의 마술사라 일컬어지는 렘브란트가 의도한 것은 하느님의 인간에 대한 무한한 사랑을 표현한 것이라고 한다.

그 밖에 황제가 집무를 보던 의자, 황금 공작 시계 등을 눈여겨보면서 박물관을 나섰다.

피의 사원, 114톤의 붉은색 화강암 기둥과 100톤이 넘는 금으로 장식한 세계 3대 성당이라는 이삭 성당, 까잔 등 성당도 많다. 그 중 까잔 성당에 들어갔다. 십자가 형태의 돔이 있는 그리스 정교회로 바티칸 대성당과 비슷하게 지었다. 1812년 나폴레옹 군대를 격파한 장군의 무덤이 내부에 있다. 예수가 사망했을 때 감쌌던 천의 모사본도 전시하고 있다.

여름 궁전 중의 하나인 뻬제르코프 궁전은 건물 기둥과 벽이 하얀색이 주종을 이루고 있으며 300년 전에 만들어졌다는 150여개의 각종 자연 분수가 지금도 위용을 자랑하고 있다. (전기의 힘이 아님) 분수가 처음 분출하는 장엄한 순간을 보기 위해 이미 많은 사람들이 자리를 잡고 카운트다운을 기다리고 있다. 분수 구경에 사람 구경인 셈이다. 궁전 끝은 발틱해와 접해 있다. 수로를 따라 해변으로 가자 바다에서 불어오는 바람이 코끝을 간지럽힌다.

시내로 돌아와 네바강을 끼고 버스가 달린다. 강변에 스핑크스 조각 1쌍이 낯설게 웅크리고 앉아 마주보고 있다. 이집트로부터 빼앗은 것은 아니고 금을 주고 사왔다 한다.

마지막 여행지가 모스크바다.

상트 페테르부르크에서 모스크바까지는 비행기로 이동하였다. 비행기에서 보이는 모스크바 역시 자작나무가 많다. 잎, 줄기, 뿌리까지 여러 용도로 사용되는 효자나무로 추운 북유럽 지방을 대표하는 나무다. 자작나무에서 자라는 차가버섯은 항암 효과가 뛰어나다고 알려져 있다.

모스크바는 인구 1500만 명에 교통과 주거 문제가 심각하다고 현지 가이드의 설명이 시작된다. 외지인이 많이 몰려오기 때문이다. 그래서 본래부터 모스크바에 살던 사람들은 모스크비치라 해서 여러 가지 특혜를 받는단다. 마치 북한에서 평양 시민들이 특혜를 받듯이.

평야지대로 산은 없고 120m 정도의 '참새언덕'이 최고 높은 곳이다. 그 언덕에 오르자 한쪽에 모스크바 대학이 있고 그 반대쪽으로 시내가 한눈에 내려다보인다. 전망이 좋아 갓 결혼한 신혼부부들이 예복을 입은 채로 많이 찾는 곳이다. 나이가 든 신혼부부도 보인다. 이혼도 많고 재혼도 많은 나라라는 것이 실감이 난다. 가이드가 짓궂게 우리보고 신혼부부를 향해서 '오리까'라고 외쳐 보란다. 순진하게 '오리까'라고 합창을 하자 즉석에서 신혼부부가 스스럼없이 키스를 한다.

크레믈린 궁전과 붉은 광장을 빼놓고 모스크바를 설명할 수 없다. 크레믈린 궁전은 2235m에 붉은 벽돌로 쌓은 성벽과 18개의 망루가 있고 그 안에 3개의 성당과 황제의 종이 있고, 나폴레옹 군대로부터 빼앗은 수 천문의 대포가 진열되어 있다. 종중의 으뜸이라고 그들이 자칭하는 '황제의 종'은 유감스럽게도 만들 당시에 이미 깨져서 한 번도 울리지 못했다고 한다. 글쎄다. 한 번도 울지 못한 종을 종이라 불러도 되는지 의심스럽다. 허우대만 클 뿐이다.

크레믈린 궁전은 밖에서 보면 3층인데 실제 내부로 들어가면 2층이란다. 그래서 '속을 알 수 없는 사람을 일컬어 크레믈린 같다.'고 한다고 가이드가 진담인지 농담인지 알 수 없는 말을 한다.

3개의 성당 중에 우스펜스키 성당에 들어갔다. 황제 대관식이 거행되었던 성당이다. 입구 위 벽에는 '최후의 심판' 벽화가 있고 1천여 년 전에 자작나무 껍질에 그린 수호신(성 게오르기)을 걸어놓기도 하였다.

궁 안의 현재 대통령 집무실로 사용하는 건물과 궁 밖의 모스크바 최대의 백화점인 굼 백화점 사이에 붉은 광장이 있다. 그곳으로 곧바로 나가는 문은 없고 천국의 문을 지나 돌아서 간다. 무슨 행사 준비 관계로 통제되어 입구에서 바라만 보았다. 레닌 묘, 역사박물관과 멀리 성 바실리 성당이 보인다.

러시아 교회 건축의 백미로 꼽히는 성 바실리 성당은 양파 모양의 돔이 9개나 올라가 있다. 수많은 러시아 성당 중에서 아름답기로 으뜸이란다. 몽고의 지배를 벗어난 독립 기념으로 1555년에 완성되었는데 그보다 좋은 건물은 더 이상 짓지 못하게 건축가의 눈을 뽑아버렸다고 한다.

모스크바 시내를 돌다가 우주비행사인 유리가가린과 레닌의 동상을 보았다. 많고 많던 레닌 동상은 공산화가 무너지면서 다 없어지고 모스크바에는 1개만 남았다고 한다. 그것도 차마 다 없앨 수가 없어서가 아니라 그 동상 밑으로 생활에 필요한 많은 선들이 지나가기 때문에 철거를 안 한 것이라 한다. 북한에 있는 수많은 김일성과 김정일의 동상도 언젠가 같은 운명에 처할 것이다. 시간문제일 뿐이다. 그 시간이 재깍재깍 다가오고 있다.

모스크바 셰르베체보 국제공항을 떠나 헬싱키 반타 국제공항에서 갈아타고 인천공항으로 향했다. 비행기 안에서 떠오르는 해를 보았다. 6월 10일 아침이다. 오슬로로 가는 크루즈 선상에서 지는 해를 보았는데 이번엔 비행기에서 일출을 보다니 행운이다. 일출시의 노을빛이 질 때보다 더욱 짙고 아름답다. 새 희망을 안고 떠오르는 일출이라 그런 것일까? 내 마음속도 훤하게 밝아오고 있다.

*** 얼마 전 처음으로 며느리를 맞이했기 때문에 가벼운 마음으로 이 여행을 할 수 있었다. 고맙기도 하고 예쁘고 사랑스러운 며느리에게 이 기행문을 보여주고 싶어서 다른 때보다도 더욱 정성을 들여 썼다.**

〈문학사랑 2013년 가을호〉

캐나다 여행

2014년 9월 22일, 32명(대전 일행은 부부 3쌍)이 인천국제공항에 모여 가이드와 함께 밴쿠버 행 비행기에 올랐다.

Air Canada 항공기인데 스튜어디스가 중년은 되어 보이는 약간 뚱보 아줌마들이다. 스튜어디스라면 키도 크고 날씬한 몸매에 얼굴도 예쁘장한 것이 일반적인 생각인데 그러한 고정관렴을 깨는 파격이다.

그렇다고 해서 기내 서비스의 질이 떨어지는 것도 아니고, 지금까지 사고가 전혀 없었던 Air Canada 항공기라니 신뢰가 간다.

10시간가량을 날아서 밴쿠버공항에 도착하였다. 입국 심사대 앞이 장사진이다. 심사대가 적은 것인지 찾는 사람들이 많아서인지 1시간 정도는 기다린 듯하다.

거기에 비하면 인천국제공항은 입국 심사가 그리 오래 걸리지 않는다. 시설이나 서비스 등이 잘 되어 있어 세계에서 가장 우수한 공항으로 수년간 제패하고 있어 새삼 뿌듯하다.

밴쿠버 하면 우선 생각나는 것이 김연아 선수다. 2010년 동계 올림픽에서 금메달을 목에 걸고 국위를 선양시켰던 장소, 그래서 낯설지가 않다. 아름다운 자태와 흠이 없었던 연기로 세계인들을 매료시킨 그 때의 그 장면이 다시 떠오른다.

밴쿠버가 우리나라보다 북쪽인 북위 49도에 위치하였지만 겨울에도 영하로 내려가는 날이 거의 없을 정도로 따뜻한 지역이다. 세계에서 '살기 좋은 도시' 1위로 뽑힐 만큼 자연과 잘 어울리고 쾌적하고 편리한 도시로 각국의 부호들이 살러 찾아오는 곳이다. 특히 원시림과 토템플(장승)로 유명한 스탠리 공원 내의 고급 주택지에 대 저택을 짓고 산다. 007영화의 주인공이었던 숀 코네리의 집도 거기에 있다. 더도 말고 한 달만이라도 살아봤으면….

다음 목적지인 밴쿠버 아일랜드로 향했다. 가는 길에 블루베리 나무가 많이 보인다. 생각보다 키는 작다. 아직도 우리나라에서는 고급 과일로 대접 받는데 캐나다는 야생 블루베리도 많단다.

트왓슨 페리 터미널에서 대형 페리에 탑승한 후 조지아 해협을 건너 1시간 30분 만에 밴쿠버 아일랜드에 도착하였다. 주도(州都)인 빅토리아로 이동하여 야경을 구경했고, 다음날 피셔 맨스와프 수상 가옥에 가니 물개 두 마리가 가까이 다가와 기웃거린다. 사람을 두려워하지 않고 먹을 것을 던져 주기를 기다리는 눈치다. 사진을 찍도록 포즈를 취해주는가 하면 날씬한 몸매로 물속으로 잠입했다간 다시 나타나기를 반복한다.

부차드 가든은 110여 년 전에 석회석을 파낸 자리에 흙을 채우고 부차드 부부가 아름다운 정원을 만들어 놓았다. 세계에서 가장 아름다운 정원이라고 할 만큼 유명세를 타고 있다.

비가 내려 입구에 마련된 투명한 비닐우산을 쓰고 입장했다. 선큰 정원, 장미 정원, 이탈리아 정원, 일본 정원 등으로 구역이 나뉘어 있는데 왜 하필이면 기분 나쁘게 일본 정원이라 했을까?

밴쿠버로 돌아와 다음날 비행기로 캘거리공항에 도착하였다. 로키 산맥에 위치한 밴프 국립공원을 가기 위해서다.

캘거리에서 밴프로 가는 길 양편으로 끝이 보이지 않는 목장이 펼쳐져 있고 소들이 한가롭게 풀을 뜯고 있다. 캘거리가 있는 알버타 주가 소고기로 유명하다는 것을 여실히 증명해주는 장면이다. 맛있는 육포가 널리 알려져 있기도 하다.

밴프는 캐나다 최초의 국립공원으로 웅장한 로키산맥을 병풍처럼 두르고 있는 세계적인 관광지 및 휴양지다. 봄에는 꽃과 새싹들, 여름에는 울창한 숲과 에메랄드 빛깔의 호수, 겨울에는 새하얀 눈으로 뒤덮인 영롱한 풍경으로 4계절 모두 각기 다른 매력을 발산하는 로키산맥의 베스트 관광지라고 소개하고 있지만, 사람을 해칠 수 있는 퓨마, 곰 등이 서식하므로 주의가 필요하다.

공원 넓이가 우리나라의 3분의 2에 해당한다니, 그 규모와 2-3천m의 우뚝 솟은 산들의 위용에 압도당할 수밖에 없다. 산들은 석회암으로 이루어져 있고 어느 정도 올라가면 나무가 없어 맨몸을 드러내 놓고 있다. 나무가 끝나는 경계선에 7월 초순이면 각양각색의 야생화가 피어 장관을 이룬다고 가이드가 설명하면서 사진을 보여준다.

숙박 시설, 상가 등이 모여 있는 밴프타운에 도착하였다. 캐나다 화폐(구 화폐 5달러짜리)에 등장하는 유명한 호텔이 있다. 이름 하여 밴프 스프링스 호텔이다. 1880년에 지어진 건물로 한 때 마리린 몬로가 장기 투숙을 했었다고 한다. 유명한 만큼 숙박을 하려면 1년 전에 예약을 해야 하고, 맨 꼭대기 층은 1박에 1500만원이나 한다니 우리에게는 그림의 떡일 수밖에 없다.

밴프타운 상권의 70-80%가 일본인들의 소유라는 가이드의 말에 지난번 '일본 정원'으로 상했던 기분이 다시 살아난다. 언짢은 마음과 더불어 놀랍기도 하다. 일본인들이 언제 그렇게 약삭빠르게 그 오지까지 파고 들어갔는지….

유황 온천이 나오는 해발 2281m의 설파산 9부 능선까지 곤돌라를 타고가 나머지 부분을 걸어서 정상까지 올라갔다. 파노라마처럼 펼쳐지는 로키산맥의 웅장함을 만끽할 수 있는 곳이지만 비바람이 몰아쳐 이내 내려오고 말았다.

밴프타운의 유일한 한국 식당에서 한식으로 저녁을 먹은 후 가이드가 경험해 볼만한 곳을 추천했다. 향이 좋고 저렴하다는 커피숍, 만드는 과정을 직접 볼 수 있는 초콜렛 집, 인디언의 역사를 볼 수 있는 박물관 그리고 밴프 초대 가이드의 이름을 딴 Wild Bill Pub에서의 맥주를 추천했다.

우리 팀은 그것을 다 뿌리치고 타운 초입에 있는 보우강으로 갔다. 빙하수가 흘러내리는 보우강, 지구상에서 가장 깨끗하고 좋은 물임에 틀림없다. 사방은 어둑어둑하고 찬바람이 얼굴을 스친다. 그것이 싫지 않다. 보우강 다리에 이르자 가로등 불빛이 들어오기 시작한다. 화려하지 않고 은은하다. 강물 위로는 옅은 안개가 강물 따라 흐르고 저 멀리 배 한 척이 실루엣처럼 나타난다. 푸근함이 마음속에 밀려온다. 그것은 여행에서만 맛 볼 수 있는 여유로움이다.

다음날은 아주 귀중한 경험을 했다. 멀리서 빙하를 보는 것도 쉽지 않은 일인데 설상차를 타고 직접 빙하 위를 올라가 보았다. 아이스필드 파크웨이를 따라 수 만 년 전 빙하기 때 만들어진 아싸바스카 빙하다.

전 세계에 23대 뿐인(밴프 공원과 남극 뿐) 특수 제작된 설상차를 타고 빙하 위에 내려 걸어보기도 하고 빙하수를 받아 먹어보기도 하였다. 빙하 체험을 더욱 실감나게 해주려는 듯 바람마저 강하게 불어제친다.

지구 온난화로 인하여 빙하가 점점 녹고 있어 수 년 후면 빙하 체험을 할 수 없을지도 모른다고 한다. 없어지기 전에 오기를 잘 했다 싶다.

루이스 호수, 영국 여왕 빅토리아와 남편 알버트 사이에 태어난 4 째 딸이 루이스다. 그 딸의 이름을 그 호수에 붙여놓은 것이다. 로키산맥에 자리 잡고 있는 수많은 호수 가운데 가장 아름답기로 유명한 호수로 연간 2백만 명이 넘는 관광객이 방문 하는 곳이다. 눈과 얼음이 덮인 빅토리아 빙하 산을 배경으로 펼쳐진 루이스 호수의 풍경은 전문 사진작가들이 최고의 자연 경관으로 꼽는 곳이다.

규모가 꽤 큰 샤또레이크 루이스 호텔이 호수와 접해 있다. 휴양지로는 제격이란 생각이 든다. 전방으로는 빅토리아 빙하 산과 호수가 보이고 근처에는 전나무가 빽빽하다. 나무에서 풍겨 나오는 피톤치드가 정신을 맑게 해준다.

하늘의 파란색, 흰 구름과 빙하의 하얀색, 루이스 호수의 에메랄드빛, 전나무의 초록색 그리고 호숫가에 피어난 꽃의 노란색 등이 어울려 조화를 이루고 있다. 바라보아 흐뭇한 곳이고 향긋한 냄새에 취하는 곳이다.

만사 잊고 여기서 며칠간만 푹 쉬었으면 하는 생각이 굴뚝같다.

끼리끼리 뭉쳐 호수 옆길로 빠져 나가는 발걸음마다 아쉬움이 묻어나온다.

그러고 보니 일행 32명 중 남자는 7명뿐이다. 역시 해외여행에도 여성의 입김이 세다. 혼자 온 여자도 있고, 두 자매, 심지어 세 자매, 네 자매도 있는데 형제는 없다.

캐나다의 지형은 우리나라와는 반대로 서고동저(西高東低)다. 서쪽은 로키산맥 등 높은 지대고 동쪽은 낮은 지대라 로키산맥의 물줄기가 서쪽으로 흘러 대서양으로 빠진다. 그 대표적인 강이 세인트로렌스 강이다.

그 강을 끼고 퀘백, 몬트리올 등 대도시가 형성되어 있다. 퀘백은 1763년 파리조약 이전까지는 프랑스 식민지의 중심지였던 만큼 지금도 프랑스계 사람들이 80% 이상이고 영어보다도 불어를 사용하는 '캐나다 속의 프랑스'다.

세인트로렌스 강이 흐르는 퀘백 중심부의 언덕에 위치한 곳에 샤토 프론트낙 호텔이 있고 그 앞 더프린 테라스에서 내려다보는 로렌스 강의 전망이 또한 일품이다. 강변은 숲이고 강 위에는 한가롭게 요트들이 떠있고 육중한 유람선은 출항 시간을 기다리면서 졸고 있다.

캐나다 최초의 성당인 노트르담 성당(위고의 작품인 '노트르담의 꼽추' 로 유명한 파리의 노트르담 성당과 이름이 같음), 화가의 거리, 부둣가의 선술집, 목 부러지는 계단, 1600년경에 지어진 집이 지금도 남아 있는 로얄 광장 주변, 루이 14세의 동상 등을 주마간산식으로 돌아보았다.

몬트리올에서 몽트랑블랑 리조트로 가는 길이 캐나다 메이플 로드(단풍길)의 핵심이다.

세계적인 단풍의 나라 캐나다, 단풍잎 하나가 국기 문양에 들어갈 만큼 유명하다. 그래서 단풍 찾아 각국에서 모여든다.

서쪽 지방은 단풍이 거의 없고 동쪽 지방으로 가야만 구경할 수 있다. 퀘백에서 나이아가라까지 이어지는 장장 800km가 단풍 길이다. 단풍나무, 포플러, 너도밤나무, 연밥피나무, 자작나무 등이 형형색색으로 물들어 보는 이의 가슴을 설레게 한다.

1주일 전까지만 해도 단풍이 별로였다는데 우리들의 도착에 맞추어 절정으로 물들었으니 얼마나 행운인가! 비가 오지 않아 단풍 감상을 만끽할 수 있는 것 또한 축복이다. 차를 타고 가도 가도 계속 단풍이다. 여기도 단풍 저기도 단풍, 산이 불타는 듯하다. 카우보이모자를 눌러쓴 한국 교포 운전사가 조용하고 고상한 음악까지 차내에 깔아주니 오매, 내 가슴도 불타오르겠네!

몽트랑블랑 리조트에서 곤돌라를 타고 정상까지 올라갔다 왔다. 한 해에 300만 명 이상이 찾는 4계절 리조트라고는 하지만 특별히 인상적이라는 생각은 들지 않는다.

다시 몬트리올로 돌아오는 길에 특이한 점을 발견하였다. 수 시간을 달리는 동안에 교통경찰을 보지 못했고 속도 측정기도 없으며 심지어 버스 좌석에 안전벨트도 없다.

가이드의 설명에 의하면 캐나다인들은 규정 속도로 운전하는 습관이 몸에 배어 있다는 것이다. 교통 법규를 위반했을 때의 벌금과 제재가 엄청나기 때문이란다.

그에 비해 우리나라는 어떤가? 위반을 해도 가벼우니까 별 신경을 안 쓴다. 심지어 음주 운전으로 면허가 취소되어도 얼마 지나면 사면되는 나라다.

한 가지 예로 자동차 선팅에 대해서, 국내 불법 선팅 과태료는 2만원인데 독일은 운행 금지 시키며 미국은 선팅을 법으로 금지하는 주도 있고 허용되는 주도 불법 선팅엔 최고 106만원까지 부과된다. 그러니 어떻게 불법 선팅을 할 수 있겠는가!

교통사고 다발 국가로 악명 높은 우리나라가 선진국 제도를 본 따서 시행하면 사고를 줄일 수 있을 것만 같은데 어째 못하는 걸까?

몬트리올 시내 관광에서 인상 깊었던 곳은 '기적의 성당'이라는 성

요셉 성당이다.

안드레 수사(본명은 알프레드 베세트)는 작은 키에 허약한 체력으로 여러 직업을 전전하다 수도원에 지원하였다. 윗사람들이 문밖으로 내쳤지만 수위직과 더불어 궂은일을 도맡아 했다.

시간이 흘러 안드레 수사는 마침내 환자들을 위해 기도하기 시작했고 기도에 응답받은 사람들이 속출하게 되었다. 의사들이 설명할 수 없는 기적이 속속 일어났고, 수사는 후원인 들의 도움으로 성 요셉 성당을 짓기 시작하였다.

환자들이 목발을 짚고 와 안수기도 받은 뒤 놓고 간 목발과 지팡이가 진열되어 있는데 헤아릴 수 없이 많다. 믿기 힘들긴 해도 그렇다고 눈속임으로 걸어놓았다고는 생각지 않는다.

안드레 수사가 쓰던 침대와 옷, 신발 그리고 심장까지 전시되어 있다.

성당 밖에는 파리 에펠탑 완공 후 꼭대기에 매달려고 만든 종을 기술상 문제로 달지 못하자 훗날 성 요셉 성당에서 구입하여 달았다는 종이 있다.

캐나다의 수도인 오타와를 들러 천섬으로 갔다. 유람선을 타고 섬들을 구경하는 것이다. 별장 한 채가 들어서 있는 작은 섬도 있고 여러 사연이 깃들어 있는 죠지 볼트 성이 있는가 하면 작은 두 섬 사이에 다리가 놓여 있기도 하다. 그 다리를 경계로 하여 한 쪽은 미국이고 다른 한 쪽은 캐나다다. 불과 5m 남짓한 다리가 미국과 캐나다를 연결하고 있는 것이다. 미국과 캐나다가 서로 악수하고 있는 듯한 인상을 받았다.

이윽고 캐나다 최대의 도시인 토론토에 도착하였다. 높은 건물과 금융가가 밀집해 있고 쇼핑센터와 박물관, 세련된 레스토랑 등이 즐비한 복합 문화 중심지다.

멋진 건물로는 토론토 신 시청사가 있다. 상공에서 건물을 내려다보면 사람의 두 눈썹과 눈의 모습으로 보인단다. 시청 건물인 만큼 시민들이 늘 주시하고 있으니 세금을 허투루 쓰지 말고 제대로 시정을 펼치라는 설계사의 의도가 반영되었다고 한다.

그러한 정신을 시급히 배워야 할 사람들이 바로 우리나라 정치인들이다. '나랏돈은 눈먼 돈'이란 말이 나올 정도로 허투루 쓰고 있으니 말이다. 자기들 돈이 아니니까 선심을 쓰기 위해 '학생들의 무상급식'이라 떠벌이며 마치 하늘에서 뚝 떨어진 공짜인 것처럼 시행한 결과 학교 현장은 돈이 없어 엉망이 되어가고 있다. 가난한 학생들 돕던 돈도 줄어들고 낡은 시설물을 방치할 수밖에 없으며 학생들 실력 향상을 위해 쓸 돈도 태부족이다.

이번 여행의 하이라이트는 나이아가라 폭포다.

보기 전까지는 나이아가라 폭포가 깊은 산중에 있는 줄 알았다. 의외로 평야지대다. 주변에 과일 농장이 많은데 특히 와인 재료로 쓰이는 알이 작은 포도를 많이 재배한다고 한다.

천둥 같은 소리를 따라 도착하니 인산인해다.

사람들 틈을 비집고 38m나 되는 엘리베이터를 타고 밑으로 내려가 크루즈에 승선했다. 폭포에 접근하기 위해서다. 가까이 갈수록 소리는 크고 폭포수가 빗물 되어 쏟아지는 바람에 쓰고 간 우비도 별 소용이 없다. 차마 눈 뜨고 볼 수가 없다.

폭포는 미국 쪽보다는 캐나다 쪽에서 잘 보이기 때문에 대부분의 관광객이 캐나다 쪽으로 와서 바라보게 된다. 그 중에서도 뷰 포인트는

'테이블락'이다. 나이아가라 폭포 전체를 한 눈에 내려다 볼 수 있다.

장막처럼 드리워진 '면사포 폭포'(미국령, 높이 48m 폭이 305m) 와 '말발굽 폭포'(캐나다령, 높이 48m 폭이 900m)가 보인다. 그저 보고만 있으면 된다. 말이 필요 없다. 게다가 나이아가라 강 위로 가로지르는 레인보우 브리지(미국과 캐나다를 연결하는 다리)를 배경으로 거짓말 같이 무지개가 떴다. 그것도 쌍무지개가… 좋은 일이 생길 것만 같다.

옵션으로 제트보트 타기, 헬리콥터 타기, 랍스터(바다 가재)시식에 거금(?)을 사용하고 어두워진 뒤에 다시 폭포를 찾았다. 멀리서 무지개 색깔로 폭포에 빛을 쏘아 폭포 줄기가 낮보다 더욱 아름답다. 물안개가 높이 치솟아 올라 환상적이다.

'나이아가라'를 가지고 5행시를 한 번 지어 보았다.

나 - 나아서 자란 국내는 물론
이 - 이 세상
아 - 아름다운 곳곳을
가 - 가보고 싶은 마음에
라 - '라라랄라' 노래 부르며 나이아가라 폭포를 찾아왔노라!

토론토로 돌아와 밴쿠버 행 비행기를 탔다. 5시간 거리다. 인천공항에서 베트남 하노이까지가 4시간 30분 걸렸었으니까 캐나다 땅 덩어리가 얼마나 큰 지 짐작할 수 있다. 러시아 다음으로 큰 나라이지만 5대호를 포함하면 세계 1위다. 인구는 고작 3300만 명 정도다.

석유 등 천연자원이 풍부한 나라, 뿐만 아니라 우주식량을 처음 개발했고 인슐린과 인공피부를 처음으로 사용하는 등 의학 분야가 상당히 발달한 나라라는 것을 알게 되었다. 거리상 먼 나라 캐나다가 이번 여행을 통해 마음속에 가까이 다가왔다는 데에 큰 의의가 있다.

비행기 유리창을 통해 밖을 내다본다. 솜털 같은 뭉게구름 천지다. 비행기 그림자가 구름위로 따라오는데 그 둘레가 동그랗게 무지개 색깔이다. 나이아가라 폭포에서 본 쌍무지개의 잔상이 아직 남아있는데 비행기 따라 오는 또 다른 무지개, 아무래도 꼭 행운이 올 것만 같다.

추억에 깊이 남을 해외여행

이번 해외여행은 터키, 이탈리아, 체코, 독일 4개국을 2015년 4월 10일부터 14일간의 일정으로 이루어졌다.

우리 삼형제 내외 6명이 처음으로 같이 가는 여행이라 의의가 깊다. 국내여행도 같이 한 적이 없으니 기대가 크지만 걱정 또한 금할 수 없다. 더구나 패키지여행도 아니고 조카가 계획을 짜고 예약을 해놓으면 우리가 찾아 다녀야 하기 때문이다. 물론 도착하면 현지 가이드가 대개 있긴 하다.

떠나기 전부터 아내의 걱정은 태산이다. '70세 전후의 노인네 6명이 외국에 나가 어떻게 찾아 다니 냐?' 고, 하지만 나는 그리 걱정을 안했다. 길을 잃으면 물어물어 찾아갈 수 있는 영어 실력이 되기도 하고 더구나 전직 영어 교사였던 제수씨가 동행하는데 무엇이 그리 걱정일까 싶었다. 걱정은 닥친 뒤에 해도 늦지 않다.

막내 동생도 합세해서 8명이 함께라면 더할 나위 없이 좋을 텐데 직장 때문에 같이 못가는 것이 못내 아쉽다.

지난번 카나다 여행 때, 일행 중 자매는 물론 3자매, 4자매까지도 있었지만 형제는 한 팀도 없었다. 형제끼리는 그만큼 어렵다는 증거다.

인천 국제공항에서의 출발이 지연되었다. 12시간 정도 날아서 이스탄불의 아타투르크 공항에 도착하니(시차는 6시간) 이미 어둑어둑하다. 픽업하러 온 사람을 만나 묵을 호텔로 이동하였다. 우리를 호텔 앞에 내려주지 않고 자기들 편리한 대로 멀찌감치 떼어놓고는 동행한 다른 팀을 싣고 쏜살같이 떠나 가버렸다.

호텔(여관)들이 즐비하다. 두 팀으로 나누어 예약한 호텔을 찾아다녔지만 쉽지 않다. 한참을 헤매다가 친절한 사람을 만나서 그 사람이 직접 동행해서 알려주니 얼마나 고마운지 모른다.

이스탄불의 대표적 광장인 술탄아흐멧 광장 주변으로 많은 유적들이 남아 있다. 아야소피아는 원래 성당으로 지어졌지만 15c 비잔틴 제국 때 오스만투르크의 침입으로 이슬람 교회인 모스크로 개조되었다가 현재는 박물관으로 사용되고 있다. 그러나 내부에 유물이 전시되어 있는 것도 아니고 건물 자체가 박물관이다.

기도하기 전 손을 씻기 위해 대리석으로 만들어진 150cm 정도의 물항아리가 덩그러니 놓여 있을 뿐이다.

벽에는 금으로 장식한 예수와 마리아, 요한 3사람의 모자이크상이 있다.

사람들이 줄을 길게 서 있는 곳으로 가보니 소원을 비는 구멍이 있다고 한다. 한 손은 아픈 곳을 대고 다른 한 손의 엄지를 구멍에 넣고 한 바퀴 돌리면 병이 낫는다고 해 너도나도 시도해본다. 쉽지는 않다. 믿거나 말거나 다.

2층으로 올라가는 비탈길이 구불구불 되어 있는데 여자들의 예배장소가 2층이었었고 당시에 왕비가 마차를 타고 올라갈 수 있도록 만들었단다. 오랜 세월이 흘러 바닥이 번들번들하다.

밖으로 나오니 이집트에서 가져왔다는 오벨리스크가 하늘을 향해 우뚝 서있다.

토프카프궁전, 15C경 20여명의 술탄이 집권하던 왕궁이다. 그 당시 사용하던 양탄자와 의자가 남아 있고, 어느 방에는 8개의 수도꼭지가 달려 있는데, 우유가 나오는 꼭지가 있는가 하면 포도주가 나오는 것 등 8가지의 음료가 나왔었다고 하니 당시의 왕궁 생활의 호화스러움을 짐작케 해준다. 뿐만 아니라 여성이라면 눈이 번쩍 뜨일 세계에서 가장 큰 다이아몬드(86캐럿)가 진열되어 있다.

왕궁을 나와 점심으로 터키의 대표적 음식인 케밥을 먹었다.

터키의 국화는 튤립이고 국민의 99%가 이슬람교도지만 종교의 자유는 있다고 한다. 인구가 가장 많은 도시가 이스탄불로 1700만명이나 된다니 서울보다 훨씬 많다.

1461년에 개장된 어마어마한 시장을 들러 트램(지상 전철)을 타고 신시가지로 향했다. 언덕에 이르러 1구간만 운행하는 무동력 트램으로 갈아탔다. 글자 그대로 동력이 없는 트램이다. 동력이 없다면 어떻게 운행이 될까? 위에서 비탈을 내려오는 트램의 힘에 의해서 밑에 있는 트램이 올라갈 수 있도록 만들었다니 신기하다.

트램에서 내리면서부터 신시가지 상점들이 양쪽에 들어서 있는데 사람들이 어찌나 많은지 떠밀려 다닐 판이다. 마치 명동 거리에 와 있는 듯하다.

중간에 110여년 됐다는 성 안토니 성당을 겉에서만 보고 또 걷고 걷다가 완전히 지칠 때쯤 탁심 광장에 도착하였다. 터키 공화국의 기념비가 서있는 넓은 광장으로 가장 높은 곳에 위치해 있다.

다음 날 오전 3시 15분경 조식으로 샌드위치를 싸 들고 공항으로 이동하여 카파도키아로 향했다.

해발 1200m에 위치한 카파도키아가 터키 관광의 백미다. 단단하지 않은 응애 암과 용암 등이 오랜 세월 비바람에 깎여 기기묘묘한 형태로 만들어졌다. 깔때기 모양, 버섯 모양 등 형태가 다양하고 넓게 분포

되어 있어 높은 곳에서 내려다 봐야 그 면모를 제대로 볼 수 있다. 그래서 열기구를 꼭 타보라고 경험자들이 강력 추천했지만, 얼마 전 사고도 났고 고소공포증 때문에 망설였다. 알고 보니 날씨 때문에 3일간 열기구가 뜨지를 못했단다. 타고 싶어도 탈 수 없었던 운명이었다.

로마시대에 기독교도에 대한 박해가 심해지자 3C경부터 기독교도들이 피신하기위해 바위에 동굴을 파서 생활했다고 한다. 동굴 옆에 작은 홈들이 파여 있는 곳도 있다. 와인을 만들기 위해 비둘기를 기르던 흔적이라 한다. 비둘기의 배설물을 이용했다는 가이드의 말이 믿기지 않는다.

'로즈 밸리'라고 하는 골짜기는 그곳의 바위들이 자주색이나 핑크색 등 아름다운 색깔로 덮여 있어 붙여진 이름이다. 그 지역에 살던 히타이트 인들이 세계 최초로 철을 사용한 만큼 철이 풍부했던 곳이다. 철분이 배어나와 형성된 색깔이다.

카파도키아는 황무지 같은 지역이지만 그곳을 벗어나면 기름진 땅이 많아 농업이 발달했다. 밀, 보리, 감자, 사과, 포도, 살구나무 등뿐만 아니라 꽃을 재배해서 수출을 많이 한다. 장미 오일, 장미 향수가 특산품으로 꼽힌다.

셀리메 동굴 수도원을 관람하고 협곡 트래킹에 나섰다. 일단 협곡을 내려가면 냇물 따라 걷는 평탄한 길이다. 시냇물 소리와 주변 경치에 취해서 천천히 걷다보면 힘든 줄 모른다.

트래킹 하면서 보라색 아카시아 꽃도 보고, 나무 이름은 잊었지만 나무가 물을 잔뜩 빨아들인 뒤 맑은 날임에도 나뭇잎에서 물방울이 뚝뚝 떨어지는 희귀한 나무도 보았다.

다음으로 찾은 곳은 지하도시다.

200여개의 지하도시 가운데 대표적인 한 곳을 들어가 보았다. 지하 1층에서 지하 8층까지 뚫었다. 최대한 5천 명이 살 수 있다니 상상이 안 된다. 전쟁 시 특히 어린이와 여자들이 숨어 살 수 있도록 히타이트인들이 판 지하도시다. 적이 입구를 찾기 어렵게 만들었고 우물과 환풍구가 있는가 하면 함정도 파놓았다.

지하 1층에 마구간, 지하 3층에 리빙룸, 지하 7층에는 교회까지 있다. 촛불은 연기가 안 나는 포도 씨 오일을 사용했고 만일 적이 침입할 경우 지하 3층에는 9km나 되는 도망길이 있어 다른 지하 도시로 탈출할 수 있다니 난공불락의 요새란 생각이 든다.

월남전 때 베트콩이나 북한이 땅굴 파기로 일가견이 있다고는 하지만 비교할 바가 못 되는 것 같다.

터키인 가이드가 한국말로 설명을 해 준다. 우리말이 좀 서툴긴 해도 위트가 넘치고 재미있게 안내를 한다. 한국어뿐만 아니라 일본어, 영어 가이드도 겸하고 있다니 놀랍다. 외국어를 잘 하는 노하우라도 배우고 싶다.

카파도키아에 영어 가이드가 2천여 명, 일본어 가이드는 250여 명인데 한국어 가이드는 고작 5 명이란다. 그것이 바로 국력을 보여주는 증거다.

상가와 숙박 시설이 있는 곳이 괴뢰메다. 마침 그곳에 한국인이 경영하는 식당이 있어 된장찌개로 느긋하게 저녁 식사를 마치고 그날 밤은 특이한 분위기의 동굴 호텔에서 숙박했다.

다음 날 괴뢰메 야외 박물관(당시에 만들어진 동굴 교회 등)을 관람한 후 점심으로 항아리케밥을 먹었다. 불고기 같이 국물이 약간 있어 우리 입맛에 맞는다. 식당에서 물도 공짜가 아니다.

다음 행선지는 파묵칼레다. 야간 버스로 10시간 이상 걸려 도착하였다. 오토가르메트로 버스 사무실에 짐을 풀어놓고 투어에 들어갔다.

로마와 헬레니즘 시대에 걸쳐 형성되었던 도시로 각종 무덤들이 즐비하다. 돌곽무덤, 돌집무덤 그리고 우리나라에서 흔히 볼 수 있는 흙봉분 무덤도 있다. 그것을 가리키며 가이드(영어 가이드)가 '강남 스타일'이라며 조크를 한다. 한국은 터키와 형제의 나라라면서 자기 할아버지도 직접 한국전에 참전했었다고 자랑을 한다. 카파도키아에서의 가이드도 똑같은 말을 하던데 상투적인 말 같다.

공동 화장실, 수십 명이 벽에 등을 대고 반 앉은 기마 자세로 칸막이도 없는데 남녀 구별 없이 볼일을 보았다니….

유적이 끝나는 지점에 하얀 석회암 산이 있다. 영락없이 눈 덮인 산 같다. TV에서 가끔 보던 정경이라 낯이 익다. 그곳에서 흐르는 온천수에 한동안 발을 담그고 피로를 풀었다.

그날 밤 호텔은 한적한 곳, 야산에 아무것도 없고 달랑 그 호텔 하나뿐이다. 깨끗하고 조용해서 마음에 든다. 창문을 여니 낮에 보고 온 석회암산이 저 멀리 그러나 선명하게 보인다.

오늘도 강행군이다. 오전 5시에 일어나 셀축(에페스)까지 가기위해 픽업해서 역으로 갔다. 창구에서 기차표를 팔고 있지 않아 무작정 기다리고 있는데 한 할아버지가 다가오더니 기차를 타라는 시늉을 한다. 미심적어서 머뭇거리다 올라탔다. 알고 보니 거기선 기차 안에서 역무원이 차내를 돌면서 차표를 끊게 되어 있었다. 그 뒤에도 우리 짐을 챙겨준다든지, 우리가 어디서 내려야 할지 잘 몰라 하니까 역무원에 부탁을 해서 스크린에 역 이름 자막이 뜨도록 도와주신 아주 친절한 할아버지였다. 오래도록 잊히지 않을 것이다.

차창 밖으로 보이는 것은 온통 올리브나무다. 산 전체가 올리브나무로 뒤덮인 곳도 있다.

에페스는 기원전 129년 로마의 속주로 편입되어 로마제국의 아시아 수도로 정해지면서 전성기를 누렸다. 지금 남아있는 대부분의 유적들이 그 시기의 것이다.

길 양 옆으로 상점들이 들어서 있고, 귀족들이 살던 집, 원형 경기장, 규모가 꽤 큰 도서관도 보인다. 도서관 앞 길 건너에는 홍등가가 있었고 지하 터널로 연결되어 있었다 한다.

국내선으로 이스탄불 공항까지 와서 옆에 있는 국제선으로 옮겨 로마로 가기위해 수속을 마쳤다. 탑승까지는 1시간 남짓, 식당에서 메뉴를 고르는데 시간을 많이 빼앗겨 식사를 마치자 여유 시간이 없다. 왜 그리 게이트가 먼 지! 뛰다시피 해서 게이트에 도착하니 게이트가 폐쇄됐고 아무도 없다. 순간 '이미 비행기가 떠나갔구나.' 하는 생각에 눈앞이 캄캄하고 등에서 식은땀이 흘러내렸다. 물어볼 사람이 없어 헤매다가 공항 관계자인 듯 한 사람을 만나 사정 얘기를 하고 표를 보여주니 relax, relax 하면서 진정하란다. 우리가 탑승 시간을 출발 시간으로 착각한 것이고 게이트는 변경되었다고 알려준다. 천만다행이란 말이 딱 어울리는 해프닝이었다.

로마에 도착하니 이미 민박집에서 우리를 픽업하기 위해 나와 있었다.

방은 3인실 두 개뿐이어서 삼형제가 모처럼 한 방에서 자게 되었다.

이튿날 아침 다른 팀들과 같이 남부투어에 합류해 나폴리를 거쳐서 폼페이로 향했다.

폼페이는 기원전 8c경부터 생성된 도시로 고대 로마 귀족들의 주택과 별장들이 늘어서 있던 풍요롭고 화려한 도시였다. 그러나 서기 79년 근처에 있는 베수비오스 산의 화산 폭발로 도시가 폐허가 되고 화산재로 오랜 동안 묻혀 있다가 1895년부터 발굴되어 세상에 드러난 도시다.

화산 폭발 당시에 멈추어진 도시로 지금 극히 일부분만 공개되고 있다. 그 때 폼페이의 총 인구는 100여만 명으로 추정되고 있다.

'폼페이 최후의 날'이란 영화의 장면들이 오버랩 되어온다.

입구에 들어서자 검투사들의 훈련장과 그들이 쓰던 방이 나타난다.

검투사들이 싸움에서 이기면 배당금을 받고 배당금이 쌓여 그 돈으로 노예 신분을 벗어나 방면되기도 하였다니 얼마나 훈련에 매진했겠는가.

훈련장 바로 옆이 원형경기장(극장)이다. 그곳에서 연극은 물론 검투사들의 결투와 때로는 검투사와 맹수와의 싸움이 벌어지기도 했다. 그렇게 해서 하루에 죽어나간 검투사가 2천여 명이었다니….

'모든 길은 로마로 통한다.'고 할 정도로 고대 로마인들은 튼튼한 길을 많이 만들었다. 폼페이의 길도 가운데는 마차가 다닐 수 있도록 비교적 넓게 돌들을 깔았고 양편으로는 조금 높게 인도를 만들었다. 비가 오면 물은 차도와 인도 사이의 홈으로 흐르게끔 하였으며 과속 방지턱과 징검다리 역할도 하는 돌다리가 놓여 지기도 하였다.

길 양편으로 죽 늘어선 집들이 위층은 살림집이고 아래층은 상가로 셔터 장치까지 있었다니 오늘날과 다를 바 없다.

수도 시설, 말고삐 매는 장치, 환전소, 빵집, 술집은 물론이고 사창가도 있었는데 남자의 성기 모습으로 방향 표시를 했다니 찾아가기 아주 수월했을 듯싶다.

로마시대는 목욕문화가 발달해 있었다.

24시간 운영되는 목욕탕에는 노천탕, 증기탕, 마사지탕이 있었고 특별히 귀부인들만 이용할 수 있는 귀부인탕이 있어 그곳에서는 와인 등 각종 음료가 제공되었다고 한다. 현재 우리나라에서 유행하는 사우나에 비견될 수 있겠다.

전시되어 있는 유물 중에는 토기가 많고, 엎드린 채 코와 입을 막고 죽은 사람, 불안에 떨고 있는 사람, 그리고 괴로워서 몸을 뒤튼 개의 모습도 보인다. 죽은 뒤 화산재에 덮여 있었고 시간이 흘러 육신이 없어져 동공이 생기자 거기에 석고를 부어 나타난 형체들이다. 대부분의 유물은 나폴리 박물관에 전시 또는 보관중이다.

다음 행선지인 포지타노로 가는 버스에서 '산타루치아' '돌아오라 소렌토로' 등 그곳 지명과 관련이 있는 명곡이 흘러나온다.

티레니아해(이탈리아 서쪽 지중해)를 끼고 도는 아말피 해안도로는 National gio graphic에서 선정한 아름답기로 유명한 도로다. 수 십 길 낭떠러지를 내려다보니 차속에서도 아찔하다.

우리나라 남해군에 있는 해안도로가 여성적이라면 아말피 도로는 남성적이라는 생각이 든다.

바위산으로 둘러싸인 포지타노는 산 중턱까지 층층으로 집을 지어 그 자체가 장관이며 바닷가에는 규모가 크지 않은 해수욕장이 있다. 옷을 벗고 있기에 추운 날씨임에도 불구하고 몇몇이 비키니 수영복을 입고 일광욕을 즐기고 있다.

숙소가 높은데 있어 전망이 끝내준다. 앞집 텃밭에는 노랗게 매달린 오린지와 자몽나무가 몇 그루 서있고 눈을 들면 한없이 펼쳐진 지중해다.

아침 식사 때 대전에 사는 여대생 한 명을 만났다. 한 학기를 남기고 휴학을 한 채 40여 일간 유럽여행을 하고 있단다. 여자 혼자서 대단하다. 세상 많이 변한 것을 실감할 수 있다.

배를 타고 포지타노를 떠나 카프리 섬을 가는 도중에 오른편으로 멀리 해무 위로 아스라이 바라보이는 베스비오스산이 마치 신기루처럼 보인다.

카프리 섬에서는 가이드가 없다. 숙소를 찾기 전에 투어부터 했다. 미니버스를 타고 아나카프리에 내려 전망대로 올라가는 리프트를 탔다. 일인용으로 리프트가 계속해서 오기 때문에 올라타는 순간을 잽싸게 포착해야 된다. 긴 거리이지만 그리 높진 않아 무섭진 않다. 올라가면서 보는 경치나 올라가 꼭대기에서 보는 경치나 다 좋다. 거기서 패키지로 온 30 명의 한국인을 만나니 반갑다.

밑으로 내려와 파란 색깔의 물결이 넘실대는 '푸른 동굴'을 본 뒤 숙소를 찾았다.

움베르토 광장을 중심으로 이리저리 오가며 묻고 또 묻고 고생 끝에 간판도 내걸리지 않은 숙소를 찾았다.

식사 때면 닥치는 고민거리가 무엇을 먹을까? 이다. 이탈리아 정통 요리인 스파게티를 시켰지만 맛도 별로고 바가지만 흠뻑 쓰고 말았다.

다음날 아침 일찍 옴베르토 광장에서 첫 등산열차를 타고 항구로 내려가 나폴리행 배에 올랐다.

나폴리 항구에 내리자 바로 큰 성이 보인다. 지나가는 한 여성에게 '저것이 나폴리 성이냐'고 묻는 것을 계기로 그녀가 우리들을 돕겠다고 나섰다. 같이 동행하면서 트램표 사는 것을 도와주고, 트램을 타고 내리고 한참을 걸어서 나폴리 역까지 안내 해 주었다. 그녀가 아니었다면 상당히 애를 먹었을 것이다. 귀인을 만나 많은 도움을 받았다.

로마에 도착해 가이드를 만난 뒤 로마시대의 대표적 유적지인 콜로세움으로 발길을 돌렸다. 시간상 내부로 들어가지 않고 외부 관람과 옆에 있는 콘스탄티누스 대제의 개선문을 보고는 스페인 광장으로 향했다.

스페인 광장은 단순히 옆에 스페인 대사관이 있어서 붙여진 이름이란다.

위쪽에 성당이 있고 돌층계를 내려가면 난파선 모양의 분수대와 길 건너 명품거리가 있다.

영화 '로마의 휴일'에서 오드리 헵번이 아이크림을 먹던 층계를 가이드가 알려준다. 70세 전후의 노인네들이 아이스크림 하나씩을 사서 입에 물었다. 날이 더워 아이스크림이 뚝뚝 떨어진다. 남이 보기에 좀 흉할지 몰라도 언제 또 해보겠는가….

바티칸, 여의도의 6분의 1 정도에 인구 천여 명인 작은 나라지만 교황이 있어 강력한 나라다.

바티칸 박물관에서는 미켈란젤로가 시스티나 예배당 천장에 그린 '천지 창조'와 벽에 그린 '최후의 심판'을 보았고 역시 미켈란젤로가 조각한 '라오콘 군상'도 보았다. 사람들이 하도 많아 그냥 바라보면서 떠밀려가는 형국이다.

세계에서 가장 큰 베드로 대성당, 우선 크고 웅장함에 압도당한다. 엄숙한 기운도 느낄 수 있다. 문을 나서자 광장이 나오고 중앙에 이집트에서 가져왔다는 오벨리스크가 우뚝 서있다.

성당 밖으로 돌출된 발코니를 보니, 성탄절이면 어김없이 교황이 발코니에 나와 운집한 군중을 향해 손을 흔들던 모습이 연상된다.

로마에서 마지막으로 보르게세 공원에 있는 '진실의 입'을 찾아가 한참을 기다려 손을 넣어보았다.

민박집으로 돌아오니 저녁 밥상이 진수성찬이다. 연변에 살던 아주머니의 솜씨라 우리 입맛에 딱 들어맞는다. 특히 돼지고기 삶은 수육을 안주 삼아, 가지고 간 소주와 현지에서 구입한 와인을 곁들이니 금상첨화다. 배탈이 날 정도로 많이 먹었다.

중국어를 배운 후 처음으로 그 아주머니와 몇 마디 주고받아 더욱 의미 있는 저녁이었다.

체코 프라하의 공항에 도착하니 '수하물 찾는 곳' 등 안내가 한글로도 적혀있어 뿌듯했다. 한국 사람들이 많이 방문하기 때문이라 짐작을 했는데 그게 아니라 체코항공의 대주주가 대한항공이기 때문이란다. 어쨌거나 우리나라의 국력을 실감할 수 있었다.

공항에서 픽업한 뒤 체스키크룸로프로 향했다. 유럽에서 가장 아름다운 동화 속 마을이란다. 프라하에서 차로 2시간 반 거리다. 노란 개나리와 산수유 꽃들이 만개하여 우리를 반긴다. 계절적인 프라하의 봄은 우리보다 좀 늦지만 산천은 우리와 별반 다를 게 없다.

굽이도는 불타바 강을 끼고 13C부터 형성된 마을로 중세와 르네상스 양식의 건축물이 잘 보존되어 있어 세계문화유산으로 지정되었으며 드라마나 영화 촬영지로 각광을 받고 있는 지역이다.

불타바 강이 내려다보이는 언덕 위에 14C경 지어진 체스키크롬로프 성은 대영주가 살던 집이다. 성 둘레의 해자에 물이 없어 대신 곰을 풀어놓고 성을 지켰다고 한다.

성을 들어서면 호위병숙소와 감시탑이 나타나고(현재 전망대로 사용), 조금 더 올라가면 영주가 살던 집이 있다. 360개의 방이 방마다 스타일이 다르며 외부인의 출입을 절대 금지했던 비밀스런 공간이 영주의 극장인데 무대 배경이 끊이지 않고 바뀌게끔 혁신적인 장치가 되어 있었단다.

산 중턱은 정원이다. 장미정원인 1정원부터 호수가 있어 낚시를 할 수 있는 5정원까지 규모가 꽤 크다. 영주가 말을 타고 산책도 하고 낚시도 하던 장소다.

시가지로 내려와 중앙광장에 이르면 18C에 제작된 페스트 퇴치 기념 조형물이 있다. 광장 옆에는 동굴 레스토랑이 있어 들어가 체코의 틀별 요리라고 하는 꼴레뇨(체코 식 족발)를 시켜 와인과 더불어 먹으니 궁합이 잘 맞는다.

숙소는 자그마한 3층 집으로 불타바 강하고 접하고 있어 창문을 열면 흐르는 강물 소리와 강에서 불어오는 간지러운 바람을 맞을 수 있어 제격이다.

시간이 멈춰버린 중세 도시, 도시라기보다는 큰 마을이다. 바쁘게 돌아가는 생활을 잠시 접어두고 슬로우 슬로우 생활로 돌아가 쉬면서 힐링할 수 있는 마을이다.

프라하 시내로 돌아와 대통령궁에서 근위병 교대식을 보았다. 정문 위에는 과거 오스트리아 지배를 받을 때 만들어진 조각상이 그대로 있다. 허물지 않은 것은 '치욕의 역사도 역사'라는 관점에서 과거를 잊지 말자는 취지에서다. 정문 맞은편에는 초대 대통령 동상이 대통령궁을 바라보고 서 있다. 그의 뒤를 잇는 대통령들이 국민을 위해서 똑바로 정치를 하고 있는지 지켜보기 위해서다.

근처에 체코의 대표적 성당인 빗다 성당이 있다. 925년에 짓기 시작하여 1929년에 완성되었다 한다. 사암으로 지어 검은 색이 나타나고 외벽에는 빙 둘러 악마의 조각상이 있다. 내부의 스탄드글라스 창문은 햇빛이 비치면 화려하고 환상적인 면모로 변한다.

존레논(비틀즈)의 벽, 존레논의 노래 가사를 적으며 민주화 운동을 시작한 곳이다. '프라하의 봄'이 시작된 현장을 목격하고 있는 것이다. 지금도 그 벽에 프라하 시민은 물론 관광객도 자유스럽게 낙서를 할 수 있다. 낙서가 가득 차면 싹 지우고 차면 치우고….

프라하 시내로 흐르는 불타바 강을 가로질러 놓은 다리 중에 대표적인 것이 14C에 세워진 까를 교다. 목조 다리에서 돌다리로 바뀐 뒤 700여 년간 무너진 적이 없단다. 야간 경치가 아름답다기에 나와 보니 한강의 야경만 못하다.

다음날은 차를 타고 독일의 드레스덴으로 향했다. 국경을 넘을 때 어떠한 조사가 있는 것도 아니고 조그맣게 붙어 있는 독일의 문장 표시를 가이드가 알려주지 않았다면 국경을 몰랐을 것이다.

얼마를 달리자 아우토반(속도 제한 없는 도로)이 나타난다. 가이드가 직접 운전하는데 최고로 시속 178km로 달리는 것도 보았다. 그럼에도 빠르다는 생각이 안 드는 것은 왜 일까?

쾨니크슈타인 성, (왕의 바위) 커다란 바위 위에 쌓은 철옹성이다. 성 안에서 농사를 지어 자급자족하니 함락하기 힘든 성이다. 원래는 체코 땅이었었는데 독일로 넘어갔다. 한 번도 함락되지 않다가 단지 한 번, 나폴레옹이 첩자로 하여금 우물(깊이 152m)에 독을 풀게 해서 함락되었다 한다.

성 위에서 내려다보이는 작센 스위스 마을은 마치 스위스에 온 듯

한 착각을 불러일으킬 정도로 그야말로 그림 같은 마을이다. 여기저기서 사진 찍느라 난리다. 옆에는 엘베 강(체코에서는 불타바 강이라 함)이 기차 길을 끼고 나란히 흐르고 있다.

작센 공국의 수도였던 드레스덴, 히틀러가 특히 아꼈던 도시여서 그랬는지 2차 대전 때 융단 폭격(3천 톤의 폭탄)을 당해서 폐허가 된 도시다. 산더미 같은 시신이 쌓였던 도시, 파괴된 흔적을 지금도 일부분 그대로 보존하고 있다.

독일은 지금도 끊임없이 진심으로 2차 대전을 일으켜 주변국에 상처를 준데 대해 사과하지만 같은 처지였던 일본은 전혀 사과를 하지 않고 있다. 군국주의 망령이 되살아나고 있는 일본이다.

기독교인들이 돈을 모아 복원한 성모 교회가 있고, 그 앞에 종교 개혁의 선봉장이었던 마틴 루터의 동상이 서 있다.

그밖에 100m 길이의 타일 벽화, 대성당, 오페라 공연장, 베르사유 궁전을 본떠서 만든 츠빙거 궁전을 둘러보고 체코로 돌아왔다.

이튿날 아침 모든 여정을 마치고 다뉴브 강 상공을 날아 이스탄불로, 다시 거기에서 인천으로 오는 비행기에 몸을 실었다.

우리 3형제와 동서들이 합세한 흔치않은 여행을 그것도 패키지가 아니라 좋다는 곳을 골라 골라, 때로는 어려운 점도 있었지만 그만큼 보람이고 훗날 좋은 추억거리를 만들어서 흐뭇하다.

이번 여행을 계기로 언젠가 제주도라도 막내까지 포함해서 함께 다녀왔으면 하는 바램을 가져본다.

책상 위에는 터키에서 산 열쇠고리가 놓여있다. 고리에 달린 액막이를 해준다는 외눈박이가 눈을 찡끗하면서 반드시 그리 될 거라고 암시를 해주는 듯하다.

호주와 뉴질랜드 여행

가이드의 인솔 하에 전국에서 30명이 모여 호주와 뉴질랜드 여행을 떠났다. 대전에서 온 우리는 부부 3쌍 6명이다. 6명 중에 3명이 칠순이라 이른바 칠순 해외여행이다. 다른 팀에도 칠순이 네다섯 명 되는 듯하니 상당한 숫자다.

지금은 100세를 논하는 시대이니 70세가 큰 의미가 없다곤 해도 하나의 변곡점임에는 틀림없다.

이애란이 부른 '백세 인생'에서 '칠십 세에 저 세상에서 날 데리러 오거든 할 일이 아직 남아 못 간다고 전해라' 라고 하는 대목이 있듯이 아직 할 일이 많은 젊은 나이이지만 과거에는 인생 칠십 고래희라 했다.

살기 어려운 시대를 헤쳐 나오면서 살만한 나라로 만들어 놓은 세대인 만큼 '칠순 해외여행'이라는 팻말을 달고 당당하게 떠날 만도 하지 않는가!

호주에 도착해 현지 가이드를 만났다. 차를 타고 가면서 호주에 대한 설명이 이어진다.

지하자원이 풍부하고 의료비 공짜, 담배 값이 가장 비싼 나라, 시드니의 집값이 세계 2위, 가장 살기 좋은 나라 2위, 죽기 전에 가 보아야 할 곳 8위가 시드니 등을 나열할 때는 그러려니 했는데 장보고가 2번 그곳을 스쳐갔다는 데에는 믿어야 할 지 말아야 할 지 모르겠다. 비행기 타고 10시간이나 걸리는 그 먼 거리를 나침반도 없었던 1200여 년 전에 어떻게 무엇 하러 거기까지 갔을까?

처음 찾은 곳이 FEATHERDALE WILDLIFE 공원이다. 호주를 대표하는 동물들이 있다.

Cassowary(화식조)라는 새는 타조보다 좀 작은 몸집이지만 사람도 죽인다는 새다. 발톱이 날카로워 사람 배를 긁어버리면 창자가 삐져나올 정도라니 그럴 만도 하다. 암놈은 알만 낳아놓고 수놈이 알을 품어 부화시킨다니 가시고기처럼 부성애가 강한 놈이다.

야행성으로 18-19시간을 잠을 잔다는 코알라, 물은 먹지 않고 유칼리 나뭇잎을 먹고 산다고 한다.

너무 잘 알려져 설명이 필요 없는 캥거루와 여우처럼 생겼다고 해서 이름 붙여진 여우박쥐, 그리고 세계에서 가장 작은 펭귄인 요정펭귄 등이 호주에서만 서식하는 동물들이다.

시드니는 태풍, 지진, 해일 등 재앙이 거의 없는 신이 내려준 도시란다. 그래서 일까, 집값이 엄청 비싼데 심지어 1000억이 넘는 집도 있다니….

우리나라와 달리 공동묘지가 주택가 앞에 있다. 주택과 묘지가 같이 어울려 있는 것이다. 그들은 묘지를 혐오 시설로 보는 것이 아니라 공원처럼 여기고 아무 때나 쉽게 찾아갈 수 있는 장소로 삶과 죽음이 하나의 연장선상에 있는 듯하다.

우리 같으면 집값 떨어진다고 난리를 쳤을 텐데 그들의 생각은 우리와 상당히 다르다.

더들리 페이지(지명)에서 조금 내려간 곳에 갭 파크가 있다. 층으로 쌓인 절벽 아래 하얗게 부서지는 파도가 일렁이고 있고 그 너머로 영화 '빠삐용'에서 주인공인 빠삐용(가슴에 나비문신이 있어 붙여진 별명)이 떨어지는 마지막 장면을 찍은 절벽이 아스라이 보인다. 수직으로 된 절벽이며 꽤나 높다. 아주 오래전에 본 영화지만 그 장면은 아직도 뇌리에 선명하다. 그곳을 계속 응시하고 있자니 야자열매를 담은 푸대를 타고 빠삐용이 나타날 것만 같다.

화산이 폭발하여 바다 밑에서 올라와 형성된 '블루 마운틴', 미국의 그랜드캐년보다 11배나 오래된 지형이란다. 올라가면서 단풍이 든 나무를 볼 수 있다.(현재 우리나라는 5월 하순) 비나 안개 등으로 쉽게 볼 수 있는 협곡이 아닌데 오늘은 아주 화창한 날씨로 에코포인트에서 한눈에 다 내려다 볼 수 있어 운이 따르는 투어다.

협곡 아래로 내려가려고 케이블카를 타자 여자 승무원이 한국말로 인사를 하고는 '강남스타일'하면서 말춤을 추는데 귀엽기도 하고 반갑기도 하다.

중간에 궤도 열차로 갈아타고 내려가 과거 석탄 채굴 현장을 둘러보고 신선한 공기를 마시며 산책을 하였다. 대표적인 나무가 유가리툽스 나무인데 특히 피톤치드를 많이 내품어 공기 질이 아주 좋아 압축해서 1깡통에 17000원 정도로 주로 중국으로 수출된다고 하니 기가 막힌다. 공기까지 팔아먹고, 옛날 대동강 물을 팔아먹은 봉이 김선달이도 울고 갈 일이다.

호주를 대표하는 상징물이 바로 시드니에 있는 오페라하우스다. 그것 때문에 많은 관광객이 호주를 찾는 게 아닐까? 가이드북에 실려 있는 내용을 보면,

'세계에서 가장 아름다운 건축물 중 하나다. 1957년 국제 설계 공모전에서 당선된 덴마크의 욤 우촌에 의해 탄생되었다. 오페라하우스의 특이한 모양에 대해 조개껍데기나 혹은 요트의 흰 돛을 형상화시킨 모양이라는 의견이 분분하지만 이와는 달리 오렌지 조각에 의해 창출된

디자인이라는 설이 가장 유력하다.' 이렇게 적혀 있다

낮에 유람선을 타고 옆을 스치며 바라보기도 하고 가까이 다가가 그 앞에서 역사적인 기념사진도 찍고 내부도 둘러보았지만 가장 아름다운 것은 야간에 적당한 거리에서 은은하게 비춰진 오페라하우스를 감상하는 것이다. 출렁대는 물결위에 떠 있는 요트 같기도 하다.

오페라하우스 바로 옆에 있는 bar에서 흑맥주를 홀짝이며 시드니의 밤바람을 맞아본다. 우리와는 달리 초겨울 밤바람이라지만 그다지 춥게 느껴지지 않는 것은 맥주에 취해서 일까, 아니면 이국의 밤 분위기에 취해서인가.

시드니를 떠나 뉴질랜드 남섬에서 제일 큰 도시인 크라이스트쳐치에 도착하였다.(비행기로 약 3시간)

의외로 산에 나무가 없다. 민둥산이 많다. 나무가 있어봐야 키가 작은 나무들뿐이고 차를 타고 가다보면 사방이 거의 목장이다. 젖소, 말, 사슴 등 특히 양(면양)이 많다.

서해안을 따라 남알프스 산맥이 이어지고 뉴질랜드에서 가장 높은 산인 마운트쿡(3754m)이 우뚝 솟아 있는데 하얀 눈을 덮어 쓰고 있다. 만년설이다. 마운트쿡 한 구간을 트래킹하기로 되어 있어 초겨울 비속에 우산과 우비를 쓰고 출발하였으나 바람도 심해 도중에 포기하고 되돌아 왔다.

그곳을 떠나 30여분 달리자 햇빛이 난다. 심술을 부리는 것만 같다. 위용에 걸맞게 쉽게 허락하지 않는다는 뜻일까! 하기야 하루에도 4계절이 있다는 남섬 아닌가.

유명하다는 호수, 와키티프 호수와 푸카키 호수를 끼고 가는 중간중간에 현지가이드가 뉴질랜드에 대해 설명을 한다. 뉴질랜드는 구름, 맥주, 포도주, 럭비, 고사리 그리고 키위가 유명하다. '키위'라는 이름은 과일도 있지만 새도 있으며 뉴질랜드 국민을 일컫기도 한다.

반면에 논, 태풍, 홍수, 맹수, 독충이 없고 경찰차, 거지, 군인은 보기가 어려워 그들을 보았을 때 복권을 사면 당첨 가능하다고 농담을 한다.

가이드가 참 재미있어서 장시간 버스를 타도 지루한 줄 모르겠다. 가끔 멋진 말도 튀어 나온다.

'산과 여자는 멀리서 바라보아야 한다.'

'인생은 아이스크림이다. 녹기 전에 즐겨라.'

'어제는 yesterday이고 내일은 mystery다.'

'결혼은 판단력 부족, 이혼은 인내력 부족, 재혼은 기억력 부족이다.'

피요르드를 보기 위해 밀프드 사운드로 향했다. 높은 산 중간쯤에 1.2km의 호머 터널을 통과해야 한다. 길이는 얼마 안 되어도 20여 년에 걸쳐 완공(1953년 착공)될 정도로 바위산이어서 공사 도중 여러 명의 인부들이 희생된 험난한 공사였다. 왕복 1차선 도로여서 터널 양쪽에 신호등을 설치해 교대로 통과하도록 되어 있다.

지금까지 민둥산을 보고 다녔는데 터널을 통과하자 완전히 다른 세상이 펼쳐진다. 높은 산에 눈이 덮여 있고 밑에는 밀림이다. 거대한 나무들이 빽빽이 들어서 있다.

여기저기 작은 호수들 중에 '거울 호수'로 불리는 곳은 얼마나 투명한 지 주위의 풍경이 그림처럼 반사된다. 실물과 반사체가 대칭을 이루고 있어 더욱 아름답게 보인다.

뉴질랜드 관광의 백미로 꼽히는 것이 바로 밀포드 피요르드다. 약 1만 2천 년 전 빙하에 의해 주위의 산들이 1천m 이상 수직으로 깎여 바다로 밀려들어 장관을 이루고 있다. 쿠르즈를 타고 풍경을 감상한다. 깎아지른 절벽에서 폭포수가 떨어지기도 한다.

그러나 일찍이 노르웨이의 피요르드를 안 봤더라면 갖은 수식어를 동원하여 찬양 했을 텐데….

밀포드 사운드로 돌아오는 차속에서 우리나라 노래가 흘러나온다. 제목은 모르겠다.

'…눈보라 속에서도 손을 꼭 잡고 … 다정한 연인이 손에 손을 잡고 걸어가는 길. 저기 멀리서 우리의 낙원이 손짓하며 우리를 부르네…'

글쎄 우리의 낙원은 어디일까? 도착하니 이미 밤이다. 밤하늘의 별들이 우리를 반겨주고 있다. 꼭 찾아보고 싶었던 별이 있다. 북반구에서는 볼 수 없는 남십자성별이다. 물어물어 찾아내어 인터넷에서 확인해 보니 맞다. 4개의 별이 마름모꼴로 구성되어 있는데 한 개의 별은 가물가물하다. 그 밑에 선명한 별 2개가 연 꼬리처럼 매달려 있어 더 멀리멀리 날아갈 듯하다.

다음날 아침 북섬 오클랜드로 가기 위해 공항에 나오니 안개로 비행기가 못 뜨고 있다. 대합실에서 마냥 기다리는 수밖에. 거기서 북섬에 산다는 교포 할머니들을 만났다. 자식 따라서 이민 와 살지만 고향이 무척 그리운 모양이다. 우리를 아주 반갑게 대한다. 3시간 넘게 기다려 겨우 출발했다.

오클랜드 전경을 바라볼 수 있는 빅토리아 산에 올랐다. 비행기 지연 때문에 점심 먹을 시간이 없어 현지 가이드가 준비한 김밥을 먹어 가며 시내를 내려다본다. 가장 눈에 띄는 것이 스카이 타워(328m)다. 바다 건너 보이는 타워를 배경으로 사진 찍느라 정신들이 없다.

어둑어둑할 무렵 로토루아로 향했다. 비가 내리고 있다. 한 명을 태우지 않고 떠났다는 것을 도중에 알았으나 되돌릴 수 없어 내처 달렸다. 낙오자 한 명은 다른 방법으로 로토루아에서 합류했다.

다음날 로토루아 호수를 거쳐 레드우드 수목원으로 향했다. '쥬라기 공원' 촬영 배경이 되기도 했던 수목원, 아름드리나무들이 빽빽이 들어차 하늘이 보이지 않을 지경이다. 고사리들도 어마어마하게 크다.

저녁엔 폴리네시안 스파에서 온천욕을 즐겼다. 수영복을 입고 남녀 구분 없이 들어간다. 오랜만에 동심으로 돌아가 개구리헤엄도 처 보며 한 때를 보냈다.

아침은 좀 특이하게 곤돌라를 타고 농고타하 산(487m)에 있는 레스토랑 스카이라인 뷔페에서 확 트인 전망으로 로토루아 시내와 호수를 감상하면서 여유로운 식사를 즐겼다.

양과 알파카(페루가 원산지. 침을 뱉기도 해 낭패를 당하는 관광객도 있음)를 기르고 있는 농가에서 농장 체험을 하고 아그로돔에서 양털 깎기 쇼를 보았다.

유황 냄새가 진동하는 테푸아이의 간헐천을 들러 저녁엔 마오리 민속 쇼를 보았다.

현지 가이드에 의하면 우리와 반대되는 것이 80여 가지는 된단다. 대표적인 것이 계절이 반대고 차가 좌측통행을 하며 북향집을 선호하는 것 등이다.

마지막으로 들른 곳이 마타마타의 호비튼 마을이다. 광활한 초원의 언덕에 아기자기하게 집들을 꾸며놓았다. 유명한 영화 '반지의 제왕' 세트장이다. 관광객으로 인산인해를 이룬다. 하기야 우리나라도 드라마 '겨울 연가'로 인해 외국 관광객이 남이섬을 많이 찾고 있지 않은가! 2002년에 방영되었는데 아직까지도 관심의 대상이 되고 있으니 말이다.

가이드가 설명을 해도 영화를 보지 않아 알아들을 수는 없으나 중앙에 연못도 있고 주변의 풍광도 좋아 한 번 살아보고 싶은 충동은 인다.

10일 동안 호주와 뉴질랜드를 일부분만 주마간산으로 보고 정확히 판단하기는 어렵지만 공기도 깨끗하고 천재지변도 거의 없으며 복지 정책이 잘 되어 있고 목가적인 풍경 등의 좋은 점들을 느낄 수 있었다.

목가적인 풍경이라고는 하나 특히 뉴질랜드는 사방이 거의 목초지고 산도 대부분 민둥산이다. 나무가 있어봐야 작은 것들뿐이다. 너무 단조롭고 휑하다는 느낌이 들었다. 거기에 비해 우리는 가을이면 황금들판을 이루는 논이 있지 않은가, 그리고 산에는 나무가 울창하고 아기자기한 맛도 있다. 공기가 안 좋긴 해도 금수강산으로 이만하면 살기 좋은 나라가 아닐까!

제3부

마음 배달

— 자식이 군대에 있을 때
가족간에 주고받은 편지

부모님께

아빠, 엄마. 저예요.

몸 건강히 잘 지내시죠? 태선이도 공부 열심히 하면서 잘 지내고 있겠죠!

저는 힘들게 지내고 있어요. 이제 1주일이 지났는데 벌써 온몸이 쑤십니다.

입소 대대에서 한 4일 정도 있다가 22일(금)에 여기 훈련소로 왔습니다. 여기 훈련소 생활은 몹시 힘듭니다. 획일적인 생활 등이 저를 정말 답답하게 만듭니다. 그래서인지 집 생각이 무척이나 납니다.

지금 음악이 흐르고 있습니다. 그것이 더욱 집 생각이 나게 만듭니다. 빨리 100일이 지나 아빠 엄마 태선이를 볼 수 있으면….

아! 저 불교 행사에 참여할까 합니다. 매주 일요일 오전에 하는 건데 빈둥빈둥 시간을 때우는 것보다 좋을 것 같아서 참석하려고 합니다. 괜찮겠지요?

그리고 저 7월 3일에 퇴소 합니다. 아직 멀었지요. 이제 1주 지났으니 퇴소하기까지 5주 남았습니다. 퇴소한 후 아마 후방 교육을 받을 것 같아요. 기간은 잘 모르겠는데 한 2주일 정도 일겁니다. 후방 교육을 받은 후 자대 배치를 받습니다.

제 희망은 대전 통합병원으로 자대 배치 받는 겁니다. 그러면 엄마 아빠를 자주 뵐 수 있으니까요.

하고 싶은 말은 무척이나 많은데 시간이 없어 많이 못 쓰겠네요. 죄송해요. 지금은 훈련소 들어온 지 얼마 안돼서 바쁜 걸 겁니다.

다음엔 더 길게 편지를 쓸게요.
그럼 몸 건강히 안녕히 계세요.
태선이 에게도 공부 열심히 하면서 잘 지내라고 전해주세요.

1998년 5월 28일
아빠 엄마를 무척 사랑하는 아들 기선 올림

추신 : 소포 등기는 절대 안 되니까 혹시라도 붙이지 마세요.

기선아! 파이팅

너를 보내놓고 얼마나 걱정하고 궁금했는지 몰랐는데 편지 받고 나니 정말 반가웠단다. 이렇게 하루해가 긴 줄은 예전엔 미처 몰랐단다.

퇴근하고 돌아오면 아빠하고 너의 걱정을 하고 있었단다. 누구나 군대 가는 거라지만 부모 된 마음의 걱정은 한이 없다는 걸 알았단다.

장하다. 2주일을 견뎌냈잖니! 부모 곁을 떠난 일주일이 너한테는 가장 힘든 날이었을 거야. 적응하는데 힘들어 하는 너잖아. 하지만 '인내는 쓰나 그 열매는 달다.'는 평범한 진리가 너를 더 성숙하게 만들 거야. 너는 항상 침착하고 성실하기 때문에 굳게 참고 이겨내리라 믿고 있단다. 삶이란 내 스스로의 의지대로 되지 않을 때가 많단다. 시간이 가면 다 해결될 거야. 지루하다, 무의미하다는 생각이 너를 우울하게 만드나 보구나. 단순 노동이려니 생각하고 꾹 참고 몸 건강히 체력을 단련해. 먹기 싫어도 꼭꼭 챙겨 먹고 네 건강은 네가 지키는 거야.

엄마도 일요일에 절에 가서 기도했어. 너의 훈련 생활을 잘 참고 이겨내는 힘을 갖게 해달라고….

너도 법회에 참석하면 많은 도움이 될 거야. 요령 있게 훈련 해야지 몸살 나지 않도록 체온 조절을 잘 해.

부대 배치는 미리 걱정하지 마라. 어디가든 장단점이 있으니까. 모든 일을 순리대로 적응하려는 마음으로 편히 생각해. 좋은 곳으로 배치되도록 서로 기도하자.

항상 너를 생각해 주는 부모님과 동생이 있다는 생각이 너를 기쁘고 행복하게 하지 않니? 모든 일을 기쁜 마음으로 긍정적인 생각을 갖고 훈련해. 마음먹기 달려 있다는 말이 있잖아.

글씨는 엉망이래도 괜찮아. 시간이 되면 서로 편지 하자. 짧아도 괜찮아. 건강해야 한다. 또 편지 할게. 자랑스러운 나의 아들. 안녕.

1998년 6월 4일 엄마가

기선이 보아라

옷도 아직 안 오고 궁금하던 차에 너의 편지를 받았다.

훈련소 생활, 말로만 듣다 겪어보니까 역시 힘들지. 처음 1주일간이 제일 힘들다고 하니까 앞으로는 좀 나을 거야.

세월이 유수 같다느니, 시간이 나는 화살 같이 빠르다고들 하지만 거기에서는 시간 무척 더디 갈게다. 과거를 회상해 보면 나도 훈련소에서 왜 그리 시간이 안 가는지, 6주가 6개월도 넘는 듯한 느낌을 가졌었다.

훈련소 입소해서 초기에 날이 몹시 더워 무척 걱정했다. 훈련받으려면 날씨나 좋아야 도와주는 건데 하는 마음에서, 기온 따라 내 마음도 오르락내리락 했단다. 구름 끼고 덥지 않은 날씨면 어찌나 기분이 좋은지….

일요일엔 법당에 다니겠다고 했는데 그것도 심신의 고통에서 벗어날 수 있는 길이라 생각한다. 나 또한 다른 종교보다는 불교에 관심이 가고 거부 반응도 일어나지 않는다.

이제 삼분의 일 정도 기간이 지났고 내일 4일과 6일 7일 연휴 때 쉬면 몸의 상태도 어느 정도 좋아질게다.

이번 주가 지나면서 조금은 내 마음도 놓인다. 그러나 다시 날씨도 더워질 것이고 특히 감기 등 몸이 아프면 안 되니까 신경 쓰기 바란다.

너무 고지식하게만 하지 말고 눈에 안 띌 정도의 요령도 필요한 것이다.

어려운 과정이긴 하지만 군대를 갔다 와야 한 인간으로서 성숙하는 것이고 부모 형제에 대한 애틋함과 집의 고마움도 새삼스럽게 알게 되는 것이다. 성숙해 가는 과정이라 생각하고 또 누구나 다 거치는 것이니까 어려워도 참고 하루하루만 생각하기 바란다. 높은 산도 바로 앞만 내려다보며 한 발 한 발 옮기다 보면 정상에서는 기쁨을 맛보게 되는 것이니까….

1998년 6월 3일 아버지로부터

군인 아저씨께(형)

오늘도 국민들이 편안하고 불안감 없이 생업에 종사할 수 있도록 우리들을 보호해 주는 군인 아저씨, 유기선 장하도다. 장하다. 장하다.

훈련하는데 무척 힘들다고 했지. 뭐 다 그런 거잖아. 어떤 무슨 일을 시작한다는 것은 참으로 힘든 거잖아.

모든 것이 낯설고 모든 사람이 낯설고 옛것이 그립고…. 하지만 조금 지나면 살아가는 방식(요령)도 터득하게 되고 여러 사람들과 친해지고 모든 것이 익숙해질 거야.

내 경험에 비추어 봐도 고등학교 올라와서 아는 아이도 없었고 모든 것이 낯설고 게다가 입학식 날부터 그 후 눈 다래끼 나가지고 애들도 제대로 못 쳐다보고….

정말 고통의 시간이었지, 그러나 며칠, 몇 주 지나고 나니까 괜찮아지더라고.

그리고 군대 죽으러 간 것도 아니잖아. 뭐 그렇게 시무룩할 것 없어.

군대 있는 동안 '살찌기 대 작전' 같은 것을 계획한다든지 '근육 만들기'를 한다든지 영어 공부(설마!)를 한다든지 하면 되잖아.

요새 내가 52kg에서 54kg으로 부쩍 늘었지 아하하하하!

지금 떨고 있지. 조금 있으면 역전도 가능할 거야. 지기 싫으면 군대에서 밥 많이 먹으라고.

이왕 나왔으니까 내 얘기 더 하면 요즘 교육 시책이 바뀌어서 보충도 하루 3시간에서 1시간으로, 야자도 11시 10분에서 9시로 줄었어. 덕분에 집에 일찍 오지. 그리고 일요일에는 공부는 별로 많이 안하지만 독서실도 다니기 시작했어.

음… 아! 이제 그만 써야지 (졸려).

앞으로 남은 기간 동안 훈련 잘 받고 몸 건강하고 대한민국 남성으로써 국방의 의무를 충실히 이행하도록.

1998년 6월 3일 태선 씀

부모님께

그동안 몸 건강히 잘 계셨어요? 편지 잘 받았습니다. 편지 받았을 때 어찌나 기쁘던지… 그동안 편지 못 보낸 거 죄송합니다. 훈련 때문에 워낙 바빠서… 저는 잘 지냅니다. 너무 걱정은 하지 마세요. 하루하루가 좀 힘들긴 해도 견뎌야죠. 이제 2주 남았습니다. 가장 힘든 훈련이 3-4개 남았습니다. 각개전투하고 행군입니다. 이것만 무사히 넘기면 퇴소합니다.(7월 3일) 남은 기간 열심히 그리고 몸 건강히 훈련 받겠습니다.

참! 그리고 저 일요일마다 꼬박꼬박 불교법회에 참석합니다. 수계까지 받았습니다. 수계가 뭐냐면, 교회의 세례 같은 것인데 불자가 된다는 형식적인 행사입니다. 수계를 받으려고 했던 건 아니었는데 그냥 얼떨결에 받게 되었습니다. 수계명(법명)은 용천(用泉)입니다. 수계 받았다고 해서 불교라는 종교에 족쇄가 채워지는 건 아니니까 크게 걱정 마세요. 그냥 형식적으로 하는 겁니다. 5월 31일에 수계식을 했습니다. 그날 군대 와서 처음 빵(소보루, 팥빵)을 먹었는데 정말 맛있었습니다. 쩝쩝…

여기 훈련소에서는 가끔 간식을 줍니다. 음료수, 라면, 건빵… 그런데 양이 지극히 적고 먹는 시간도 많이 안 줘서 배가 고픕니다. 엄마 아빠가 자주 사주시던 피자, 엄마가 튀겨주시던 치킨.. 그밖에 온갖 먹을 것이 그립습니다. 나중에 저 휴가 나가면 먹을 거 많이 사 주세요.

아. 그리고 저 부탁할 게 하나 있습니다. 나중에 답장 쓰실 때 가족사진 하나만 같이 넣어서 부쳐주세요. 사진 한 장 안 가져온

게 무척 후회됩니다. 잘 안 나온 사진이라도 괜찮습니다. 그저 생각날 때 보려고 하니까, 아무 사진이라도 보내주세요. 저 7월 3일에 퇴소하니까, 그 전에 도착할 수 있도록 해주세요.

더 길게 쓰고 싶지만 시간이 없으니 이제 그만 쓰겠습니다. 그럼 몸 건강히 지내십시오.

1998년 6월 20일

아빠 엄마를 사랑하는 아들 기선이 올림

태선이에게

공부 열심히 하면서 잘 지내냐? 요즘 살이 찐다고? 얼마나 공부를 안 하고 먹고 자기만 하기에 살이 다 찌냐… 공부 열심히 하거라. 여기 와서, 공부할 때가 가장 편할 때라는 것을 느꼈다. 정말로 지금 무척이나 공무하고 싶단다. 너도 나처럼 후회하기 전에 열심히 공부하렴.

요즘 월드컵 시즌이라 축구 많이 보겠구나. 멕시코랑 우리나라랑 하는 것도 봤겠구나. 부럽다. 나는 3대 1로 졌다는 것밖에 모른다. 여기서는 10시가 취침시간이라 안 보여준다. 프랑스랑 시차만 많이 안 났어도 볼 수 있었을 텐데… 오늘 네덜란드와 한국이 4시에 한다는구나. 너 또 새벽에 일어나서 보겠구나. 그래 우리나라가 하는 거니까 봐야겠지. 그러나 다른 나라 하는 거 몰래 보지는 마라. 밤에 불 꺼놓고 TV 보는 거 얼마나 눈에 안 좋은지는 알고 있겠지… 그러니까 밤에 몰래 보지 마. 차라리 잠을 자라. 공부하던가. 지금 밥 먹으러 갈 시간이라 그만 써야겠구나. 공부 열심히 하고 잘 지내라.

1998년 6월 20일 너의 착한 형 기선이가

부모님께

그동안 몸 건강히 잘 계셨어요?

그동안 편지 자주 못 보내서 죄송해요. 정신없이 바빴어요.

7월 3일 밤에 배출되어 7월 9일까지 여기저기 옮겨 다니며 대기했었습니다. 여기저기 옮겨 다니며 제 마음이 얼마나 괴로웠는지 몰라요.

7월 3일 기차 타고 이동할 때 서대전역에 잠깐 섰었습니다. 그때 커튼 사이로 우리 집(16동)이 보이더군요. 눈앞에 있는데도 가지 못하는 슬픔, 저기에 엄마 아빠가 있을 거라는 생각에 속으로 얼마나 울었는지….

계속 이동하며 대기하던 끝에 여기 자대로 오게 됐습니다. 이제 여기 온지 4일이 지났습니다. 4일이 4주, 4달 같습니다.

여기 생활은 정말 힘듭니다. 몸은 훈련소보다 편하지만 마음은… 너무 외롭고 힘듭니다. 그렇다고 크게 걱정은 마세요. 언젠가 이 생활에 익숙해지겠죠.

저 100일 휴가 약 한 달 반 정도 남았습니다. 그걸 생각하며 잘… 열심히 지낼게요. 이를 악물고서요.

집에는 아무 일 없죠? 엄마 감기 걸리신 거 다 나으셨어요? 제가 옆에서 잘 챙겨드려야 하는 건데… 건강하셔야 돼요. 알았죠.

더 길게 쓰고 싶은데 그만 써야 되겠습니다. 시간이 없어서요. 다음 편지는 언제 쓰게 될지 잘 모르겠습니다.

앞으로는 더욱 바쁘고 힘들어질 테니 자주 편지나 전화를 못하게 될 겁니다.

그래도 시간이 조금이라도 나면 편지 쓰고 전화 할게요. 그럼 몸 건강히 안녕히 계십시오.

1998년 7월 13일 새벽에
우리 가족 모두를 사랑하는 기선 올림

추신 : 태선이도 잘 지내죠? 공부 열심히 몸 건강히 지내라고 전해주세요.

기선아!

불러도 불러도 믿음직스런 우리 아들아.

처음으로 집을 떠나 군에 간지 두 달이 되었구나. 하루해가 짧다는데 너를 생각하면 얼마나 긴지 모르겠구나. '세월이 약이겠지요'라는 노래도 있단다.

그래도 너의 목소리를 들을 수 있다고 생각하니 엄마는 한없이 기쁘고 고맙단다. 너의 군 생활이 빨리 익숙해져 밝고 명랑한 목소리를 들을 수 있기를 기대한다.

아빠와 함께 안성에 다녀왔단다. 그 주변에 칠장사라는 절에 가서 기선이 건강하고 힘차고 박력 있는 아들이 될 수 있게 해달라고 기도하며 할머니의 간절한 소망을 읽을 수 있었단다.

방콕에 계시는 막내아들, 너의 작은 아버지가 잘 있게 해달라고 하시는 모습을 보고 부모 자식 간의 사랑이 얼마나 큰지를 배우고 왔단다. 경선이도 군에 가서 적응하지 못하고 상사한테 매일 혼나고 배고픔에 고생하였다고 하시면서 기선이 너도 상사 말씀 잘 듣고 무조건 복종하라고 하시더구나. 엄마의 생각도 그래.

시간이 날 때마다 절에 간단다. 내가 할 수 있는 일은, 네가 빨리 군 생활에 적응하길 바랄 뿐이야. 모든 일은 마음먹기 달렸다고 하지 않더냐. 그것은 같은 일을 해도 긍정적으로 임하면 마음도 편하고 일도 즐거울 거야. 남자로 태어나 군대는 꼭 가야 한다고 했잖아. 지금 우리나라의 형편을 잘 알고 있잖아. 지금 군에 입대한 사람을 아주 부러워하고 있단다.

어차피 네가 치러야 할 일이잖아. 상사의 명령에 불응할 수가 없잖아. 그것이 사회에 나와서도 배워야 할 인생 공부야. 돈 주고도 배우지 못할 중요한 것을 넌 떳떳하게 배우고 있는 거야. 힘이 들겠지. 그러기에 군대에 다녀오지 않은 아이는 취직하기도 힘들다고 네가 나한테 말해주었잖니?

우리 식구들은 너무 소심한 게 탈이야. 그 대신에 실수는 없지. 모든 일은 미리 걱정하지 마라. 닥치고 나서 해도 늦지 않으니. 이젠 나약한 네 마음이 강인하게 변했으면 좋겠어. 아무리 어려운 훈련이 있다고 해도 다 견딜 수 있다는 자신감을 갖길 바란다.

전방이라서 네가 더 그런 생각을 갖는 거 같은데 어디나 매어있는 몸은 똑같아 네가 외국 연수 가고 싶다고 그랬지, 멀리 외국에 가서 공부한다고 생각하면 마음 편할 거야.

엄마가 생각하면 정말 자랑스러워. 힘들여 널 낳았는데 벌써 대한의 건장한 군인이 되었다고 생각하면 가슴 뿌듯하단다. 너 혼자만이 겪는 괴로움도 아니잖니. 꾹 참고 이겨내라.

네가 엄마의 건강을 걱정해 주는 것만 보아도 얼마나 고마운지 모른단다. 그리고 엄마 건강해. 네가 불안해하면 엄마가 걱정이 된다. 부모님이 계시고 널 생각하는 태선이가 있다고 생각하며 항상 고마움을 잊지 마라.

비록 상사들의 행동이 마음에 안 들어도 세월이 가면 다 잊혀질 거야. 널 위해 인생 교육을 시켜 주시는 선생님이라고 생각하면 네 마음이 한결 편할 거야.

보내준 것 잘 간직했다가 시간이 조금 지나면 쓰도록 해라. 우리 식구 모두 네가 건강하길 바랄 뿐이야. 몸과 마음 모두 건강하길 바랄게. 시간이 나는 대로 절에 가서 널 위해 기도할게. 힘이 들어도 꾹 참고 잘 견디어야 한다.

기선아! 파이팅.

고 3때처럼 '내 인생은 없다.' 라고 생각하고 밥 잘 먹고 잠 잘 자거라. 시간이 없을 테니 편지는 안 해도 괜찮아. 전화나 가끔 해서 웃는 목소리를 듣고 싶단다. 시간나면 또 편지 쓸게. 항상 네 옆에서 너를 지켜줄게. 안녕.

7월 23일 엄마

기선아!

오랜만에 불러보는 너의 이름이구나. 자주 소식 전해주는 너의 목소리가 엄마 아빠의 기쁨이 되었단다.

지금 전국에 물난리가 나서 많은 피해가 속출하고 있다. 네가 있는 곳과 이곳은 아무런 피해가 없어 다행이다.

하루하루 살아가는 날이 힘들지라도 참고 이겨내야 한다. 올해 졸업생 모두는 일자리가 없어 고민에 빠져 있다고 전에도 얘기 했지. 정말 하루의 생활이 고달플 때마다 너 자신을 위로해라. 고사성어를 잘 알잖니. 인간사 새옹지마라고….

엄마 할머니 모시고 태국에 잘 다녀올게. 외국 여행을 가고 싶어 하는 너에게 정말 미안하다. 하지만 너희들의 세상은 외국을 내 집처럼 드나들 수 있다고 하지 않니?

폭풍우가 지난 뒤에 햇살은 더욱더 빛난다고 하잖아. 고생이 아니고 대한민국 남아의 자랑스러운 계급이 인생을 살아가는데 많은 도움이 될 거라고 긍지를 가져라.

항상 훈련하다보면 긴장을 하고 정신집중을 잘 해야 한다. 마음이 해이해지면 사고가 나기 때문에 그렇게 군기를 잡는 거야. 순응해라. 상사들도 너와 같은 생활을 거치고 세월이 준 계급이야. 너도 시간이 가면 그런 위치가 되는 거야. 그리고 그 생활에 빨리 적응하는 것이 너 자신을 위해 도움이 된다. 살다보면 너무 힘이 들고 내 생각과 거리가 먼 일이 나 자신을 슬프게 할 때가 많아. 하지만 참고 견디다 보면 그때 그 시절이 나에게 많은 도움을 주는 일이었다고 알게 돼.

방학이라서 엄마도 좀 마음이 편하다. 태선이는 12일까지 아빠는 14일까지 보충 수업이야. 하기 싫어 짜증내지만 다 참고, 하고 있어. 인생살이가 내 생각대로가 아니야. 밤이 지나면 햇살이 비치는 낮이 오잖아.

기선아!

군대 간 네가 무척 보고 싶지만 가슴이 뿌듯해. 100일이 지나면 휴가 간다고 손꼽아 기다리지? 넉넉잡고 한 달이면 집에 오겠네. 현재의 생활에 충실히 해.

힘들고 외로울 때는 엄마 사진을 보렴. 너를 위해 웃고 있을 테니. 네가 전화 할 때마다 엄마를 걱정하는 네가 너무나 고맙고 건강에 힘을 기울여야 되겠다고 생각하며 아들이 있음에 정말 행복을 느낀다.

전화를 자주 해 주어서 고맙긴 한데 규율이 엄해서 혼나지나 안나 은근히 걱정도 된다. 네가 잘 알아서 행동해.

하루하루를 긍정적으로 생각하며 지내야 한다. 엄마는 네가 근심이 있으면 불안해. 웃고 건강하게 지내라. 8-15일까지 큰엄마, 할머니와 함께 여행 잘 다녀올게. 아빠는 집에 있으니 전화 해. 건강 빌고 빌게. 안녕

8월 7일 엄마

사랑하는 부모님께

그동안 몸 건강히 잘 계셨죠? 집에 별일 없고요?

저는 몸 편히 잘 지내요. 마음은 좀 외롭고 쓸쓸하지만요… 저 9월 3일에 c 포대로 그리고 9월 15일에 b포대로 파견 온 거 아시죠? 여기 b포대로 온지 5일이 지났건만 아직도 적응이 잘 안 되네요. 다들 시비나 걸고 비아냥거리기나 하고… 그래도 참아야죠. 11월 초쯤에는 본부로 돌아갈 거 같으니까, 1달 만 참죠.

여기는 산속에 있어서 경치는 별로 안 좋아요. 그래도 c포대는 바다라도 보여서 좋았는데… c포대에 조그만 언덕이 있어서 자주 올라갔었어요. 거기가 부대에서 바다가 제일 잘 보이는 곳이거든요. 거기에 올라가서 아빠 엄마 태선이 생각 많이 했어요. 보고 싶은 마음에 사진도 자주 꺼내보고 그랬어요. 정말 정말 무지 무지 보고 싶어요.

참, 바다가 잘 보이는 그 언덕에서 네잎 클로버를 두 개나 발견했어요. 그 중 못 생긴 건 제가 갖고요, 예쁜 건 집에 부칠게요. 언제나 우리 가족이 행복하길 기원하면서…

10월은 좀 바쁠 것 같아요. 훈련도 있고 추석도 있고… 아무튼 빨리 지나갈 것 같아요. 10월 초 그리고 11월 초 훈련이 있어요. 그것이 무사히 끝나면 휴가 갈 수 있을 것 같아요. 그걸 생각하면서 잘 지낼게요. 어제 제 고참 2명이 말년휴가를 갔어요. 휴가 다녀와서 28일 제대래요. 얼마나 부러운지 몰라요. '나는 언제쯤에야 저렇게 될 수 있을까'라는 생각에 답답하기도 하네요.

전화를 자주해서인지 쓸 말이 없네요. 참, 전화 자주해서 귀찮죠? 죄송해요 너무 외로워서… 그래서 요즈음엔 참고 있어요. 하루에 한 번씩 하고 싶은 마음, 꾹 참고 5일-1주일에 헌 번씩 하려고요.

몸 건강히 잘 계세요. 환절기라 일교차가 크니까 감기 안 걸리게 조심하시구요. 저도 책이나 읽으면서 조용히 잘 지낼게요. 그럼 다음에 또 쓸게요. 건강 하세요.

1998년 9월 20일

아빠 엄마를 너무 너무 사랑하는 아들 기선 올림

추신 : 태선이도 잘 지내죠? 공부는 잘 하는지… 안부 전해 주세요. 그리고 제가 공부 열심히 하라고 했다고 전해주세요.

엄마 아빠

오늘은 10월 27일, 평화 초소에 들어온 지 이틀째 되는 날이에요. 소대 배치를 받았는데 내가 배치 받은 소대가 이번에 평화 소초에 올라가는 소대에요. 그래서 12월 초에 100일 휴가가고 1월 말에 위로 휴가가고 조금 더 있다가 1차 휴가 갈 것 같아요. 군대 생활 초기에 휴가 복이 좀 있다고 해야 할 것 같아요. 그리고 군 생활 하는 동안에 평화 초소를 3번 올라가게 되어있어서 그만큼 휴가도 많이 가고요.

이제 다음 주 월요일이면 열외도 풀리고 해서 온갖 잡일을 해야 할 텐데 휴… 무지무지 힘들 것 같아요. 욕도 많이 먹을 것 같고….

그리고 소포는 잘 받았어요. 돈을 넣었던데, 돈을 아직 쓸 일이 없기 때문에 별로 필요가 없을 것 같은데 그래도 감사히…

여기 수색 중대는 다른 곳보다 월급이 많이 나오기도 하고요. 2만원이 넘는다는데 많이 받으면 3만원 가까이 받고… 그래서 재정상의 문제는 없을 듯!

집에는 별 일이 없는지, 그리고 형은 어떻게 뉴질랜드에서 잘 적응하고 있는지 궁금하네요. 휴가 갈려면 한 달 정도 남았어요. 하루 하루는 빨리 가는데 날짜는 왜 이렇게 안 가는지… 이제 입대한 지 겨우 두 달밖에 안됐는데. 건강하시고 휴가 나가면….

2001년 10월 27일 태선

태선이 보아라

어제부터 아침 기온이 뚝 떨어졌다.

입대하는 날, 훈련받기에 날이 더워서 어쩌나 했는데 이제는 추위를 걱정할 때가 되었다. 그래도 훈련받기엔 낮은 더울 게다. 밤과 낮 기온차가 큰 만큼 감기 걸릴까 걱정이다. 괜찮겠지 하는 생각 말고 항상 건강에 조심해야 한다.

너를 군대에 보내고 나니 아빠가 군 생활할 때 생각이 종종 난다. 30여 년이 흘렀건만 아직도 뇌리에 생생하다. 훈련받을 때는 어찌나 쉴 틈을 주지 않고 돌리는 지 집 생각도 못할 정도였다. 당시엔 참기 힘든 고통이었지만, 어려웠던 만큼 더욱 생각이 나고 잊을 수 없는 추억으로 남는 모양이다.

이제 한 달 정도 지났고 남은 25개월이 빨리 지나갔으면 하는 바람이지만 너무 과분하다면 1주일만이라도 얼른 지나갔으면 하는 생각이다. 그러면 추석 연휴가 되고, 그 때는 네가 지친 몸을 며칠간 쉴 수 있어 아빠의 마음도 조금은 편할 것 같아서이다. 연휴가 끝나면 목, 금, 토요일 훈련받고 일요일 쉬고 그 다음 주는 4-5일 정도 지나면 자대로 배치되겠지 하는 짐작을 해본다.

군대 생활이 항상 괴로움만 있는 것은 아니다. 때로는 즐거움도 있고 보람도 잇는 것이니까 너무 조급하게 생각 말고 그때그때의 환경에 잘 적응해 생활하도록 해라.

12월의 100일 휴가 때 네가 씩씩하고 밝은 표정으로 문을 열고 들어서기를 고대하며 이만 줄인다.

2001년 9월 23일 아버지가

태선아

잘 지내고 있니?

네가 부대 배치를 수색대로 받았다고 해서 너무나 충격이 컸고 걱정스러웠단다. 하지만 너의 임무가 그렇게 내려진 것이라고 생각하니 너의 건강과 마음 편히 지내라는 말이 하고 싶구나. 그래도 아주 다행인 것은 네가 잘 할 수 있으니 걱정하지 말라고 하니 마음이 놓이는구나. 그런데 날씨가 추워지고 최전방 적과 마주하고 있다고 생각하면 걱정이 되어 잠이 오질 않는구나. 물론 다 근무 잘 할 수 있도록 최대한 배려를 해준다고 하니 그렇게 믿고 있을게.

맡은 일에 충실히 하고 성실하니까 널 믿지만 우리 태선이가 그렇게 힘든 일을 하고 있다니 대견하다. 모든 일은 마음먹기 달렸단다. 힘든 일도 즐거운 마음으로 재미있게 생각하면 참고 이겨낼 수 있는 힘이 생기지. 군인은 어차피 나라에 맡겨진 몸, 어느 곳이나 24시간 근무는 똑같겠지? 하지만 그곳은 생명과 직결되는 아주 위험한 곳이니 안전, 자나 깨나 불조심이 아니라 자나 깨나 안전을 명심하고 긴장하며 상사의 명령에 복종하며 지내라.

날씨는 추워진다고 하는데 언제 수색 근무에 가게 되나 아주 걱정이 된다. 추운 날 필요한 의복, 장갑, 내복 이런 것들은 충분히 있는지 말이야. 양구에 가면 아주 두꺼운 내복, 털장갑을 사서 가져다준다고 하던데….

이곳은 그냥 잘 지내. 형도 가끔 이메일로 소식 듣고 있지. 형도 하숙집, 학원 구하랴 아주 고민이 많은가 보더구나. 그래도 엄마는 형보다 태선이 걱정만 하고 있어. 네가 100일 휴가 나오면 아주 맛있는 것 다 사줄게. 이곳 걱정 말고 몸 건강히 잘 지내라. 그리고 시간이 되면 전화해라. 네 목소리가 듣고 싶으니 말이야. 엄마는 밤에 체조하러 다녀서 10시쯤 집에 온다. 태선아 정말 정신 집중, 딴 생각 말고 열심히 복무에 임해라. 언제 수색 근무 하나 알려주렴. 춥지 않을 때 가야 할 텐데. 빌고 또 빌게, 너만을 위해 건강히 근무 잘 하라고 빌고 있단다.

11월 10일은 윤선이 형 안성에서 결혼한대. 또 편지 쓸게 건강히 잘 지내라 그럼 안녕.

10월 28일 엄마가

태선이에게

태선아! 벌써 11월인데 너에게만은 세월이 지루하게 느껴지겠지? 네가 군대에서 열심히 생활하며 운동도 잘 하고 성실히 복무 잘 하고 있다고 소대장님의 편지를 받았다.

항상 날씨가 추워지면 산 속에서 추운 겨울을 지낼 널 생각하면 내 마음 속엔 어느새 걱정이 한 아름이란다. 올겨울 눈이 많이 오면 어쩌나, 한파가 몰아치면 우리 태선이 너무 힘이 들 텐데 하는 그 걱정이 앞서는구나. 그래도 추운 겨울 수색 근무는 안 한다고 하니 그걸로 위안을 삼아볼게.

아빠가 그러는데 네가 태권도 시험에 통과하여 휴가일수를 늘렸다고 하니 정말 잘 했다. 너의 운동 실력은 알아주어야 하겠지?

긍정적으로 생각하고 네가 웃으며 전화하는 소릴 들으면 한결 마음이 놓인다. 힘들고 어려운 일이 많겠지. 힘들고 어려워도 사람이 하는 일 다 견딜 수 있는 일인데 힘을 내어 하다보면 보람도 있겠지.

네 마음을 네 자신이 위로하며 이겨내길 바란다. 네가 조금은 잘 적응하는 것 같아 다행이야. 너의 소대장님이 때로는 소대장으로써 군기도 잡고 때로는 형처럼 너를 잘 보살펴 주신다고 약속하셨어. 힘들고 어려운 일 있으면 소대장님한테 솔직히 말씀드리고 고민을 해결하렴.

운동 잘 하려고 너무 힘쓰지 마. 승부욕이 너무 크다보면 안전사고가 날 수 있으니까 주의해야 돼. 네 발목이 걱정이 된다.

네 후임 병이 2명이나 있어서 좋겠네.

네가 전화하면 받지 못해 미안하다. 엄마 단학이란 기체조 운동하러 다닌다. 그래서 집에 늦게 오기 때문이야. 먼저 네 목소리 듣고 반가웠단다. 가족이 얼마나 소중하고 부모님이 그립다는 걸 이제야 네가 깨닫고 있는 것 같구나. 많이 성숙해지리라 생각된다. 보초 설 때 무슨 생각하고 있는지 그게 제일 궁금하구나. 한눈팔지 말고 잘 해라, 건강이 제일이야. 널 생각하며 항상 기도할게.

네가 편안해야 내 마음도 즐겁단다. 힘들어도 참고 견디자. 추운 겨울 동상에 걸리지 않도록 조심해라. 시간 되면 전화 자주 해. 잘 있어.

2001년 11월 17일 엄마가

태선이 안녕

벌써 5월이 가고 6월이 오고 있다. 지금 이곳은 모두 잘 있다.

우리 군인 아저씨 태선이도 안녕하겠지? 엄마는 항상 태선이를 생각하며 그리워한단다. 아침저녁 출퇴근 할 때마다 너와 비슷한 충대생을 보면 꼭 우리 아들을 보는 것처럼 반가우면서도 너의 소식이 궁금하고 또한 고생하는 네가 딱하기도 하고 한편 자랑스럽기도 하단다.

요즘 날씨가 덥고 햇볕이 강한데 땡볕에 서서 고생하는 널 생각하면 가슴이 아프단다. 하지만 건강한 몸으로 군 생활을 하는 네가 믿음직스럽다.

그곳은 모두 국가에 충성하는 젊은 패기의 사나이들의 집합이니 자랑스럽고 너도 한몫하니 기분이 좋구나.

휴가 온지도 오래되고 전화도 자주 안하니 궁금하구나. 이제 군 생활 9개월, 삼분의 일이란 세월이 흘렀구나.

지금 월드컵 열기로 한국이 떠들썩하다. 우리 태선이도 축구를 무척 좋아하는데 구경할 시간이 있는지 모르겠다. 넌 하루해가 무척 길다고 느껴지겠지. 바쁘다는 핑계로 편지도 써 보내질 못해 미안하다. 하지만 엄마 마음은 항상 우리 태선이에게 가 있다. 널 후원해 주는 엄마 아빠가 있다는 것을 믿고 힘내라. 고생되고 힘든 일을 참고 견디면 항상 너의 마음은 평화가 찾아올 거야. 밥 많이 먹고 잘 지내라. 유태선 파이팅.

2002년 5월 30일 엄마가

태선이 보아라

촛불 집회 주최 '퇴진 행동'의 반미 본색이란 타이틀 아래 다음과 같은 기사가 나왔다.

…퇴진행동의 주장에 대해 "진보 단체들이 촛불 민심을 악용해 한.미동맹 흔들기에 나선 것 아니냐"는 비판이 잇따르고 있다.

촛불 집회에 여러 차례 참석했다는 회사원 박모(52) 씨는 "대통령은 탄핵되더라도 한.미동맹은 결코 깰 수 없는 안보의 근간"이라며 "촛불 민심 운운하며 사드 배치 등을 반대하는 것이야말로 촛불을 든 일반 시민들에 대한 모욕이자 월권"이라고 말했다.

이 기사를 보면서 네 생각이 났다. 지난 설날 작은 아버지가 너에게 '사드 배치에 대해서 어떻게 생각하느냐?'고 묻자 '반대 한다'고 하면서 다른 방으로 자리를 피했지. 생각할수록 기가 막히고 '내가 자식 교육을 잘못 시켰구나.'하는 자괴감이 든다.

쉽게 상식적으로 한 번 생각해 보자. 다른 것은 다 차치하고라도 6.25전쟁을 일으킨 것, 한 가지만으로도 북한은 용서받을 수 없는 집단이다. 수많은 사람들이 죽고 다치고, 시설물들이 파괴되고, 국토가 초토화 되었고, 세계에서 가장 못사는 나라로 기아선상에서 허덕여야 했던 세대가 네 아버지 세대다.

나는 6.25전쟁이 발발했을 때, 지금의 지연이 승연이보다도 어린(만 2세도 안됨) 나이였기 때문에 기억이 안 나지만 네 할머니 등에 업혀서 피난을 갔었다고 들었다.

전에 좌파들 중 일부는 6.25전쟁이 남침이 아니라 북침으로 시작됐다고 주장했었다. 지금은 구 소련 비밀문서가 공개되어 그들의 주장이 거짓이었음이 드러났다.

지금의 북한은 어떤가? 세계에서 가장 폐쇄적이고 가장 최악의 인권 유린 국가다. 자기 고모부인 장성택(노동당 행정부장)을 처형하고, 총참모장(이영호), 인민무력부장(현영철) 등을 처형하며 공포정치를 하고 있는 김정은, 내가 볼 때 북한은 국가도 아니고 깡패 집단에 불과한 것이다.

가장 염려스러운 것이 그 깡패 집단이 바로 핵개발을 하고 있다는 사실이다. 이미 완성된 핵폭탄이 몇 개 있다는 설도 있다.

1945년 일본의 '히로시마'와 '나가사키'에 핵폭탄 투하로 야기된 그 끔찍한 참상을 너도 알고 있을 것 아니냐!

김정은은 자기가 죽거나 나라가 망하기 전에는 핵개발을 절대로 포기하지 않을 것이다. 이것은 나나 너의 목숨은 물론이고 대한민국 국민 모두의 생명과 관계있는 일이다. 생명보다 귀중한 게 무엇이 있겠냐! 그런 끔찍한 무기, 핵폭탄이 날아올 때 막자는 것이 '사드' 인데 반대하다니!

좌파들이 처음에는 '사드'로 인한 전자파의 피해를 들고 나오더니 과학적으로 별로 해가 없다는 것이 밝혀지자 이번에는 '중국의 경제 보복'을 이유로 내 세우고 있다. 사람의 목숨이 중요한 것이지 일부 받는 경제적 손실이 중요한 게 아니잖아. 중국의 경제적 보복도 중국과 일본의 관계를 살펴 볼 때 몇 년 후에는 풀릴 수 있다고 본다. 좌파들도 속으로는 '사드' 배치의 필요성을 알고 있을 것이라 본다. 단지 미국이 싫은 거야. 미국의 '미'자만 나와도 알레르기를 일으키는 사람들 아니냐. 그래서 죽자 사자 '사드' 배치에 대해서 반대를 하는 거야.

몇 년 전에 '광우병에 걸린 미국산 소고기 수입 반대'를 내 세우면서 일으켰던 촛불 시위를 한 번 뒤돌아보자.

좌파 언론이 앞장서고 좌파들이 주동이 돼서, 좌파 정치인들도 열심히 참여하고 선동해서 아기들을 유모차에 태우고 시위 현장의 앞머리에 서게 했던 사실, 나는 그때 나라가 너머 가는 줄 알았다. 지금 와서 보니 어때! 광우병 걸린 사람 없잖아. 그들도 미국산 소고기 잘만 먹더라. 거기에 대해서 반성하는 사람 거의 못 봤다.

또 우리 바다를 효율적으로 지키기 위해서 제주도 강정마을에 해군기지를 설치하겠다는데 (노무현 때 정해진 사업) 그것을 반대 했던 좌파 정치인들, 사사건건 반대를 위한 반대를 일삼는 좌파 세력에게 절대로 정치를 맡겨선 안 된다는 것이 내 생각이다.

UN에서 북한을 인권 유린 국가로 지정하려 할 때, 가부를 결정하는 문제를 북한에 먼저 물어보고 하겠다고 했던 사람, 사드 배치를 반대하고 대통령이 되면 미국보다 북한을 먼저 가겠다고 하는 사람, 핵개발로 인해 북한이 제제를 받고 있는데 그 둑을 무너뜨릴 수 있는, '개성공단 재가동'을 언급하는 사람, '군 복무를 1년으로 단축 하겠다' 고 국가의 안보를 생각하는 것이 아니라 선심을 써서 표 얻을 것만 계산하는 사람이 이 나라를 이끌어서는 절대로 희망이 없다고 본다. 아니 나라가 위험하다고 본다.

아들아!

앞에 나서지는 못하지만 뒤에서라도 나라를 걱정하는 이 애비의 심정을 조금이라도 이해해 주었으면 한다.

2017년 2월 5일

기선이 보아라

왜, 새삼스럽게 편지글을 쓰느냐고? 글쎄다. 아빠는 말 재주가 없어서 이기도 하지만 글로는 마음을 차분하게 정리해서 보낼 수 있기 때문이야.

네가 어제부터 자전거 타는 거 보고는 얼마나 기쁜지 모르겠다. 걷기와 자전거 타기가 싫증 안 나고 꾸준히 할 수 있는 운동이야. 자전거를 타면 신체적인 건강은 물론 스트레스 해소 등 정신적으로도 퍽 도움이 되리라 본다.

갑천 상류 쪽으로 타고 가다보면 화려하게 피었던 벚꽃이나 흑싸리꽃 등은 지고 황매화, 라일락 그리고 영산홍 등이 그 자리를 메우고 있다. 이렇듯 자전거를 타면서 계절의 변화를 느낄 수 있고 산뜻한 공기에 취해 볼 수도 있어서 좋다.

아빠는 사람들과 어울리는 걸 좋아하지 않아서인가, 졸졸졸 흐르는 냇물이라든지, 각종 곡식이 자라는 들판, 철따라 옷을 갈아입는 산 등 자연이 정겹고 좋다. 눈물이 날 정도로 좋다. 그래서 집도 이리로 옮긴 거야.

네가 요즈음에는 점점 어려움을 극복하고 모습도 밝아지고 있어 마음이 좀 놓인다.

전부터 너와 같이 포장마차에라도 가서 막걸리를 마시면서 서로 허심탄회하게 속내를 주고받고 했더라면 좀 더 친숙했을 텐데 하는 생각을 뒤늦게 해본다.

내가 네 할아버지에게 그랬듯이 너도 나를 너무 어려워해서 고민이 있어도 털어놓지 못하는 것 같아 미안하다.

5월에 칠순 기념으로 네 엄마와 같이 호주와 뉴질란드(네가 어학연수 차 있었던 곳이라 꼭 가보고 싶은 나라)에 다녀오기로 되어 있는데 네 엄마가 무릎이 아파서 갈 수 있을지 모르겠다.

네 엄마는 거의 매일이다시피 절에 다닌다. 시간이 흐를수록 빈도가 잦아져. 절에 가면 무릎이 아파도 절은 해야 되고, 그래서 점점 심해지는 것이 아닌가 하는 생각이 든다.

간절히 원하는 것이 있어서 안 갈 수가 없는 거야. 정성으로 다니고 있으니 그 염원이 곧 이루어지리라 믿는다.

엄마가 너를 가졌을 때 얼마나 애태웠는지 아니? (물론 들어서 알겠지만) 어떤 때는 금방 너를 놓칠 것 같아 내가 당진에서부터 택시를 타고 덕산까지 가서 한약을 짓고 네 외할머니 모시고 와서 가까스로 위기를 모면한 적도 있다. 그렇게 어렵게 그리고 귀하게 얻은 너야.

그런 만큼 엄마 마음을 서운하게 할 수 없잖아! 엄마로부터 짜증나고 지겨운 말을 듣더라도 네가 이해하고 오히려 엄마가 위로받을 수 있는 말을 했으면 한다. 네가 한층 노력을 해서 그런 말이 안 나오도록 해결해 준다면 더 바랄게 없겠다.

너를 항상 자랑스럽게 생각하고 있는 엄마 아빠다.

2017년 4월 23일
아버지가

마음을 밝혀주는 등불처럼

유재정 산문집

발 행 일 | 2017년 8월 31일
지 은 이 | 유재정
발 행 인 | 李憲錫
발 행 처 | 오늘의문학사
출판등록 | 제55호(1993년 6월 23일)
주　　소 | 대전광역시 동구 대전로867번길 52(한밭오피스텔 401호)
전화번호 | (042)624-2980
팩시밀리 | (042)628-2983
전자우편 | hs2980@hanmail.net
카　　페 | cafe.daum.net/gljang (문학사랑 글짱들)
카　　페 | cafe.daum.net/art-i-ma (아트매거진 아띠마)

공 급 처 | 한국출판협동조합
주문전화 | (070)7119-1752
팩시밀리 | (031)944-8234~6

ISBN 978-89-5669-843-4
값 15,000원